¡INFLUYE!

Xavier Arias Herrero

¡INFLUYE!

El arte y la estrategia del cabildeo

Planeta

A mi padre,
por fomentar mi inquietud intelectual,
compartir su sabiduría y
permanecer siempre cerca desde un lugar lejano.

A mi compañera de vida y nuestros hijos,
por darme una razón para vivir y ser feliz.

A mi madre, abuela y hermanos,
por siempre estar presentes.

Índice

Prólogo

Bienvenido este completo y sólido estudio sobre el cabildeo, una institución de la que mucho se habla pero de la que poco se sabe. La noción común del "cabildeo" es muy rústica y limitada, además de que ha adquirido mala reputación. Se concibe, por lo general, como la actividad de un grupo de interés reducido y normalmente poderoso que busca influir en la voluntad —cuando no comprarla— de las autoridades electas o administrativas para beneficio propio y normalmente alejada del bien común. ¡*Influye! El arte y la estrategia del cabildeo* muestra cuán limitada y equivocada es esta concepción. El propósito central de presentar los alcances, complejidad y diversidad de manifestaciones de este fenómeno se consigue con éxito. Con todo, lo adelanto, para mí el mayor entre sus muchos méritos es el de demostrar que el cabildeo, institucionalizado y profesionalizado, puede ser una actividad legítima y útil para la democracia.

No es tarea de un prólogo reseñar el contenido del libro, sino convencer a sus potenciales lectores de que este es una obra valiosa que merece ser leída y estudiada. Eso es lo que me propongo.

Es difícil hacer justicia a cada uno de los capítulos que conforman esta obra, así que me tengo que conformar con resaltar su importancia y utilidad, y pedir a sus lectores que confíen en que nos ofrece no solo un verdadero *state of the arts* en materia del cabildeo sino también un plan estratégico para transformarlo en una herramienta de participación ciudadana —que, por otra parte, es cada vez más utilizada, respetada y prestigiada—, con beneficios para la gobernanza y la gobernabilidad democráticas.

Puedo decir sin temor a equivocarme que, como todo buen libro, el de Xavier Arias comienza por plantearse las preguntas adecuadas: qué es el cabildeo, cuál es su origen y evolución, para qué fue instituido, qué modalidades adquiere en distintos contextos, quiénes son los sujetos involucrados, qué uso se le ha dado, qué desviaciones puede presentar, cuáles han sido sus resultados.

No tengo duda de que se convertirá en una lectura obligada para la formación de estudiantes y para aquellos que llamamos los practicantes del cabildeo, porque la investigación ofrece una muy precisa conceptualización del cabildeo, sus variedades, objetivos, participantes y, quizá lo más importante, su convivencia con la democracia. También vendría bien que los encargados de hacer las leyes en este país lo leyeran con cuidado y retomaran sus recomendaciones para transformar el cabildeo, de práctica que goza de mala fama por el abuso que se ha hecho de ella, en instrumento legítimo, enmarcado en el orden jurídico, que tiene el potencial de acercar a los representados con sus representantes.

Como cualquier buen libro, este navega entre la historia, la teoría y la práctica. Entre el deber ser y el ser. Tiene un sentido pedagógico y normativo. Quizá este sea su mayor contribución y lo que lo convierte en una lectura indispensable.

A diferencia de otros libros que tienen un solo destinatario, me parece que la peculiaridad de *¡Influye! El arte y la estrategia del cabildeo* es su amplitud de miras tanto en términos de los servicios que aspira a prestar como en cuanto a los "clientes" que podrá captar.

¿Quiénes somos esos clientes y por qué es útil esta lectura? Como clientes estamos en primerísimo lugar los académicos en nuestra labor docente y de investigación. Como docentes padecemos la ausencia de trabajos sobre el cabildeo que combinen lo que este libro logra hacer en un solo volumen: un repaso de los principales temas de la teoría y práctica del cabildeo, su estatus, importancia, evolución, prospectiva y potencial impacto en el desarrollo de la democracia. Esta amplia perspectiva justifica plenamente la razón de ser de esta publicación y su inclusión en las bibliografías sobre sistema político, política comparada y políticas públicas. Como investigadores también nos abre nuevas perspectivas y, sobre todo, nos despierta el apetito de seguir emprendiendo nuevas investigaciones.

Otro cliente es el empresariado. Entre los diferentes actores del sector privado —siempre ávidos de influir en la legislación y en las políticas públicas— y los representantes populares existe una interdependencia compleja que hace alusión a los múltiples canales de contacto entre ellos, la representación popular y el aparato gubernamental. Entender estas relaciones y sus *modus operandi* es central para el desarrollo democrático, porque en ocasiones se dan en el marco de la legalidad vigente y para propósitos legítimos, pero muchas otras, por canales informales, fuera de la luz pública y con la finalidad de adquirir privilegios.

Para la sociedad civil interesada en lo que se conoce como parlamento abierto, las enseñanzas de esta investigación son indispensables. Cada vez son más los movimientos y las organizaciones —tanto de activistas como de *think-tanks*— que se dedican no solo a analizar los problemas que aquejan al país sino también a elaborar proyectos de cambios de legislación y de políticas públicas para hacer avanzar los derechos fundamentales y mejorar la gestión gubernamental. Estas propuestas deben ser argumentadas, difundidas y negociadas con quienes tienen la toma de decisión en sus manos, y a esos actores se tienen que dirigir para empujar su agenda si quieren tener incidencia.

Finalmente, sus indispensables destinatarios son los legisladores, los integrantes del Poder Judicial así como las autoridades ejecutivas, quienes son el blanco del cabildeo y quienes pueden alentar las mejores prácticas, pero también ser sujetos activos o pasivos de la perversión de un instrumento que es consustancial a la relación entre gobernantes y gobernados.

Quiero terminar agradeciendo a mi muy apreciado colega Xavier Arias por haberme distinguido de entre los muchos académicos dedicados al estudio del Congreso para escribir el prólogo de su libro. Pero, sobre todo, por haberme comprometido a leer de cabo a rabo los magníficos capítulos que integran este libro y, así, ampliar y actualizar mi conocimiento sobre el estado del cabildeo en México y en la perspectiva comparada. También, porque me da numerosos argumentos para entender, explicar y difundir lo que creo que es uno de los propósitos centrales del libro: mostrar que el cabildeo es parte sustantiva y no adjetiva de la política y la necesidad de convertirlo en un verdadero instrumento ciudadano para potenciar, en lugar de pervertir, su naturaleza democrática.

Hago estos comentarios con la esperanza de haber contribuido con lo que está llamado a hacer quien tiene el honor de presentar un libro: convencer al público de que su lectura aportará grandes beneficios.

María Amparo Casar
Julio de 2020

Introducción

En las últimas décadas el cabildeo se ha convertido en una práctica común en las democracias modernas. Hoy en día es un elemento esencial de la forma en que se relacionan los actores públicos, sociales y privados, así como una herramienta de participación ciudadana y un componente clave de la gobernanza y la gobernabilidad democráticas. El cabildeo es hoy más que nunca un tema de interés público que forma parte de las agendas nacionales e internacionales, en las cuales se analiza su naturaleza, alcances, características, práctica y regulación.

No obstante que el cabildeo es un asunto ampliamente debatido, carece de consenso y claridad en su conceptualización, orígenes, implicaciones, práctica y normatividad. Alrededor del mundo, y en especial en México, aún es muy poca la bibliografía analítica sobre el tema del cabildeo, al cual se le ha dedicado un reducido número de estudios, junto con algunos reportajes y libros de corte más bien anecdótico. Todavía quedan muchas preguntas por responder: qué es exactamente el cabildeo, cuáles son sus elementos básicos, cómo nace y evoluciona, quiénes son sus sujetos activos y pasivos, cómo se practica, qué implicaciones tiene para los sistemas democráticos, cómo debe regularse, cuáles son las mejores prácticas para diseñarlo e implementarlo. Estos son algunos de los cuestionamientos a los que atiende este libro, el cual pretende sumarse a los esfuerzos de estudio y análisis del cabildeo alrededor del mundo, al ofrecer un panorama general sobre los marcos conceptual, teórico, histórico, regulatorio y práctico de esta actividad.

La obra se basa en una revisión de fuentes oficiales, libros, investigaciones académicas, opiniones de expertos y reportajes en la materia así como en años de experiencia en la práctica y en actividades docentes mediante la impartición de talleres de cabildeo y participación ciudadana a cientos de jóvenes alrededor de la República mexicana como parte del programa de liderazgo Kybernus.

El primer capítulo consiste en una recapitulación de algunas de las principales definiciones académicas y jurídicas de *cabildeo* para, con base en estas, construir una propuesta de definición y enunciar algunos de los tipos de cabildeo que se practican según sus elementos. El estudio del cabildeo o *lobbying* (término anglosajón en ocasiones también utilizado en países de habla hispana) enfrenta la problemática de no contar con una definición general, uniforme o consensuada de la actividad. La ausencia de criterios generales sobre las características específicas de lo que significa *cabildeo* genera ambigüedad en el debate académico, confusión en el uso cotidiano del término y complicaciones en el diseño e implementación de normas jurídicas para regularlo. Incluso, este desconocimiento, junto con algunos sucesos aislados de prácticas ilegales en el cabildeo, ha generado que en ocasiones se satanice la práctica, y se la plantee como sinónimo de tráfico de influencias, soborno o corrupción. Sin embargo, el cabildeo debe ser reconocido como una actividad, inherente a toda sociedad humana, que, debidamente regulada, fomenta la participación de la sociedad civil en los procesos de decisión pública y en el diseño de políticas públicas.

La falta de estos criterios se complica aún más cuando se considera que la práctica del cabildeo ha evolucionado y su conceptualización original ha sido rebasada por la realidad. Las definiciones tradicionales —que normalmente identifican al sector privado como único sujeto activo del cabildeo y al sector público como su único destinatario— ya no son válidas: comúnmente muy restringidas, excluyen características esenciales y elementos básicos de la práctica moderna del cabildeo. Por ello se propone una definición vigente de *cabildeo*, entendido como cualquier acto o actividad realizado para comunicar o informar, de manera directa o indirecta, los intereses de una o más personas con objeto de influir en el hacer o no hacer de los tomadores de decisiones en búsqueda de un beneficio.

Con base en la definición propuesta se pueden analizar los elementos básicos que delimitan los criterios para considerar una actividad como cabildeo. Este, básicamente, se realiza en el marco de un proceso de decisión en el cual uno o varios interesados ajenos al proceso (sujetos activos) llevan a cabo una serie de actividades (acto) para influir en el o los tomadores de decisiones (sujetos pasivos), en búsqueda de obtener una decisión favorable a sus intereses (objetivo).

Adicionalmente, los elementos que conforman esta definición de *cabildeo* permiten catalogar sus diferentes tipos con base en: el objetivo que se busca, los sujetos activos que lo realizan, los sujetos pasivos sobre los que se ejerce y el método o la táctica que se utiliza.

En los capítulos 2 y 3 se exponen las bases teóricas del cabildeo y se analiza su evolución histórica en México y el mundo. El cabildeo cuenta con un amplio marco teórico que da sustento a su estudio y análisis empírico. Este último se ha estado gestando de forma sistemática desde hace tiempo, principalmente como parte del estudio de la conformación, estructura y evolución de las sociedades, así como de la interacción de los diferentes grupos de interés y los centros de poder en los sistemas políticos.

Aunque el cabildeo es una práctica comúnmente ligada a las democracias contemporáneas, en su sentido amplio existe desde que el hombre comenzó a vivir en sociedades organizadas, en las que se configuraron sectores y jerarquías y donde los grupos sociales interactuaban entre sí y se veían en la necesidad de recurrir a quien poseía cierta autoridad para impulsar sus intereses particulares. Desde entonces, la práctica del cabildeo ha evolucionado, se ha profesionalizado e institucionalizado hasta lo que conocemos hoy en día.

En ese sentido, el examen y análisis del cabildeo encuentra sus bases teóricas principales en el estudio de los grupos de interés, ya que estos lo emplean como una de las modalidades de acción para posicionar y proteger sus intereses frente a los de otros grupos y el actuar del Estado. La conformación, evolución y función de estos grupos ha sido un fenómeno social de mucho interés para diferentes pensadores y analistas de las ciencias sociales. Puede considerarse que los mercaderes, los artesanos, los aristócratas, los latifundistas, los miembros de gremios, los propietarios de compañías comerciales y otros grupos sociales de las antiguas civilizaciones y las ciudades-Estado son los antecesores de lo que posteriormente se bautizaría como grupos de interés. Estos cobraron aún mayor relevancia con el advenimiento y desarrollo de las democracias, pues fungían como representantes, transmisores y protectores de la amalgama de intereses que conformaban las sociedades. Su estudio ha generado profundas propuestas teóricas, como aquellas planteadas por los pensadores pluralistas, neopluralistas, neocorporativistas, elitistas o neomarxistas.

El siglo xxi presenta para los diferentes sistemas políticos del mundo retos más complejos y dinámicos que nunca. En los últimos años hemos presenciado la pérdida de centralidad del Estado, la expansión de actores privados y sociales más autónomos e influyentes, el creciente descontento social con las instituciones públicas, la globalización de los fenómenos sociales por medio de las redes sociales, el redimensionamiento del intercambio y consumo de información, y muchos otros fenómenos que demandan de los sistemas políticos una capacidad de reacción y adaptación mucho más eficiente y oportuna. En ese sentido, el cabildeo se ha convertido tanto en una herramienta para que los grupos sociales participen en las decisiones públicas, y posicionen sus intereses frente al Estado y en la agenda pública, como en un instrumento de gobernanza y gobernabilidad democráticas para el Estado y las sociedades.

A lo largo de la historia, el cabildeo, junto con otras formas de participación ciudadana legítimas y legales, ha demostrado ser clave para el desarrollo de las sociedades democráticas, con importantes efectos positivos, como el enriquecimiento y democratización de los procesos de decisiones públicas; la promoción de equidad entre grupos de interés; la inclusión de las demandas de minorías en la agenda pública; el menoscabo de redes de corrupción entre grupos de interés y autoridades, y el fomento de la rendición de cuentas y de la sensibilidad hacia las demandas sociales por parte de los gobernantes.

En el caso de México, desde la transición democrática de 2000 el cabildeo ha evolucionado y tomado mayor relevancia en el sistema político como una herramienta de incidencia y participación ciudadanas en los procesos legislativos, en el diseño de políticas públicas y en la conformación de la agenda pública. El deterioro del sistema presidencialista metaconstitucional y la consolidación de otros centros de decisión pública generaron que los grupos de interés buscaran influir en las decisiones públicas de forma más activa, con el fin de que se consideraran sus necesidades, intereses y opiniones.

De ese modo, hoy en día el cabildeo en México es utilizado por diversos actores públicos, sociales y privados con el propósito de cumplir sus objetivos institucionales, satisfacer sus necesidades y posicionar sus intereses en las agendas pública y gubernamental. Así como existen algunos casos aislados de malas prácticas de cabildeo, muchos profesionistas de la actividad utilizan diversas herramientas de planeación y gestión estratégica que se proyectan con las mejores prácticas internacionales. Como en el resto del mundo, en México la industria del cabildeo se encuentra en permanente proceso de profesionalización, innovación y crecimiento.

Al tratarse de una actividad tan relevante para las sociedades modernas, organismos internacionales y legisladores ponen cada vez más atención en la necesidad de regular su práctica, lo cual se analiza en el cuarto capítulo del libro. Ahí se hace especial hincapié en el hecho de que la ausencia de una regulación adecuada puede contrarrestar los aspectos positivos del cabildeo y permitir que se cometan actos ilícitos en el proceso de interrelación entre los actores, como pueden ser el tráfico de influencias y la corrupción, con el consiguiente dominio excesivo e ilegal de parte de un grupo de interés en particular, lo que genera efectos negativos para la democracia.

En ese sentido, la experiencia internacional demuestra que diseñar e implementar una regulación del cabildeo es una tarea compleja. Mientras que en algunos casos se reconoce como una fuente de información para el diseño de políticas públicas, una herramienta de participación ciudadana y una vía para que las minorías posicionen sus intereses en la agenda pública, en otros se percibe con una connotación negativa, ya que la complejidad de la interacción entre grupos de interés así como la falta de transparencia en los procesos de decisión pueden generar redes de corrupción, tráfico de influencias y otros actos ilícitos que se alejan del marco legal e institucional en el que se debe realizar.

Queda expuesta, pues, la necesidad de determinar reglas para la actividad, mas no de forma restrictiva, sino por medio de normas que mitiguen sus riesgos y potencialicen sus beneficios. Es decir, la práctica del cabildeo requiere una regulación que genere certeza jurídica, otorgue derechos, asigne obligaciones, transparente la actividad, fomente la participación ciudadana, y desaliente y castigue actos ilícitos con sanciones personales proporcionales e ineludibles.

En el caso de México, el primer esfuerzo para regular el cabildeo se realizó en 2010, cuando se normó la actividad en los reglamentos internos de las cámaras del Congreso de la Unión. A partir de 2015 la Ley General de Transparencia y Acceso a la Información Pública (LGTAIP) estableció la obligación de los poderes legislativos federal y estatales de conformar y hacer público un padrón de cabilderos. Sin embargo, cabe resaltar que esas normas consideran únicamente el cabildeo legislativo y no regulan la actividad en sentido amplio. Adicionalmente, la Constitución y otras leyes incluyen preceptos que regulan componentes de la actividad en materia civil, mercantil y penal.

Por lo anterior, hoy en día México cuenta con un disperso marco regulatorio de las actividades de cabildeo, con normas en diversos instrumentos jurídicos y con una reglamentación concreta en el marco de los poderes legislativos. No obstante, aún puede hacerse mucho más, tomando en consideración las mejores prácticas internacionales y los Principios para la Transparencia y la Integridad en el Cabildeo de la Organización para la Cooperación y el Desarrollo Económicos (OCDE). Como se mencionó, se necesita una regulación que tenga como eje rector la mitigación de los aspectos negativos que pueda generar el cabildeo y, al mismo tiempo, fomente sus aspectos positivos, como la participación ciudadana, el enriquecimiento de las decisiones públicas, la rendición de cuentas de los gobernantes, entre otros.

La regulación se vuelve esencial cuando se considera que, aunque sus beneficios para el desarrollo social y democrático sobrepasan sus posibles vicios, las críticas sobre su práctica son, como en todo fenómeno social, inevitables e incluso deseables, pues el debate enriquece su análisis, estudio y reglamentación. Como herramienta dinámica y directa de interrelación entre actores del sistema político, serán cada vez más relevantes sus efectos para la gobernabilidad y la gobernanza de las sociedades modernas. Por ello, en el caso de México es fundamental dejar atrás la visión limitada y arcaica del cabildeo y evolucionar a una visión moderna y pragmática que reconozca su utilidad y fomente su uso como mecanismo lícito de participación ciudadana. México amerita una democracia avanzada, y sin duda el cabildeo realizado de forma ética y regulada suma a su consolidación.

En el último capítulo se exponen las bases prácticas del cabildeo y se analiza la forma en que se desarrolla actualmente, sus retos y oportunidades; las razones que la convierten en una actividad común y útil para los grupos de interés; algunos ejemplos de mejores prácticas internacionales en cuanto al diseño y la implementación de una estrategia, y su funcionamiento al interior de las organizaciones.

Como se dijo anteriormente, el cabildeo ha evolucionado y se ha adaptado a las características históricas, sociales, políticas, legales y tecnológicas de cada momento, para profesionalizarse e institucionalizarse como una actividad legítima y útil para las democracias y los grupos de interés. Actualmente las técnicas del cabildeo se han beneficiado con internet, el correo electrónico, la telefonía celular, la mensajería en línea, las redes sociales y otras plataformas que han facilitado la comunicación y el acceso a la información, lo que ha modificado la forma en que las personas se relacionan y ha dado pie a nuevas oportunidades para la participación ciudadana.

El cabildeo ha demostrado ser una actividad útil para organizaciones sociales, empresas privadas, agrupaciones sectoriales, instituciones de gobierno y otros grupos que deciden invertir recursos en ella. Los motivos son innumerables: desde proteger los intereses de un grupo ante amenazas por decisiones públicas o capitalizar oportunidades en la agenda pública, hasta la construcción de apoyo popular a una causa o el mejoramiento de la reputación de un grupo. En general, los grupos de interés deciden invertir recursos en el cabildeo con la idea de que no hacerlo puede ser más costoso que hacerlo.

Una vez que se ha decidido cabildear algún asunto o proceso de decisión, es importante considerar que tener como premisa principal contar con una buena estrategia incrementa sus posibilidades de éxito o eficiencia. El universo de definiciones de *estrategia* es amplio, pero se puede decir que consiste en un plan de acción para conseguir un objetivo, el cual se construye con base en las condiciones del contexto externo y procesos de pensamiento y análisis, y se ejecuta conforme las capacidades y recursos de una organización. La estrategia está ligada a la táctica, es decir, a cómo se ejecuta. Una y otra son interdependientes y se basan en el pensamiento estratégico, que es el proceso mental por el cual se resuelven problemas, se visualiza el futuro y se toman decisiones fundadas en el análisis de distintas situaciones y de sus posibles desenlaces, basándose en la reflexión sobre las diferentes variables que afectan un problema, y la valoración de las múltiples opciones a nuestro alcance para concebir una ruta para lograr el objetivo.

Existen muchos modelos para desarrollar una estrategia, los cuales generalmente consideran diferentes fases en el proceso: diseño, implementación y evaluación. El pensamiento en el diseño de la estrategia y la disciplina táctica en su ejecución son los principales factores de su éxito. Con base en las diversas metodologías de planeación estratégica, en el presente libro se ofrece un modelo basado en etapas secuenciales (planeación, implementación, seguimiento y evaluación), con sus respectivos componentes y en el marco del pensamiento estratégico.

Por otro lado, debido al aumento en la necesidad de implementar estrategias de cabildeo, las últimas décadas han sido testigos del incremento de la creación de áreas y posiciones designadas a la planeación y realización de la actividad al interior de organizaciones públicas, privadas y sociales. Esto implica el reto de definir tanto la jerarquización, el tamaño y la ubicación de estas áreas en las estructuras organizacionales como los recursos y perfiles necesarios para que cumplan con su mandato.

El cabildeo sin duda seguirá evolucionando y las mejores prácticas seguirán adaptándose a los cambios sociales, políticos y tecnológicos; continuará cobrando mayor relevancia en la vida pública y democrática como una actividad de participación ciudadana que beneficia a los diferentes grupos y la sociedad en general. Por ello es importante que su análisis y desarrollo se enriquezcan con futuros estudios y que la actividad se promueva con base en principios éticos, humanos y liberales.

Cabe recordar lo que la emperatriz Catalina II dijo a Denis Diderot: "Usted trabaja en el papel, que todo lo admite. Suave y flexible, no presenta obstáculo a su imaginación o a su pluma. Pero yo, una pobre emperatriz, trabajo sobre la piel humana, que es mucho más irritable y sensible".[1] Bajo el mismo principio sobre la complejidad de migrar las ideas escritas a la realidad, y así como el máximo reto en una estrategia es traducir la planeación en ejecución, se espera que las ideas propuestas en este libro puedan ser de utilidad para todo tipo de lector, y en uso puedan ayudar a seguir mejorando la democracia en nuestro país por medio del cabildeo y la participación ciudadana.

---

[1] Silva-Herzog Márquez, 2019.

El concepto de "cabildeo"

Al día de hoy existe gran variedad de definiciones del término *cabildeo*, o *lobbying*, que en general, a pesar de tener algunas similitudes básicas, varían en su sentido y alcance, dependiendo en buena parte del ámbito de estudio, el contexto (económico, sociopolítico o histórico), el lugar del que provienen o la finalidad de la definición. En otras palabras, esta no será la misma desde una perspectiva económica, la cual puede sustentarse en la teoría de juegos y la búsqueda de utilidades por parte de los actores involucrados, que desde la perspectiva sociológica, enfocada posiblemente en la interacción entre los diferentes sectores de la sociedad, ni será igual en una democracia avanzada, donde esa actividad se considera común y benéfica, que en un país en transición democrática, donde se lo concibe como una práctica que conlleva actos ilícitos. Por último, no serán lo mismo las definiciones académicas con fines analíticos que las legales con propósitos regulatorios.

La ambigüedad en el concepto es una problemática vigente que requiere mayor discusión de académicos, legisladores y cabilderos profesionales. Tanto el estudio en las instituciones académicas como el debate legislativo necesitan un paradigma conceptual que delimite la discusión y el análisis. En el presente capítulo se realizará un recorrido por algunas de las principales definiciones académicas y jurídicas de *cabildeo*, con el fin de construir una propuesta de definición y enunciar algunos de los tipos de cabildeo según sus elementos.

1.1. LA CONFUSIÓN

El estudio y análisis del cabildeo han enfrentado continuamente tanto en el ámbito académico como en el derecho positivo la problemática de no contar con una definición general, uniforme o consensuada. La falta de criterios generales que permitan identificar las características específicas de lo que significa *cabildeo* no solo genera ambigüedad en el debate académico, sino también confusión y complejidades en la instrumentación y desarrollo de las normas jurídicas que regulan esa actividad inherente al ser humano, que resulta esencial en las sociedades democráticas modernas. Por su parte, durante décadas la ambigüedad en las definiciones del término *cabildeo* ha generado un debate en cuanto a si son en *lato sensu* o en *stricto sensu*.

Del mismo modo, el que no haya consenso respecto de lo que se entiende por cabildeo también tiene implicaciones en el uso cotidiano del término. La falta de claridad sobre los orígenes y el significado de este, así como acerca de la evolución y las características de su práctica, ha derivado en que con frecuencia la palabra *cabildeo* se utilice de manera indistinta para referirse a cualquier tipo de interacción o comunicación entre los sectores público y privado, sin delimitar criterios que distingan esta actividad de otras que, si bien pueden ser similares, son de diferente naturaleza. Por ejemplo, es común que se confunda un acto de gestoría para realizar trámites administrativos para un tercero (como cambios de uso de suelo, obtención de permisos o licencias y demás) con la actividad de cabildeo. Así, en muchas ocasiones el verbo *cabildear* se emplea indistintamente para referirse a cualquier actividad relacionada con el gobierno y su ámbito de acción.

Paralelamente, el desconocimiento sobre la actividad y algunas malas prácticas han propiciado en ocasiones que el término se emplee con una connotación negativa y se confunda con actos ilícitos como el tráfico de influencias y la corrupción. Este uso peyorativo de la palabra depende esencialmente del contexto de cada país. Por ejemplo, mientras que en Estados Unidos la actividad del cabildeo, o *lobbying*, se valora como un instrumento comúnmente utilizado por la sociedad civil para participar en la agenda pública, en Europa y Latinoamérica se percibe como una actividad con poca transparencia, sustentada en el tráfico de influencias. En ese sentido, el *Diccionario de la lengua española* define *cabildear* como "Hacer gestiones con actividad y maña para ganar voluntades en un cuerpo colegiado o corporación".[1] Como puede observarse, la actividad se considera como algo que se realiza con *maña*, palabra que aunque, de acuerdo con el mismo diccionario, significa "destreza, habilidad [...] artificio o astucia",[2] habitualmente se usa para referir incorrección o dolo.[3]

No obstante, el cabildeo, como se expondrá más adelante, no es sinónimo de tráfico de influencias, soborno o corrupción, como tampoco un método exclusivo de los grupos fácticos o los sectores con alto poder adquisitivo para condicionar a tomadores de decisiones dentro del gobierno y obtener beneficios económicos. Por el contrario, es una actividad lícita y natural de todas las sociedades, la cual, apropiadamente regulada, permite y fomenta la participación de la sociedad civil en los procesos de decisión de los poderes públicos, y enriquece el diseño y de-

---

[1] *Diccionario de la lengua española*, 23ª ed., versión 23.3 en línea. https://dle.rae.es. 15 de junio de 2020
[2] *Ibidem.*
[3] Astié-Burgos, 2011, p. 12.

sarrollo de políticas públicas. En tanto que algunos actores buscan obtener un beneficio por medio del tráfico de influencias y la corrupción, con lo que actúan fuera de la ley, en el cabildeo los grupos de interés lo hacen dentro del marco legal e institucional.

Si bien contar con una definición uniforme o universal de cabildeo es imposible, ya que este varía tanto por las características del país de origen como por la finalidad que se persigue (regulatoria o académica), sí es posible determinar una serie de criterios básicos que delimiten aquello que implica la actividad. Con base en ello se dispondría de un paradigma científico que enriqueciera el estudio del cabildeo y de normas eficientes que regularan su práctica, sin lo cual muchas veces las discusiones al respecto se vuelven estériles, ya que el debate no parte del mismo lugar ni se realiza con los mismos fundamentos conceptuales.

Existen obstáculos de diferente naturaleza para establecer los criterios básicos del cabildeo. El primer problema es de origen semántico e histórico, ya que esta actividad nunca ha recibido un nombre claramente descriptivo o indicativo de sus características, implicaciones, objetivos, métodos y procedimientos.[4]

Por un lado, en países anglosajones (y en ocasiones en algunos de habla hispana) el término *lobbying* encuentra sus orígenes en la sola descripción de un espacio físico, todavía no en referencia a la naturaleza y las características de la actividad. El término *lobbying* se originó en Inglaterra en el siglo XVII, donde el intercambio de influencias con y entre los miembros del Parlamento se realizaba en la antesala o vestíbulo (*lobby*) de la Cámara de los Comunes.[5] Este mismo término comenzó a utilizarse en Estados Unidos: se registró por primera vez en un documento oficial de 1808, en los anales de la X Legislatura del Congreso.[6] Posterior-

4 *Ibidem*, p. 11.
5 Portales, 2004, p. 83.
6 Galaviz, 2006, p. 44.

mente, en 1829, el término *agentes de lobbying* se aplicó a quienes gestionaban intereses de sus clientes en el Capitolio de Albany, Nueva York, y para 1832 se usaba ampliamente en el Capitolio de Estados Unidos.[7]

Por otro lado, en el caso de México y otros países de Latinoamérica el término *cabildeo* comenzó a utilizarse para referirse a las actividades de *lobbying*. Dicha palabra tiene sus orígenes en el "cabildo", institución colegiada que gobernó ciudades y pueblos de la región durante el periodo virreinal y en la que convergían los intereses de los grupos dominantes.[8] Actualmente es frecuente identificar al ayuntamiento con el nombre de *cabildo*, ya que, como cuerpo colegiado, el gobierno municipal delibera, discute y decide los distintos aspectos públicos y administrativos de la vida local en reuniones denominadas sesiones de cabildo.[9]

Otro obstáculo para definir *cabildeo* está ligado directamente, como sucede con otros conceptos, con la relación que se da entre el lenguaje y la realidad, la cual "impide contar con una idea clara sobre los presupuestos, técnicas y consecuencias que han de tenerse en consideración cuando se define una expresión lingüística".[10] Para el enfoque teórico conocido como realismo verbal existe una sola definición válida, obtenida por "intuición intelectual de la naturaleza intrínseca de los fenómenos denotados en la expresión".[11] El realismo verbal propone que, al definir una realidad, se la reconoce; aquella no puede cambiarse ni crearse, pues un concepto solo detecta aspectos esenciales de esa realidad que deben estar ineludiblemente contenidos en el concepto mismo. En otras palabras, el realismo verbal hace del trabajo definito-

---

[7] *Idem.*

[8] Campillo, Beatriz, *Los dilemas del cabildeo en México*, Alternativas y Capacidades, A.C., disponible en http://www.alternativasociales.org/esp.

[9] Del Rosal y Hermosillo, 2008, p. 112.

[10] Álvarez Ledesma, 2014, p. 42.

[11] *Idem.*

rio una tarea de simple reconocimiento de los aspectos esenciales de la cosa que se ha de definir.[12]

No obstante, habrá quienes el aceptar la propuesta del realismo verbal equivaldría a reconocer un monopolio sobre la verdad, lo cual sería inverosímil. Por ello, en contra de este enfoque se encuentra la postura del convencionalismo verbal, para el que la relación entre el lenguaje y la realidad se establece arbitrariamente por los seres humanos, con la existencia de acuerdos consuetudinarios para el uso del lenguaje. De acuerdo con esta lógica, las cosas solo cuentan con aspectos esenciales en la medida en que los humanos hagan de ellos condiciones necesarias para el uso de la palabra.[13]

Autores como Edgar Heredia defienden la idea de utilizar el término *cabildeo* no con base en sus orígenes semánticos e históricos, sino más bien en consideración de su realidad vigente. Heredia explica que mientras que el cabildo (sustantivo) es una figura que responde a un modo de organización del poder público y la representación popular, cabildear (verbo) es una actividad de los grupos de interés en la democracia.[14] Asimismo, aunque, como se ha visto, la palabra *cabildeo* proviene del concepto "cabildo", su uso y referencia a una actividad realizada por grupos de interés y otros actores en sistemas democráticos ha hecho que evolucione y extienda su significado, de manera similar a lo sucedido con el término *lobbying* en el Reino Unido, Estados Unidos y Canadá. Actualmente el término *cabildeo* tiene mucho mayor alcance y no se asocia únicamente con la figura jurídica de autoridad local conocida como cabildo.

---

[12] *Idem.*
[13] *Idem.*
[14] Heredia Sánchez, 2004 *Cabildeo: Nuevos instrumentos de gobernanza democrática.* México, Casa del Tiempo, UAM, 2004. http://www.uam.mx/difusion/revista/junio2004/heredia.html

Una problemática adicional es el uso indistinto de las palabras *lobbying* y *cabildeo* para referirse a la misma actividad. Al respecto hay quienes proponen deslindar los términos. Tal es el caso de Lerdo de Tejada y Godina, quienes argumentan que existe una confusión entre el primero, que es un "vocablo de origen anglosajón que se define en castellano como: ejercer presiones, y tratar de convencer, intentar neutralizar, modificar o influir en las decisiones de la autoridad pública", y el segundo, que debe ser "acotado a su uso municipal y no ser asociado con una actividad relacionada con acciones e instancias jurídicamente ajenas al medio municipal".[15]

Otros autores proponen adoptar en castellano el término anglosajón. En su "Análisis semiótico-histórico del término lobby", Julio Portales concuerda en que el propio desenvolvimiento de la actividad de *lobbying* ha hecho que el término en inglés haya ampliado su significado, por lo que su homologación con uno hispano, como *cabildeo*, implica reducir el concepto a una de sus primeras designaciones derivadas de su origen arquitectónico, propio de los parlamentos mas no de otras instancias oficiales. Portales propone adecuar el término *lobbying* a su uso común en el lenguaje con una expresión castellanizada que manifieste semánticamente el objeto de que es signo, ya que para él las palabras *cabildo* y *cabildear* no expresan, ni semiótica ni semánticamente, el objeto sustantivo en su totalidad. Por ello propone generar un parónimo cambiando la letra *ye* por una *i* latina, para construir la palabra *lobi* (y *lobista* para referirse a aquel que realiza la actividad), con el fin de que corresponda semióticamente con sus raíces etimológicas y semánticamente con el objeto que expresa.[16]

---

[15] Lerdo de Tejada y Godina, 2004, pp. 14-15.
[16] Portales, 2004, pp. 88-90.

En el caso de México, aunque con la falta de claridad en la conceptualización que se expuso anteriormente, *cabildeo* es el término de uso común. Este ha sido adoptado tanto por la mayoría de los practicantes de dicha actividad, como lo refleja la creación de la Asociación Nacional de Profesionales del Cabildeo (Procab), como por las autoridades reguladoras, según se puede observar en los reglamentos internos de ambas cámaras del Congreso de la Unión, instrumentos jurídicos que actualmente regulan las actividades de cabildeo en el Poder Legislativo.

En el presente estudio se utilizará el término *cabildeo* no sin exponer un análisis de los esfuerzos de conceptualización que han realizado diferentes disciplinas para, posteriormente, presentar una propuesta de definición y clasificación del término.[17]

1.2. LA NECESIDAD

Como se ha dicho, para conceptualizar fenómenos sociales y culturales que afectan de manera directa el desarrollo de la vida política y democrática de un país es indispensable, tanto para fines académicos como regulatorios, contar con criterios básicos. Tal es el caso del cabildeo, cuyo conocimiento empírico ha demostrado ser insuficiente para su estudio, análisis y regulación. Por ello es necesario realizar un esfuerzo de conceptualización y establecer algunos criterios básicos sobre su naturaleza, contenidos, fines y conexiones funcionales, de modo que en lo posible se abandone la ambigüedad e inexactitud de muchas de sus definiciones actuales, y se delimite suficientemente el término para evitar confusiones con otros fenómenos sociales y figuras jurídicas similares.

---

[17] No se plantea hacer un ejercicio exhaustivo, ya que existe infinidad de definiciones alrededor del mundo, sino tomar algunas de las más representativas de los ámbitos académico y jurídico.

Es importante señalar que por *definir* se entiende el ejercicio de "precisar con claridad y exactitud los caracteres genéricos y diferenciales de una palabra o de un concepto".[18] La indagación sistemática sobre la explicación de un concepto puede darse desde perspectivas y enfoques distintos según el tipo de definición que se busque: real o conceptual. En el caso de la primera se busca indicar la esencia de una cosa mediante la referencia a ciertos atributos intrínsecos que la hacen ser y que sin ellos dejaría de serlo. Ese tipo de definiciones apunta a un conocimiento perfecto con base en la creencia de que, al señalar ese "algo" que hace ser a la cosa, se llega a una definición perfecta, irrefutable e inmejorable. Sin embargo, la historia del conocimiento humano y su continua evolución han demostrado que la creencia en la perfección es errónea. Por otro lado, en el caso de las definiciones conceptuales se realiza un proceso de pensamiento que determina la formación de un concepto con base en ciertos criterios. En este caso, se construye una definición perfectible y mejorable, la cual depende de la aptitud intelectual, en un momento determinado, del sujeto que la realiza.[19]

Como se mencionó anteriormente, hoy en día existe gran variedad de definiciones de la palabra *cabildeo*, con diferencias en terminología, criterios, alcances y enfoques, dependiendo principalmente de su contexto social, fuente y objetivo. Considerando los postulados del convencionalismo verbal y la tipología de las definiciones conceptuales, no cabe duda de que no se encontrará ni existirá una definición única, irrefutable e inmejorable del término. No obstante, es posible realizar un estudio sobre una muestra de las principales definiciones usadas alrededor del mundo, tanto en el sector académico como en el derecho positivo, de modo que se puedan identificar tanto similitudes y diferencias como las características

---

[18] Álvarez Ledesma, 2014, p. 40.
[19] Witker Velazquez y Larios Velasco, 2002, pp. 10-11.

y elementos básicos que enmarcan la práctica del cabildeo. Con dicho análisis se estará en condiciones de proponer una definición en sentido amplio, exhaustiva, incluyente y aplicable a cualquier contexto social, que sirva para el análisis académico y el diseño de normas jurídicas.

Una definición demasiado restringida no sería, por lo tanto, lo suficientemente exhaustiva, lo que dejaría fuera características esenciales y elementos básicos de la actividad que trata de definir, mientras que una definición muy amplia puede ser muy ambigua, lo que impediría que se generen las bases mínimas de un paradigma científico de investigación o bien se dejaría mucho espacio para la discrecionalidad en la interpretación e implementación de las normas jurídicas en la materia.

1.3. LO QUE SE HA DICHO Y SE DICE

Los esfuerzos de conceptualización que se han realizado en torno del cabildeo son tanto en sentido amplio como en sentido estricto, con variaciones en su visión y alcance. Encontramos, en su gran mayoría, definiciones tradicionales, enfocadas únicamente en el empeño de actores no gubernamentales por influir en los tomadores de decisiones públicos dentro de los procesos de diseño de políticas públicas.[20] Es decir, esas definiciones consideran que el único actor que cabildea es el sector privado, y al único al que se cabildea es el sector público. De ese modo, las definiciones tradicionales excluyen las actividades de persuasión y las formas de relacionarse por parte de las distintas instancias públicas con los sectores privado y social, o incluso entre sí.

También existe otra serie de definiciones que, puede decirse, cuentan con una visión más amplia y moderna, las cuales establecen que cualquier actor puede ser sujeto activo o pasivo del cabildeo: amplían

---

[20] Terrance y Clifford, 2011, p. 90.

el alcance y los criterios de lo que se puede considerar como cabildeo, cuya conceptualización incluye a los funcionarios públicos no solo como receptores de las actividades propias sino también como sus promotores.

Si se toman en cuenta las dos categorías de definiciones expuestas, y cada una se coloca en el extremo de un espectro de conceptualización —partiendo de las definiciones tradicionales (sentido estricto) hacia las más modernas (sentido amplio)—, se representan gráficamente los distintos enfoques respecto de lo que algunos autores determinan como cabildeo según los sujetos activos y pasivos que participan en la actividad así como los métodos de su práctica (figura 1.1).

Figura 1.1. Espectro conceptual de las diferentes definiciones de cabildeo

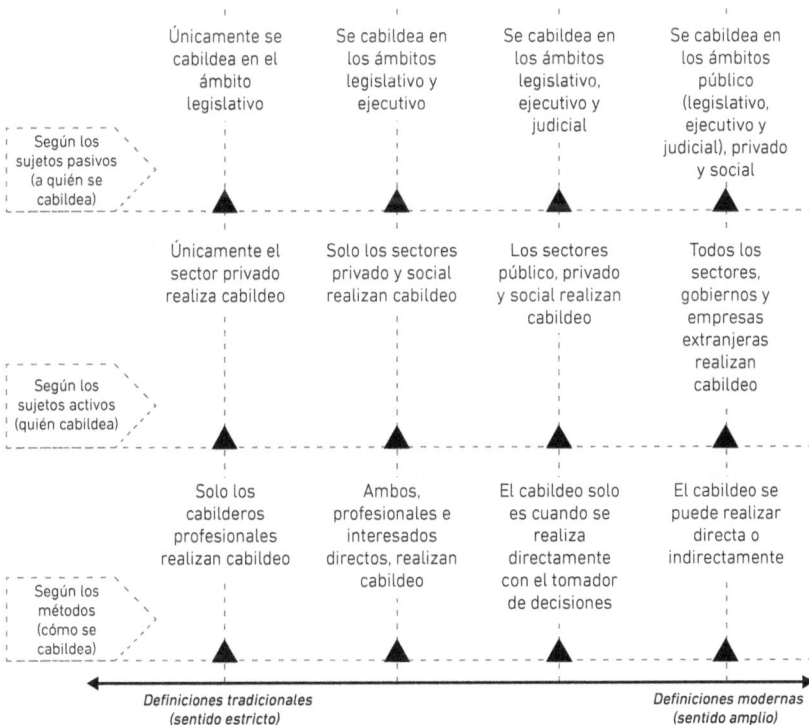

	Únicamente se cabildea en el ámbito legislativo	Se cabildea en los ámbitos legislativo y ejecutivo	Se cabildea en los ámbitos legislativo, ejecutivo y judicial	Se cabildea en los ámbitos público (legislativo, ejecutivo y judicial), privado y social
Según los sujetos pasivos (a quién se cabildea)	▲	▲	▲	▲
	Únicamente el sector privado realiza cabildeo	Solo los sectores privado y social realizan cabildeo	Los sectores público, privado y social realizan cabildeo	Todos los sectores, gobiernos y empresas extranjeras realizan cabildeo
Según los sujetos activos (quién cabildea)	▲	▲	▲	▲
	Solo los cabilderos profesionales realizan cabildeo	Ambos, profesionales e interesados directos, realizan cabildeo	El cabildeo solo es cuando se realiza directamente con el tomador de decisiones	El cabildeo se puede realizar directa o indirectamente
Según los métodos (cómo se cabildea)	▲	▲	▲	▲

Definiciones tradicionales (sentido estricto) ← → *Definiciones modernas (sentido amplio)*

Como puede observarse, desde la postura de los sujetos pasivos del cabildeo, en primer lugar están las definiciones tradicionales, esto es, aquellas que consideran al gobierno como el principal —incluso único— receptor de las acciones del cabildeo. En el caso más estricto se encuentran los que circunscriben el cabildeo exclusivamente al ámbito legislativo y, en todo caso, al ejecutivo. Por ejemplo, Efrén Elías Galaviz argumenta que el cabildeo se puede utilizar para influir en el ámbito gubernamental de cualquier autoridad que tenga como responsabilidad tomar decisiones públicas, excepto el Poder Judicial, ante el cual, en sentido estricto, no se realiza cabildeo;[21] Teresa L. Ganado Guevara, por su parte, define *cabildeo* como el intento de influir en la aprobación o rechazo de alguna legislación así como la adopción o no aceptación de normas que regulen alguna área específica, mas en su definición no incluye las decisiones judiciales.[22]

Otros autores amplían el criterio e incluyen el ámbito judicial como sujeto pasivo del cabildeo. Por ejemplo, para Frank Farnel estriba en influir, directa o indirectamente, en los procesos de elaboración, aplicación o interpretación de medidas legislativas, normas, reglamentos y, generalizando, de toda intervención o decisión de los poderes públicos.[23] De forma similar, Roberto Ehrman dice que consiste en "influir y orientar las decisiones de los actores políticos en el terreno legislativo, gubernamental y judicial",[24] y Liliana Ferrer Silva, que radica en influir en el diseño de la legislación y persuadir a favor de causas propias, o bien abogar en pro de intereses específicos en los ámbitos ejecutivo, legislativo y judicial, e incluso ante la opinión pública.[25]

---

[21] Galaviz, 2006, p. 44.
[22] Ganado Guevara, 2011, pp. 42-43.
[23] Astié-Burgos, 2001, pp. 11-12.
[24] Ehrman, 2011, p. 233.
[25] Ferrer Silva, 2008, p. 13.

Mientras tanto, otros teóricos hacen referencia al sector público de manera genérica, sin restringirlo a un ámbito, área o nivel de gobierno. Por ejemplo, Anthony J. Nownes, Lester W. Milbrath, Frank R. Baumgartner y Beth L. Leech definen el cabildeo como los esfuerzos por influir en el proceso de políticas públicas,[26] en las decisiones públicas[27] o simplemente en lo que hace el gobierno en general.[28] En ese mismo sentido encontramos que organismos internacionales proponen definiciones de cabildeo: para la Organización para la Cooperación y el Desarrollo Económicos (OCDE), es cualquier comunicación oral o escrita con un servidor público con el fin de influir en una legislación, política pública o decisión administrativa;[29] la Iniciativa europea en favor de la transparencia, de la Comisión Europea, en su Libro Verde (*Green Paper of the European Transparency Initiative*) afirma que es toda actividad realizada con el objetivo de influir en el proceso de decisión y diseño de políticas públicas de las instituciones europeas.[30]

Continuando con la perspectiva de los sujetos pasivos, en el extremo derecho del espectro se encuentran las propuestas que promueven la idea de que el cabildeo puede ir más allá de las decisiones gubernamentales, donde son objeto de estas no solo las determinaciones y acciones de las autoridades públicas sino todo proceso de decisión que afecte intereses públicos o privados ajenos al órgano colegiado o individuo responsable de tomar la decisión. Por ejemplo, Lerdo de Tejada y Godina exponen que el cabildeo "se extiende hacia ámbitos que no son exclusivamente los cuerpos colegiados, y abarca actividades que se realizan para impulsar proyectos de inversión regional, así como para

---

[26] Chari, Hogan y Murphy, 2010, p. 3.
[27] *Idem*.
[28] Astié-Burgos, 2001, pp. 11-12.
[29] OCDE, 2014, p. 5.
[30] Comisión Europea, 2006.

modificar estados de ánimo social o de actores específicos en torno a pretensiones puntuales".[31] Por su parte, Thierry Lefébure, presidente de la Association Française des Conseils en Lobbying, define *cabildeo* como un método para "analizar y comprender un problema, con el fin de explicar su tenor y consecuencias a aquellos que poseen el poder de decidir".[32] De igual forma, Carlos Bonilla propone que es la actividad "sistemática que llevan a cabo empresas o instituciones [...] para informar a individuos o instituciones cuyo poder de decisión o presión pueden afectar sus intereses o los de la comunidad en la que estas están inmersas, con el propósito de persuadirlas para que consideren sus argumentos o puntos de vista en torno a un asunto controvertido, y que actúen en consecuencia".[33]

Una vez analizadas algunas definiciones de cabildeo desde la perspectiva de los sujetos pasivos (hacia quienes están dirigidas las acciones), se analiza ahora la perspectiva de los sujetos activos (aquellos que realizan las acciones). Al igual que en el enfoque de los sujetos pasivos, hay quienes en su conceptualización identifican el sector privado como único sujeto activo (donde no hay otro sujeto pasivo más que el gobierno), mientras que otros amplían el criterio para incluir aquellas acciones realizadas por organismos sociales o por instancias del sector público, ya sea entre sí o ante otros sectores.

En el primer caso se encuentran, por ejemplo, J. P. Bernardet, A. Bouchez y S. Phier, que conceptualizan el cabildeo como "el arte de comunicarse con las instancias políticas y administrativas para obtener una inflexión de los proyectos legislativos o reglamentarios o una revisión de las leyes y reglamentos en un sentido favorable a las instan-

---

[31] Lerdo de Tejada y Godina, 2004. pp. 14-19.
[32] *Idem.*
[33] Bonilla, 2002, s. p.

cias profesionales y las empresas".[34] En esta misma visión tradicional hay autores que incluso excluyen explícitamente al sector social. Verbigracia, David Dávila Estéfan y Lila Caballero Sosa argumentan que la manera en que las organizaciones sociales se relacionan con los tomadores de decisiones es diferente de la de los grupos de interés del sector privado. Para ellos, en sentido estricto las organizaciones de la sociedad civil (osc) no hacen cabildeo, sino solo llevan a cabo un trabajo de incidencia en búsqueda de un beneficio social o un objetivo sin fines de lucro. Dávila Estéfan y Caballero Sosa argumentan que el cabildeo y el trabajo de incidencia plantean diferencias sutiles, pero sustanciales, para los distintos actores que los realizan. Asimismo, las actividades de incidencia se relacionan con dos cosas: "El hecho de que, a consecuencia del relativo poder de compra de las organizaciones sociales, estas se limitan a informar al legislativo [...] el segundo asunto se deriva de que estos actores sociales no tienen los medios políticos, legales ni institucionales para ejercer presión u ofrecer beneficios a legisladores".[35]

En una perspectiva más moderna e incluyente, hay quienes sostienen que el cabildeo no es una actividad exclusiva del sector privado o de aquellos grupos con capacidad financiera para pagar un agente especializado: también lo llevan a cabo organizaciones sociales que no pretenden obtener beneficio económico, sino utilizar este mecanismo como herramienta de autogestión ante asuntos públicos.[36] De esta forma, el cabildeo incluye todo actor o grupo que no forma parte —ni tiene intenciones de serlo— del sector público. Así, autores como Lorenzo Meyer identifican a los cabilderos como individuos u organizaciones al servicio de grupos no gubernamentales que buscan incidir en el

[34] Astié-Burgos, 2011, pp. 11-12.
[35] Dávila Estéfan y Caballero Sosa, 2005, pp. 30-33.
[36] Gómez Valle, 2006, p. 44.

ámbito de la formulación y aplicación de leyes y reglamentos relacionados con sus intereses particulares; son actores políticos designados por intereses privados, los cuales se transforman en auténticos grupos de presión cuando, para conseguir sus objetivos, buscan abiertamente determinar e influir en el contenido de las decisiones gubernamentales, aunque sin llegar a asumir directamente el poder.[37] Para José de Jesús Gómez Valle, por su parte, el cabildeo "es la acción de influir desde fuera en una decisión política o pública y está íntimamente ligada a la democracia, la representación política y la transparencia en el debate público".[38]

En el extremo moderno (de sentido amplio) se encuentran aquellas definiciones que incluyen al gobierno como sujeto activo, no solo pasivo, del cabildeo. En este sentido, Alfonso del Rosal y Hermosillo destaca que no solo particulares, organizaciones y empresas ante el Estado llevan a cabo actividades de cabildeo, sino también los propios miembros de un cuerpo colegiado (legisladores), los poderes federales y los gobiernos locales.[39] De igual forma, Jose Luis Sanchís define *cabildeo* como "una herramienta de comunicación estratégica entre actores económicos, políticos y sociales",[40] con lo que hace referencia implícita tanto al cabildeo entre instancias gubernamentales como a las acciones realizadas por estas con otros sectores. De ese modo se reconoce la posibilidad de que todo actor, en cualquier sector, sea sujeto activo o pasivo del cabildeo.

En paralelo al análisis sobre quién realiza el cabildeo (sujeto activo) y quién lo ejerce (sujeto pasivo), hay definiciones que también hacen hincapié en cómo se lleva a cabo, es decir, con qué métodos y herramientas. En torno de este enfoque existe el debate acerca de limitar

---

[37] Meyer, Lorenzo. "El *Lobby* que viene", Sección Editorial del periódico *Reforma*, 10 de noviembre de 2005.
[38] Gómez Valle, 2006, p. 19.
[39] Del Rosal y Hermosillo, 2008, p. 113.
[40] González Sánchez, 2008, p. 7.

el concepto de "cabildeo" únicamente a las actividades realizadas por personas físicas o morales profesionales que, a cambio de una remuneración, promueven los intereses de terceros, o si también se deben incluir los acercamientos que realizan de manera directa los grupos, organizaciones e instituciones afectadas e interesadas en influir en los tomadores de decisiones.[41]

En el primer caso, para el Center for Strategic and International Studies de Washington el cabildeo supone el conjunto de acciones para "abogar por el interés especial de un cliente",[42] mientras que para el jurista, filósofo y politólogo italiano Norberto Bobbio, es el proceso por medio del cual los representantes de los grupos de interés ponen en conocimiento de los legisladores, o de los tomadores de decisiones, los deseos e intenciones del grupo que representan.[43] En ese orden de ideas, el cabildeo se constituiría como una práctica particular, equiparada con la figura civil de la gestión de negocios, en la que solo se considerarían las actividades realizadas por un sujeto en representación de otro. Asimismo, hay quienes perciben la remuneración a cambio de servicios profesionales como un componente relevante en la definición de cabildeo. Tal es el caso del exdiputado federal mexicano Efrén Leyva Acevedo, quien en su propuesta de ley para regular el cabildeo y la promoción de causas, presentada en abril de 2002, establece una diferencia entre aquel y esta, considerando que mientras que el primer término toma en cuenta las actividades profesionales en defensa de intereses específicos, el segundo no es un servicio remunerado, sino, más bien, el apoyo organizado a objetivos sociales o políticos de carácter general.

Por el contrario, autores como el internacionalista Walter Astié-Burgos reconocen que el cabildeo, entendido como la ejecución de ciertas

---

[41] Mascott Sánchez, 2008, p. 4.
[42] Astié-Burgos, 2011, pp. 11-12.
[43] Lerdo de Tejada y Godina, 2004.

acciones planificadas por parte de un individuo, grupo u organización ante los poderes públicos para influir en la toma de decisiones con el fin de defender y promover los intereses propios o los de su representado; así asumido, digo, el cabildeo puede ser realizado directamente o mediante un tercero.[44] Con esta misma lógica, para Alfonso del Rosal y Hermosillo un cabildero es el individuo que lleva a cabo acciones de cabildeo profesionalmente (cabildero profesional), o espontánea y esporádicamente (cabildero ocasional).[45] En ese orden de ideas, el cabildeo puede ser realizado ya por los propios actores interesados de forma ocasional, ya por un representante del interesado que ejerce la profesión de cabildeo de forma permanente.

Además de las consideraciones sobre el cabildeo realizado por profesionales en representación de un interesado o por los interesados directamente, algunas definiciones agregan un elemento más de conceptualización: sobre cómo se realiza la actividad, donde se subraya que las acciones de cabildeo se ejecutan de manera consciente y planificada. Es decir, para muchos autores las acciones de cabildeo no son espontáneas, sino la exteriorización de una voluntad destinada a producir efectos jurídicos, económicos, políticos o sociales. Aceptando que el cabildeo implica una planeación para realizar actividades deliberadas de forma sistémica, se puede argumentar que ello conlleva el diseño e implementación de una estrategia, tal como expresa el *Diccionario de términos parlamentarios* del Sistema de Información Legislativa de la Secretaría de Gobernación (Segob), que ve el cabildeo como "la capacidad para alcanzar, mediante una estrategia específica, un cambio en un programa o proyecto gubernamental o, bien, influir en un actor con poder de decisión", así como "la acción de negociar o gestionar con

---

[44] Astié-Burgos, 2011, p. 12.
[45] Del Rosal y Hermosillo, 2008, pp. 111-113 y 122.

habilidad, la decisión en la discusión de las leyes por medio de la persuasión a los legisladores para que se inclinen a favor de algún grupo de interés o de una estrategia específica".[46]

Considerando que el cabildeo tiene como objetivo influir en un proceso de decisión, las estrategias pueden externarse de diferentes modos. Mientras que algunos autores identifican el cabildeo con una serie de acciones para ejercer presión política sobre los tomadores de decisiones, otros lo relacionan con un proceso de intercambio y socialización de información y argumentos, así como de negociación. En el primer caso, Alfonso del Rosal y Hermosillo lo define como "el proceso de alcanzar metas de política pública, casi siempre en pro de intereses privados, mediante la aplicación selectiva de presión política",[47] y Alonso Pelegrín, como ejercer presiones, tratar de convencer, intentar neutralizar, modificar o influir en las decisiones de las autoridades públicas.[48]

Otros especialistas asignan mayor valor al intercambio de información entre grupos de interés y tomadores de decisiones. Tal es el caso de Armando Alonso Piñeiro, quien define el *cabildeo* como "un esfuerzo encaminado a influir en el gobierno respecto a cualquier asunto por medio de la sola información",[49] y de Luigi Graciano, para quien es la actividad destinada a "influir en las decisiones de la autoridad gubernamental mediante información, acción colectiva y otras estrategias".[50]

Por último, hay autores que identifican al cabildeo más como un arte de negociación y persuasión. Verbigracia, el *Diccionario universal de términos parlamentarios*, que lo define como la acción de negociar o gestionar con habilidad y astucia para presionar, disuadir o convencer a los legisladores a fin de inclinar a favor de algún grupo de interés es-

---

[46] Véase http://sil.gobernacion.gob.mx/portal/Diccionario/verDiccionario. Consultado el 16 enero de 2016.
[47] Del Rosal y Hermosillo, 2008, p. 122.
[48] Astié-Burgos, 2011, pp. 11-12.
[49] Vázquez Valencia, 2002, p. 117.
[50] Astié-Burgos, 2011, pp. 11-12.

pecífico el resultado de la discusión de propuestas de reforma,[51] o Lionel Zetter, quien lo concibe como "el arte de la persuasión política".[52]

Una vez expuestos los diferentes matices en la conceptualización del cabildeo, este análisis no estaría completo sin reconocer que en algunas sociedades este aún tiene mala imagen y que el término se utiliza con una connotación negativa. Ninguna de las definiciones aquí analizadas lo considera así, ya que se enfocan en conceptualizar una actividad legítima y esencial de cualquier democracia, la cual no se entiende sino dentro de los cauces institucionales y legales. Tal y como exponen Bard Harstad y Jakob Svensson, existen diferencias básicas entre el cabildeo y otras actividades ilícitas, como la corrupción o la gestión política desde una perspectiva de rentismo, o captación de rentas (*rent-seeking activities*). Al primero lo definen como aquellas actividades destinadas a cambiar las normas y políticas públicas; a las segundas, como actividades destinadas a evadir o eludir las normas vigentes.[53] Es decir, mientras que en el desarrollo del cabildeo se actúa dentro del marco institucional y legal con el objetivo de influir en las decisiones públicas, en el caso de la corrupción y otras formas ilícitas de influencia se actúa fuera de la ley con la finalidad de comprar voluntades evadiendo las normas.

Asimismo, como parte del análisis de conceptualización es pertinente considerar la relación que la palabra *cabildeo* mantiene con otros términos con los que se le suele asociar o confundir, como *asuntos públicos*, *relaciones públicas* y *relaciones gubernamentales*.

En cuanto al término *asuntos públicos*, Stuart Thomson y Steve John argumentan que tiene un alcance mayor al de *cabildeo*, ya que no solo se enfoca en las cuestiones dentro del marco de los poderes del Estado sino

---

[51] *Diccionario universal de términos parlamentarios*, 1998, p. 103.
[52] Zetter, 2008, p. 3.
[53] Harstad y Svensson, 2011, p. 46.

comprende la interacción con otras instancias de política pública u organismos de influencia, como, por ejemplo, organizaciones comerciales, órganos reguladores y medios de comunicación. Para dichos autores el concepto *asuntos públicos* enmarca los temas políticos en general, y el de *cabildeo*, solo aquellos que son competencia de los poderes del Estado.[54] No obstante, algunas definiciones en sentido amplio de este último pudieran asemejarse a lo que Thomson y John consideran como asuntos públicos, pues incluyen la relación no solo con los poderes del Estado sino también con cualquier organismo de decisión, público o privado.

Otra propuesta es considerar que el cabildeo se realiza para alcanzar un objetivo definido (modificar una ley, aprobar una regulación, influir en una política pública o acto de gobierno, etc.), mientras que los asuntos públicos son aquellas actividades proactivas que ejecutan los grupos de interés en relación con todo asunto público, sin tener un objetivo específico. De este modo, en la praxis de las actividades corporativas los asuntos públicos pueden comprenderse como "la función directiva responsable de la interpretación del entorno no comercial de la corporación y la dirección y gestión de la respuesta de la compañía a esos factores".[55] Dicho de otra manera, el término *asuntos públicos* acostumbra referirse a las actividades de una compañía en materia de análisis y reacción frente al contexto público y las relaciones con el gobierno en general.

Por su parte, Paul A. Argenti y Courtney M. Barnes deslindan este término del grupo de actividades de influencia y las formas de relacionarse de los grupos de interés y, en su lugar, distinguen los conceptos *relaciones gubernamentales* y *cabildeo*. Para ellos, el concepto *asuntos públicos* no alude a una actividad, sino al conjunto de principios que

---

[54] Thomson y John, 2007, pp. 4-5.
[55] Grunig y Hunt, 2000, p. 422.

apuntalan la operación de un sistema legal, así como los valores sociales y morales de una sociedad, que cambian según el tiempo y el lugar. El concepto *relaciones gubernamentales* es, en ese sentido, el que se refiere a las actividades de monitoreo y análisis de políticas públicas y legislaciones que pueden afectar una corporación. Por ende, los responsables de las relaciones gubernamentales proveen de información a servidores públicos sobre las materias que les afectan, y colaboran en el desarrollo de agendas legislativas y regulatorias por medio del cabildeo, la comunicación corporativa y algunos programas de educación. Por ello, Argenti y Barnes definen *cabildeo* como los esfuerzos que realizan los grupos organizados, el electorado o incluso otros servidores públicos y legisladores, encaminados a influir en decisiones gubernamentales.[56]

Respecto del término *relaciones públicas*, Jordi Xifra destaca que, aunque las actividades relacionadas con tal actividad se acompañan del cabildeo, existen diferencias sustanciales entre aquella y este. Si bien las dos tienen como objetivo establecer una relación de confianza y credibilidad con los actores a quienes se dirige la actividad, las relaciones públicas tienen la finalidad adicional de forjar una buena imagen institucional y una relación de trabajo cooperativa, en tanto que el cabildeo tiene como principal propósito influir en las decisiones de los actores políticos. No obstante, Xifra decide enmarcar el concepto "cabildeo" dentro del de "relaciones públicas", con el argumento de que el mundo de este último es extremadamente amplio, y se hace todavía más extenso cuando en su práctica se adoptan nuevas ideas y se introducen nuevas técnicas, como es el cabildeo.[57]

Finalmente, es importante analizar los criterios y la lógica de los esfuerzos legislativos por conceptualizar el cabildeo y establecer definicio-

---

[56] Argenti y Barnes, 2009, p. 204.
[57] Xifra, 1998, p. 26.

nes legales en las normas jurídicas correspondientes.[58] No cabe duda de que, como se ha dicho antes, la ambigüedad en la conceptualización del cabildeo ha generado discrepancias en las definiciones legales, dejando claro que no se trata de un debate exclusivamente académico, sino de un componente esencial en el alcance y la implementación de las normas que regulan el desarrollo de la actividad.[59]

Así pues, resumiendo, de la definición legal de cabildeo depende en gran parte el sentido y el alcance de la norma jurídica. Ya he apuntado que tanto una definición muy amplia como una muy restringida pueden volver ineficientes los esfuerzos legislativos por regular dicha actividad. No existe una definición legal única de cabildeo, sino cada caso refleja el contexto político, social y legal del país donde se legisla e implementa la norma. Por ejemplo, en Estados Unidos la tendencia es que los legisladores federales y estatales definan legalmente el término *cabildero* con base en la compensación económica y la relación contractual que mantiene con sus clientes, lo que podría considerarse como una definición de un cabildero profesional. Entre tanto, en países europeos con sistemas corporativistas la conceptualización y la definición legal de *cabildeo* han sido trabajos particularmente complejos, ya que por las particularidades de esos sistemas, desde un inicio algunas organizaciones sectoriales están integradas en los procesos de decisión gubernamentales y participan virtualmente como órganos consultivos.[60]

Asimismo, las experiencias internacionales han demostrado que las definiciones parciales o imprecisas suelen resultar en incumplimiento, o en cumplimiento inadecuado, de las normas.[61] En un estudio comparativo de la regulación del cabildeo en las entidades federativas de

---

[58] En un capítulo posterior se analizarán a detalle las diferentes herramientas y esfuerzos de regulación del cabildeo desde un perspectiva comparativa y nacional.
[59] Mascott Sánchez, 2008, pp. 3-5.
[60] Cocirta, 2007, pp. 5-8.
[61] *Ibidem.*

Estados Unidos, Adam J. Newmark expone que la eficiencia y lo estricto de la norma dependen en gran parte del alcance de la definición legal (amplia o estricta) de cabildeo. Esta condiciona la forma en que se relacionan el tomador de decisiones y el cabildero con el objeto de institucionalizar la influencia del segundo, evitar el soborno y la compra de votos, y mitigar la desconfianza en las decisiones de las instancias gubernamentales. Al detallar los criterios de cada definición, algunas normas se enfocan en limitar quiénes tienen permiso para cabildear en la instancia pública (por ejemplo, un registro obligatorio para acceder a las instalaciones, la diferenciación entre cabilderos privados y públicos, etc.) y otras, en cambiar de forma sistemática la relación entre cabildero y legislador (por ejemplo, un registro de intercambio de información, la prohibición de ciertas actividades, entre otras).[62]

Por su parte, Kennith G. Hunter, Laura Ann Wilson y Gregory G. Brunk identifican en las normas de las distintas entidades federativas de Estados Unidos cuatro patrones de definiciones de cabildeo: *a)* las que lo definen tomando como base el intento de influir en la legislación; *b)* las que lo definen como la representación de los intereses de otra persona; *c)* las que toman como criterio base el que exista un gasto de dinero para influir en la legislación, y *d)* las que lo definen con base en la existencia de una compensación a cambio de realizar acciones para influir en la legislación.[63] Cabe resaltar que en dicho país, donde el financiamiento privado de campañas electorales es legal, este no se considera una forma de cabildeo.[64]

En general, Alexandru Cocirta identifica como factores de la conceptualización legal de cabildeo dos criterios básicos de los que depen-

---

[62] Newmark, 2005, pp. 182-191.
[63] Hunter, Wilson y Brunk, 1991, p. 497.
[64] Terrance y Clifford, 2011, p. 90.

den el alcance y la eficiencia de la norma. El primero es el entendimiento por parte de los legisladores sobre el ámbito de poder público en el que se lleva a cabo el cabildeo. Aunque buena parte de la regulación de las actividades económicas se realiza en la esfera administrativa por medio de la facultad regulatoria de los poderes ejecutivos, a escala mundial gran parte de la legislación en materia de cabildeo se ocupa únicamente de la esfera legislativa. Por ejemplo, mientras que las normas estadounidenses en la materia —tanto a escala federal como estatal— se centran en el ámbito legislativo, la legislación canadiense tiene un enfoque mucho más amplio e incluye también a los funcionarios públicos del Poder Ejecutivo.[65]

El segundo criterio básico de las definiciones de cabildeo legales es entender qué es lo que comprende dicha actividad o cómo se ejerce. En algunas legislaciones la definición puede establecer como criterio la existencia de una comunicación (incluida la electrónica), directa o indirecta, oral o escrita, entre un grupo de interés y un funcionario público. Otras legislaciones establecen que debe existir la intención o intento de influir en el proceso de toma de decisiones por parte del cabildero, aunque la interpretación legal de "intención o intento de influir" pueda ser demasiado ambigua. En otras ocasiones se establece que la actividad de cabildeo se lleva a cabo con el fin de garantizar que los intereses de un tercero se reflejen plenamente en la legislación o regulación que se discute.[66]

Tomando en consideración ambos criterios, en el caso mexicano la regulación vigente de cabildeo comprende únicamente el ámbito legislativo y conceptualiza la actividad de forma genérica. Actualmente en México las actividades de cabildeo son reguladas por los reglamen-

---

[65] Cocirta, 2007, pp. 5-8.
[66] *Ibidem.*

tos internos de las cámaras del Congreso de la Unión, en los cuales se establecen dos definiciones legales de *cabildeo* y una de *cabildero*. En el caso de la Cámara de Diputados, el artículo 263 de su reglamento establece que: "*1.* Por cabildeo se entenderá toda actividad que se haga ante cualquier diputado, diputada, órgano o autoridad de la Cámara, en lo individual o en conjunto, para obtener una resolución o acuerdo favorable a los intereses propios o de terceros". El mismo artículo establece que: "*2.* Por cabildero se identificará al individuo ajeno a esta Cámara que represente a una persona física, organismo privado o social, que realice actividades en los términos del numeral que antecede, por el cual obtenga un beneficio material o económico". En cuanto al Senado de la República, el artículo 298 de su reglamento establece que por cabildeo se entiende "la actividad que realizan personas dedicadas a promover intereses legítimos de particulares, ante los órganos directivos y comisiones del Senado o ante senadores en lo individual o en conjunto, con el propósito de influir en decisiones que les corresponden en ejercicio de sus facultades".

Así, aunque en ambas instancias las definiciones son amplias, hacen referencia al término *actividad* de forma genérica, sin especificar sus particularidades, como pudiera ser el requisito de que exista una comunicación directa. En el caso de la Cámara de Diputados, se establece el criterio de que estas actividades se lleven a cabo con el fin de garantizar que los intereses propios o de un tercero se reflejen plenamente en la legislación o regulación que se discute. Por otro lado, en el Senado se establece el requisito de que exista la intención de influir en las decisiones de los legisladores. Adicionalmente, en el caso de la Cámara de Diputados, el término *cabildero* se define con base en el criterio económico, es decir, debe existir una compensación material o económica a cambio de realizar la actividad descrita.

Por último, la regulación del cabildeo, como toda norma en el derecho positivo, forma parte de un marco jurídico nacional en el que interactúa con el resto de leyes, reglamentos y demás instrumentos jurídicos. En ese sentido, definir legalmente dicha actividad presenta complejidades en cuanto a su relación e interdependencia con otras figuras jurídicas y conceptos legales. Por ejemplo, el que la definición de *cabildeo* establezca como criterio la existencia de una comunicación de una persona, moral o física, con un legislador o funcionario público podría confundirse con la obligación legal del servidor público de responder a las solicitudes de información o reunión de ciudadanos que ejercen su derecho de petición, sin que busquen un beneficio propio o influir en una decisión pública.[67]

1.4. LA PROPUESTA DE DEFINICIÓN

La práctica del cabildeo ha evolucionado a lo largo de los años y ha rebasado su conceptualización original. Las definiciones tradicionales, que normalmente identifican al sector privado como único sujeto capaz de cabildear y al sector público como único destinatario del cabildeo, han quedado lejos de la realidad; son demasiado restringidas y excluyen características esenciales y elementos básicos de la actividad moderna del cabildeo.

Después de analizar la problemática, los criterios generales y las características de algunas de las múltiples definiciones de cabildeo en el debate académico y el derecho positivo, a continuación se propone una definición en sentido amplio, con un enfoque exhaustivo, que permita contar con un concepto cuyos elementos reflejen la realidad histórica y actual del fenómeno social, estableciendo un paradigma de análisis general y particular. Esta definición tiene como objetivo conceptualizar de manera clara y sencilla la actividad del cabildeo, natural de toda

---

[67] Cocirta, 2007, pp. 5-8.

sociedad, que en un momento determinado la mayoría de los grupos de interés realiza en los diferentes ámbitos de decisión —públicos, privados y sociales— de acuerdo con los contextos político, económico y social en que se ejecuta la acción.

Con base en lo anterior, por *cabildeo* se puede entender CUALQUIER ACTO O ACTIVIDAD REALIZADOS PARA COMUNICAR O INFORMAR, DE MANERA DIRECTA O INDIRECTA, LOS INTERESES DE UNA O MÁS PERSONAS CON OBJETO DE INFLUIR EN EL HACER O NO HACER DE LOS TOMADORES DE DECISIONES EN BÚSQUEDA DE UN BENEFICIO.

En un análisis de la definición propuesta se identifica una serie de enunciados que pueden examinarse de manera individual para profundizar en su alcance y fondo. En primer lugar, el cabildeo comprende un acto o actividad, entendidos como la manifestación de voluntad (exteriorizada de cualquier forma o método) de una o más personas, encaminada a producir un resultado. Es decir, de manera explícita o implícita, y por libre albedrío, se realizan actividades con la intención, el ánimo o la resolución de lograr un objetivo.

Segundo, en la actividad de cabildeo se busca comunicar una serie de argumentos para que se consideren en un proceso de decisión. En otras palabras, todo acto de cabildeo implica un intercambio de información, oral o escrito, en el cual los interesados comparten sus argumentos y opiniones con los tomadores de decisiones, con el fin de posicionar sus intereses frente a los de otros grupos o actores afectados. Este es el elemento diferenciador entre los conceptos de "cabildeo" y —con el que este comúnmente se confunde— "presión política". Aunque el ejercer presión puede ser una herramienta complementaria o parte de una estrategia de cabildeo, esta última se basa principalmente en comprender el desarrollo y socialización de un sustento técnico y analítico del asunto por cabildear. Sin duda ejercer presión sobre los tomadores de decisiones puede ser un método de influencia de los grupos de interés, pero por sí solo no comprende lo que se entiende por cabildeo.

Tercero, el cabildeo puede ejecutarse de forma directa sobre los tomadores de decisiones y sus equipos, o de forma indirecta, a través de actores con capacidad de influencia sobre aquellos, como los medios de comunicación, para que la opinión pública ejerza presión sobre quienes deciden. De este modo, estos pueden tener contacto directo con el interesado, ser influidos vía un tercero, o recibir información y presión por la cobertura mediática del tema o asunto.

Cuarto, en todo proceso de cabildeo existe una persona o grupo de personas cuyos intereses (conveniencias o necesidades) se pueden ver afectados, de manera directa o indirecta, por la decisión o acto de un tercero o grupo de terceros. Consecuentemente, esta persona o grupo de personas tienen una pretensión legítima en el proceso de decisión e intentarán influir en su resultado. A aquel cuyos intereses se ven afectados se le conoce como el sujeto activo del cabildeo, que es quien ejecuta la actividad.

Quinto, el cabildeo busca persuadir a una persona o grupo con facultad de decretar en un proceso de decisión, conocidos como sujetos pasivos del cabildeo. Con el cabildeo se busca que, ante un asunto controvertido, un tomador de decisiones dictamine en sentido favorable a quien impulsa la iniciativa objeto del cabildeo. Por ello, todo cabildeo implica la existencia de un proceso de decisión, ya sea individual o colegiado, formal o informal. Este proceso de decisión no necesariamente tiene que ser gubernamental, sino que basta con que en el proceso se afecten intereses de personas o grupos que no participan directamente en el proceso, es decir, cuando la decisión es ajena al interesado y no tiene facultades o competencias en el proceso de decisión, pero trata de influir en quien sí. Este también es un elemento que diferencia el cabildeo de otro concepto con el que suele confundirse: la negociación. Esta, como en el caso de la presión política, puede ser un componente del cabildeo, pero no un sinónimo. La negociación normalmente exige que se realice entre pares y con el interés mutuo de intercambio de bienes tangibles o intangibles, esto es, los dos interesados están inmersos y son parte del proceso de decisión. En cuanto al cabildeo, el interesado es ajeno al proceso de decisión cuyo resultado afecta sus intereses de alguna manera, y no necesariamente existe un intercambio de bienes, pues en muchos casos el tomador de decisiones no obtiene ganancia directa como resultado de la decisión.

Sexto, el objetivo final de cualquier proceso de cabildeo es conseguir un beneficio del proceso de decisión sobre el que se busca influir. Este beneficio esperado, tangible o intangible, puede ser de naturaleza política, social, económica, jurídica o de reputación, entre otras. Incluso puede suceder que el sujeto activo del cabildeo lo realice como representante de los intereses de un tercero o, filantrópicamente, en busca de un beneficio de interés general, por lo que no se beneficiará particularmente del resultado del proceso.

Finalmente, el beneficio que se espera obtener provendrá del hacer o no hacer de los tomadores de decisiones. Es decir, las acciones de cabildeo pueden buscar una acción, o una omisión, por parte del tomador de decisiones, aunque existen casos en que, más que pretender influir para que la decisión sea a su favor, pueden perseguir que no se tome o se postergue.

1.5. LOS ELEMENTOS DEL CABILDEO

La propuesta de definición expuesta incluye una serie de elementos básicos que delimitan los criterios para calificar como cabildeo una actividad, a saber: hay cabildeo cuando, en el marco de un proceso de decisión, uno o varios interesados ajenos al proceso (sujetos activos) realizan una serie de actividades (acto) para influir en los tomadores de decisiones (sujetos pasivos) en búsqueda de un resultado favorable a sus intereses (objetivo) (figura 1.2).

Figura 1.2. Modelo básico de un proceso de cabildeo

De esta forma se identifican cinco elementos básicos del cabildeo: *1)* un proceso de decisión, *2)* los sujetos activos, *3)* los sujetos pasivos, *4)* el acto y *5)* el objetivo o resultado.

1.5.1. Proceso de decisión

Como expone María de los Ángeles Mascott Sánchez, para algunos autores "el cabildeo ocurre cuando las autoridades se enfrentan a decisiones sobre temas controvertidos, mientras que para otros dicha condición —la controversia— no es un requisito para que éste tenga lugar".[68] Al mismo tiempo, otros especialistas consideran que, "más que una situación de controversia, se requiere la existencia de intereses contrapuestos, porque el cabildeo puede ocurrir sin que adquiera relevancia en el ámbito público".[69] De cualquier modo, el cabildeo implica una decisión, a la cual se llega por un proceso formal o informal en el que intervienen una o varias personas con la capacidad, las facultades, las competencias y el poder para dictaminar un asunto.

---

[68] Mascott Sánchez, 2008, pp. 3-5.
[69] *Idem.*

Este proceso de decisión no necesariamente tiene que ser gubernamental: basta con que afecte intereses de personas o grupos que no participan directamente en él.

En el marco del proceso de decisión, las acciones de cabildeo requieren determinadas condiciones, como la afectación de algún interés, la existencia de intereses contrapuestos de los actores, la incertidumbre sobre el resultado final del proceso, el intercambio de información, argumentos y opiniones, y el acceso a los tomadores de decisiones. En el caso de este último, "el cabildeo es efectivo solo cuando los actores tienen la posibilidad de negociar e influir en la decisión respecto del tema en pugna; de otra forma, no hay incentivos para la acción".[70]

Debido a que el afectado no participa directamente en el proceso de decisión, sino que un tercero es quien decide sobre el asunto, las acciones realizadas mediante métodos alternativos de resolución de conflictos, como el arbitraje o la mediación, podrían interpretarse como actos de cabildeo.

En primer lugar, entiéndase por *arbitraje* el medio heterocompositivo que da solución a un litigio mediante un tercero imparcial o árbitro (uno o varios jueces), generalmente designado por las partes contendientes en un procedimiento menos severo y formal que el proceso jurisdiccional, cuya eficiencia depende de la voluntad de las partes en pugna, ya que deriva de un acuerdo explícito.[71] En segundo lugar, entiéndase por *mediación* el medio autocompositivo y alternativo de solución de controversias por el cual, en un procedimiento privado, informal, voluntario y no adjudicatario, un tercero independiente, imparcial y neutral ayuda a las partes en disputa a alcanzar una solución mutuamente aceptable.[72]

---

[70] *Idem.*
[71] *Diccionario jurídico Porrúa*, tomo A-C, p. 238.
[72] *Ibidem*, tomo I-O, p. 2479.

No obstante, arbitraje y mediación tienen elementos que los diferencian del cabildeo. Por un lado, entre los dos métodos alternativos de resolución de conflictos existen diferencias elementales, como son las funciones y facultades del tercero. Mientras que el mediador actúa como mero facilitador pero no resuelve la controversia, el árbitro emite una decisión vinculante para ambas partes. Por otro lado, entre ambos métodos hay un elemento común que demuestra que las actividades de este tipo de técnicas de resolución de conflictos no son acciones de cabildeo: la voluntad y el acuerdo entre las partes para que el asunto en conflicto sea resuelto por un tercero imparcial en un procedimiento con reglas y procesos, o que un tercero asista el debate o la negociación para dar orden al proceso y evitar que el conflicto escale. En el caso del cabildeo: no necesariamente hay un conflicto de intereses previo al proceso de decisión (aquel se puede activar cuando se inicia un proceso de decisión ajeno a las partes cuyos intereses terminan conflictuándose); los contendientes no acuerdan de manera voluntaria que el asunto se resuelva en una u otra instancia; los interesados o afectados no eligen el procedimiento previamente establecido, y, por último, el tercero responsable no siempre es imparcial o neutral, excepto en procesos judiciales, donde la imparcialidad es un requisito. En otros casos no es una condición *sine qua non*, por ejemplo, cuando el legislador representa ciertos intereses en el proceso, cuando las decisiones de los servidores públicos deben dar preferencia al bienestar común o cuando un órgano colegiado defiende intereses propios. Asimismo, derivado del elemento de voluntad de las partes que diferencia estas actividades, en los métodos alternativos de resolución de conflictos las partes se obligan a presentar sus argumentos a un tercero, mientras que en un proceso de cabildeo los afectados o interesados tienen la libertad de presentar o no sus argumentos a aquellos que tienen capacidad de decidir.

1.5.2. Sujetos activos

Como se ha visto, los sujetos activos del cabildeo son los actores que ejecutan las actividades de cabildeo para influir en un proceso de decisión. Aunque los más visibles son los empresarios, los órganos cúpula del sector privado o las agencias profesionales de cabildeo, otros sujetos activos son las organizaciones de la sociedad civil, organismos no gubernamentales, sindicatos, legisladores, dependencias gubernamentales, órganos autónomos del Estado, gobiernos de las entidades federativas, presidentes municipales, la Iglesia, líderes comunitarios o vecinales, el sector académico, medios de comunicación, líderes de opinión, gobiernos de otros países y algunos organismos internacionales, por mencionar algunos. Por ello debe considerarse como posible sujeto activo de cabildeo cualquier individuo o grupo de interés con capacidad y con interés legítimo de influir en cualquier tipo de decisión, ya sea pública, privada o social.

Si se sigue el criterio de que el sujeto activo es ajeno al proceso de decisión, podría interpretarse que, en sentido estricto, el cabildeo entre funcionarios o legisladores (interinstitucional o interno) no sería tal. Hasta cierto punto, esta premisa puede ser verdadera, dependiendo del papel y las facultades de los tomadores de decisiones, el tipo de procedimiento, la etapa alcanzada en el proceso y la decisión de que se trate. Por ejemplo, en el caso del proceso legislativo, cuando en comités o comisiones se está dictaminando un asunto, un legislador que no sea parte de estos, es decir, que sea ajeno al proceso de decisión, puede realizar actividades de cabildeo para persuadir en un sentido u otro a sus colegisladores que sí lo sean; pero si fuera integrante del comité o comisión, es decir, partícipe formal del proceso de decisión, sus acciones para persuadir a otros de los integrantes serían de debate o negociación entre pares. De ese modo, una vez que el asunto legislativo llega al pleno de la cámara del Congreso de la

Unión, las actividades de argumentación, persuasión e influencia entre legisladores son acciones de debate o negación entre pares, no de cabildeo en sentido estricto.

Otro ejemplo serían las actividades de argumentación que las unidades administrativas en una dependencia de gobierno llevan a cabo ante el órgano encargado de designar el presupuesto de manera interna, con el fin de que se le asignen más recursos para sus labores. En este caso la unidad interesada es ajena al proceso de decisión y realiza acciones de cabildeo para posicionar sus intereses y satisfacer sus necesidades económicas. Aplica la misma lógica para las acciones de cabildeo interinstitucional que realizan las dependencias de gobierno con las secretarías o ministerios de finanzas en los procesos de conformación y asignación del presupuesto de egresos público.

1.5.3. Sujetos pasivos

En contraparte a los sujetos activos se encuentran los sujetos pasivos, que son aquellos sobre quienes se ejercen las acciones de cabildeo: los tomadores de decisiones con poder, capacidad, facultad y competencia para fallar sobre el asunto en cuestión, pero también los actores con posibilidad de influir sobre aquellos, o incluso sobre la opinión pública, como los medios de comunicación, y así ejercer presión indirecta sobre los tomadores de decisiones.

Como se ha visto, el cabildeo no se realiza exclusivamente en torno de decisiones gubernamentales, por lo que pueden considerarse sujetos pasivos del cabildeo no solo las instancias del Estado sino también otras entidades decisorias o influyentes, como organizaciones comerciales, instituciones regulatorias, medios de comunicación, órganos comunitarios, vecinales o ejidales, gobiernos de otros países, organismos internacionales, sindicatos, órganos autónomos del Estado, universidades y organismos no gubernamentales.

1.5.4. Acto

Otros elementos básicos del cabildeo son las acciones o actividades que los sujetos activos llevan a cabo de manera voluntaria y sistemática con la intención de influir o persuadir a los sujetos pasivos. Es decir, el acto consiste en realizar el cabildeo en sí o *cabildear*.

Los sujetos activos cuentan con diversas herramientas, tácticas y métodos de cabildeo para cumplir su objetivo, principalmente para obtener acceso a los sujetos pasivos e influir en sus decisiones. El acceso puede ser directo o indirecto, y la influencia, específica (enfocada en un asunto o propuesta concreta) o difusa (en relación con las actividades generales de los sujetos pasivos).[73]

Como se expuso anteriormente, un componente esencial de este acto es la comunicación de una serie de argumentos que el sujeto activo despliega para influir en el proceso de decisión mediante el intercambio de información y de opiniones con los tomadores de decisiones, y, así, posicionar sus intereses frente a los de otros grupos o actores afectados.

1.5.5. Objetivo

Por último, el objetivo que el cabildeo persigue en el resultado del proceso de decisión podría incluir, entre otros, la aprobación de una reforma de ley, el veto a una decisión previa, la consecución de un proyecto o la autorización de una solicitud con la pretensión inherente de que sea favorable a los intereses promovidos. Con ello, la estrategia de cabildeo habrá rendido frutos.

---

[73] Galaviz, 2006, p. 46.

El objetivo final de cualquier proceso de cabildeo es conseguir que la decisión en la que se desea influir arroje un beneficio; es decir, que el resultado del proceso refleje y esté en concordancia con los intereses del promotor de las acciones de cabildeo. Este beneficio puede ser tangible o intangible, temporal o permanente, total o parcial y apelable o inapelable, según sea la naturaleza del asunto, la instancia o ámbito de decisión en el que se encuentre y el resultado del proceso de decisión. Asimismo, dependiendo de los sujetos activos y pasivos, el beneficio pretendido puede ser, como ya se ha asentado arriba, político, social, económico, jurídico y de reputación, entre otros.

1.6. LOS TIPOS DE CABILDEO

Cuando se toman como base los elementos del cabildeo, este puede clasificarse en diferentes tipos, de acuerdo con el objetivo que se busca, los sujetos activos que lo realizan, los sujetos pasivos sobre los que se ejerce y el método o táctica que se utiliza. Este modo de clasificación resuelve preguntas clave para distinguir los diferentes tipos de cabildeo, como: para qué se realiza, quién lo realiza, a quién va dirigido, dónde se realiza, cuándo se realiza, cómo se realiza, etc. Debe subrayarse que las acciones de cabildeo pueden enmarcarse simultáneamente en varias clasificaciones, ya que pueden tener objetivos, ejecutores, destinatarios, ámbitos y tiempos específicos e interdependientes. Esto es: en una estrategia de cabildeo es posible tener al mismo tiempo un objetivo general y varios objetivos específicos, contar con diversos sujetos pasivos, y utilizar diferentes herramientas y métodos.

A continuación se enlistan algunos tipos de cabildeo según sus objetivos, sujetos activos, sujetos pasivos y métodos o tácticas. Para cada caso se incluye una serie de ejemplos con el fin de ilustrar cada uno de estos arquetipos.

1.6.1. Cabildeo según los objetivos

- *Cabildeo de promoción.* Busca impulsar un proyecto, legislación, política pública o decisión en general en beneficio del promotor de las acciones de cabildeo o de sus representados. El asunto por impulsar puede ser presentado y promovido desde un inicio por el sujeto activo o ser promovido por otro actor, ya sea interno o externo al proceso de decisión sobre aquel. Ejemplo: cuando una empresa promueve un subsidio público a sus productos con el objeto de reducir costos y estar en posibilidad de incrementar sus inversiones y utilidades, o cuando se promueve una reforma legal en el Poder Legislativo.

- *Cabildeo de contención.* Busca contener un proyecto, legislación, política pública o decisión en general que pudiera afectar los intereses del promotor de las acciones de cabildeo o de sus representados. En cabildeos de este tipo, por la naturaleza del objetivo, el asunto por contener es presentado por otro actor, ya sea interno o externo al proceso de decisión del asunto en disputa. Tal es el caso de una industria que despliega acciones para evitar la aprobación de un incremento en los impuestos a sus productos, lo cual podría poner en riesgo sus finanzas o incluso la viabilidad de su negocio, o cuando se intenta impedir la aprobación de una regulación prohibicionista que pudiera afectar un producto o generar un mercado negro.

- *Cabildeo de enmienda.* Sin ubicarse en los extremos del cabildeo de promoción o de contención, este busca hacer ajustes a un proyecto, legislación o política pública ya aprobada. En estos casos, el sujeto activo puede estar en lo general de acuerdo con el asunto, pero pueden existir componentes de este que afectan negativamente sus intereses, sin que estos sobrepasen los beneficios generales del asunto. En este tipo de cabildeo no se busca contener el asunto, ni impulsarlo en su forma original, sino modificar el sentido en el que se aprobó originalmente. De no existir la posibilidad de realizar modificaciones, el cabildero puede valorar la conveniencia de implementar acciones de impulso o contención para iniciar la modificación absoluta, dependiendo de un análisis costo-beneficio del asunto en general. Por ejemplo, cuando una iniciativa de ley prohibicionista busca vedar el uso de un recurso natural, frente a lo cual un grupo de interés promueve que la reforma al respecto sea más laxa y regule el aprovechamiento del recurso sin caer en una prohibición absoluta.

- *Cabildeo preventivo.* Busca anticiparse a posibles proyectos, legislaciones, políticas públicas o decisiones en general que previsiblemente se iniciarán en el corto, mediano o largo plazo, y eventualmente tendrán consecuencias para los intereses del promotor de las acciones de cabildeo. Para lo anterior, el cabildero posiciona directa o indirectamente los argumentos a favor de sus intereses. Cabe resaltar que este tipo de cabildeo tiene el riesgo de que las acciones catalicen el asunto previsto. Por ejemplo, cuando una empresa u organización de la sociedad civil organiza foros y seminarios temáticos con el objetivo de socializar el tema con tomadores de decisiones, medios de comunicación y público en general.

- *Cabildeo de presencia.* Sin ningún proyecto, legislación, política pública o decisión en específico, esta clase de cabildeo busca elevar el perfil o posicionar al actor promotor ante sus competidores, así como consolidar relaciones y vínculos con actores clave en procesos de decisión que le aseguren el acceso a información privilegiada o para un posible asunto de interés en el futuro. Puede decirse que se trata de acciones realizadas en "tiempos de paz" con el fin de asegurar los vínculos y mecanismos de acceso para estar en condiciones de reaccionar oportunamente en un escenario posterior de riesgo. Este tipo de cabildeo normalmente es realizado por firmas especializadas con la intención de generar relaciones de confianza y capital político que les permitan ofrecer servicios de mayor alcance, así como contar con la capacidad de abordar diversos temas en las diferentes instancias de decisión. Otro ejemplo es cuando, donde la regulación lo permite, los grupos de interés financian campañas políticas de modo que aseguren tener aliados en las distintas instancias públicas.

- *Cabildeo de seguimiento.* Sin buscar interferir de manera directa en el proceso de decisión, ya sea por no considerarse conveniente en un momento determinado o porque la importancia o efectos del asunto no lo ameriten, este tipo de cabildeo tiene como objetivo monitorear y allegarse información sobre el desarrollo de un proceso de decisión, de modo que se cuente con los mecanismos de alerta para, en su caso, implementar acciones de cabildeo más activas. Un ejemplo es cuando los despachos de cabildeo o las empresas designan recursos humanos especializados para que den seguimiento presencial a las discusiones en el Poder Legislativo.

- *Cabildeo complementario.* Es el que se realiza una vez concluido el proceso de decisión, con el fin de prevenir la posible revocación de la decisión tomada. Las acciones correspondientes se pueden realizar en una instancia de decisión superior o en la que se tomó originalmente. Por ejemplo, cuando se aprueba y publica una nueva ley, los grupos de interés llevan a cabo acciones de cabildeo en la instancia administrativa responsable de emitir el reglamento correspondiente.

1.6.2. Cabildeo según los sujetos activos

- *Cabildeo empresarial.* Comprende las acciones realizadas por actores del sector privado, como empresas, asociaciones y cámaras, tanto nacionales como extranjeras, para influir en los sectores gubernamental y social. Por ejemplo, cuando una compañía planea construir una nueva planta de producción, realiza este tipo de cabildeo ante el gobierno local y los órganos vecinales con el propósito de conseguir apoyos gubernamentales y evitar una oposición comunitaria al proyecto.

- *Cabildeo gubernamental.* Caracterizado por las acciones emprendidas por funcionarios públicos de los poderes de la Unión y de los tres niveles de gobierno, ya sea entre ellos o enfocadas en actores del sector privado, asociaciones civiles, organismos religiosos, instancias académicas, etc. Por ejemplo, cuando el Poder Ejecutivo lleva a cabo un cabildeo con actores del Poder Legislativo en el marco del proceso de discusión y aprobación del presupuesto de egresos público.

- *Cabildeo social.* Lo conforman las acciones de organizaciones e instituciones de la sociedad civil, como sindicatos, asociaciones ganaderas y agropecuarias, instituciones académicas, organizaciones comunitarias, etc. Por ejemplo, cuando organizaciones de la sociedad civil (osc) de carácter ambiental promueven políticas de protección del medio ambiente.

- *Cabildeo diplomático.* Encierra las acciones realizadas por gobiernos extranjeros. Aunque generalmente los embajadores y el personal de las misiones diplomáticas son los encargados de llevar a cabo el cabildeo, en ocasiones los gobiernos contratan empresas locales para cumplir sus objetivos.[74] Por ejemplo, cuando un gobierno extranjero busca impulsar que el Poder Legislativo apruebe un tratado internacional.

---

[74] Astié-Burgos, 2011, pp. 60-63.

- *Cabildeo profesional.* Comprende las acciones de profesionales y despachos especializados en cabildeo, movidos ya sea por intereses propios o por un contrato de prestación de servicios con un tercero. También aplican las áreas al interior de las corporaciones u organizaciones encargadas de dicha actividad.

- *Cabildeo colegiado.* Abarca las acciones puestas en marcha por coaliciones, formales o informales, de actores de uno o diferentes sectores con un mismo fin, temporal o permanente. También podría considerarse como cabildeo de *coopetencia*,[75] en el que competidores de un mismo sector deciden cooperar para un interés común o sectorial. Por ejemplo, cuando una cámara industrial u órgano cúpula del sector privado procura ante instancias públicas la protección de los intereses de sus agremiados.

- *Cabildeo filantrópico.* Lo constituyen las acciones realizadas por organizaciones sin fines de lucro en búsqueda del bienestar común. Por ejemplo, organismos defensores de los derechos humanos que promueven reformas y políticas en la materia.

1.6.3. Cabildeo según los sujetos pasivos

- *Cabildeo administrativo o ejecutivo.* Comprende las acciones realizadas para influir en actores o instancias del Poder Ejecutivo en los tres niveles de gobierno. Por ejemplo, cuando un órgano vecinal o comunitario se acerca a un presidente municipal para soli-

---

[75] Hasta principios del siglo XXI, la bibliografía de negocios limitaba la relación entre participantes de mercado a dos categorías: de competencia o de colaboración. En teoría, una amenaza a la otra. Por el contario, de manera más reciente se ha argumentado que la relación más productiva —y más compleja— es la *coopetencia*, en la que los participantes compiten y colaboran en la misma proporción. Véase Bengtsson y Kock, "Coopetition in Business Networks—to Cooperate and Compete Simultaneously", *Industrial Marketing Manage*ment, 29, 5, septiembre de 2000, pp. 411-426.

citar la asignación de mayores recursos públicos para mejorar la infraestructura vial de su zona.

- *Cabildeo legislativo.* Lo definen las acciones puestas en marcha para influir en actores o instancias del Poder Legislativo. Este tipo de cabildeo es el más reconocido y se da cuando cualquier grupo de interés se acerca a diputados y senadores como representantes del electorado y tomadores de decisiones.

- *Cabildeo judicial.* Caracterizado por las acciones realizadas para influir en actores o instancias del Poder Judicial. Por ejemplo, como parte del fenómeno conocido como judicialización de la política, grupos de interés se aproximan al tribunal superior de un país para influir en sus determinaciones, ya que este representa la última instancia de decisión en diversos temas públicos; de ese modo, sus sentencias, audiencias públicas, indagatorias y procesos se vuelven cada vez más importantes para los sistemas democráticos.

- *Cabildeo internacional.* Abarca las acciones llevadas a cabo para influir en actores u organismos internacionales de carácter público. Por ejemplo, cuando un gobierno cabildea en órganos de decisión de la Organización de las Naciones Unidas o la Unión Europea.

- *Cabildeo comunitario.* A este tipo de cabildeo pertenecen las acciones realizadas para influir en organizaciones comunitarias o locales, también conocidas como acciones de vinculación comunitaria. Tal es el caso de un gobierno cuando planea desarrollar un nuevo proyecto de infraestructura que requiere la aprobación de los comités vecinales.

- *Cabildeo no gubernamental.* Conformado por las acciones realizadas para influir en actores e instancias de los sectores privado y social. Por ejemplo, cuando un gobierno busca que una empresa con un proyecto de inversión elija su entidad federativa como destino.

- *Cabildeo intrainstitucional e interinstitucional.* Encierra las acciones realizadas para influir en actores dentro de una misma organización o sector. Por ejemplo, cuando dichas acciones se dan entre funcionarios públicos de diferentes dependencias, pero del mismo poder, como es el caso de secretarios de Estado que se acercan al ministro de Finanzas o Hacienda Pública con el fin de que se les asigne mayor presupuesto.

1.6.4. Cabildeo según los métodos y tácticas

- *Cabildeo técnico o sustantivo.* Es el que, con base en estudios realizados para sustentar la posición e intereses del sujeto activo del cabildeo, busca influir por medio de argumentos técnicos y sustantivos. Los estudios pueden ser elaborados y patrocinados por el interesado o por un tercero; también pueden ser de diferente naturaleza y enfoque (análisis, diagnósticos o estudios económicos, históricos, jurídicos, sociales, ambientales, comparativos, presupuestales, laborales, etc.). En este caso, el cabildeo se basa más en la fortaleza y la legitimidad argumentativas que en las relaciones con tomadores de decisiones. Por ejemplo, cuando un grupo de interés, sin tener relación previa con los tomadores de decisiones, consigue sus objetivos mediante la presentación de argumentos sólidos, confiables y comprobables.
- *Cabildeo político o adjetivo.* Es el que, sin dejar de tener sustento argumentativo, se basa en las influencias y relaciones políticas del sujeto activo, las cuales le permiten tener acceso privilegiado a tomadores de decisiones. Por ejemplo, despachos de cabildeo fundados por exfuncionarios públicos que tienen vínculos previos con los tomadores de decisiones.
- *Cabildeo directo.* Es aquel que se ejerce directamente sobre los tomadores de decisiones, su personal o asesores por medio de reu-

niones y comunicaciones orales o escritas. En este tipo de cabildeo el sujeto activo incluso puede buscar participar formalmente en el proceso de decisión para obtener un espacio de opinión. Un ejemplo es cuando un grupo de interés se reúne con legisladores para compartirles información y argumentos que promuevan sus intereses en el proceso de dictaminación de una iniciativa de ley.

- *Cabildeo indirecto.* El que se ejerce a través de medios de presión masivos o bien de actores externos al proceso de decisión con capacidad de influencia sobre los tomadores de decisiones. En el primer caso se pretende generar un estado de opinión favorable a los intereses del promotor del cabildeo y, con ello, ejercer presión sobre los tomadores de decisiones. Para lograr esto último se puede recurrir a diferentes mecanismos de presión masiva, como los medios de comunicación, las redes sociales, las cartas colectivas, los posicionamientos y declaraciones públicos, y las movilizaciones de masas. En el segundo caso se busca que un actor o institución con capacidad de influencia emita una opinión, formal o informal, favorable a los intereses del afectado. Por ejemplo, cuando una empresa en busca de evitar la aprobación de una nueva ley patrocina un estudio con una institución de educación superior, y lo promueve en medios de comunicación con el objetivo de ganar el apoyo del público y generar presión sobre el cuerpo legislativo.
- *Cabildeo vertical.* Es el realizado en procesos de decisión complejos que requieren acciones simultáneas en diferentes órdenes de gobierno o niveles de la organización. Por ejemplo, cuando una empresa busca la promoción de un proyecto de infraestructura con fondos federales, para lo cual debe buscar el apoyo tanto del gobierno federal como del estatal.
- *Cabildeo horizontal.* Es el que se lleva a cabo en procesos de decisión complejos, que requieren acciones simultáneas en diferentes

sectores o instancias del gobierno. Por ejemplo, cuando en la aprobación de una ley interviene el gobierno federal y una empresa actúa de forma paralela ante los poderes Ejecutivo y Legislativo.

- *Cabildeo integral.* Es el que atiende un asunto de manera holística, mediante acciones simultáneas en los diferentes frentes y componentes del asunto. Por ejemplo, cuando una organización de la sociedad civil busca promover una política de protección al medio ambiente actúa: en el Poder Legislativo para que se apruebe una ley; en el Ejecutivo para que el ministro o secretario correspondiente apoye el proyecto de ley; en las comunidades afectadas para que influyan en sus legisladores, y en los medios de comunicación para generar presión sobre los diputados y senadores.

- *Cabildeo proactivo.* Es el que se realiza activamente, es decir, sin necesidad de que haya una acción —ejecutada ya sea por la contraparte o por los tomadores de decisiones— que obligue al interesado a realizar otra acción en respuesta. Las acciones de este tipo de cabildeo suelen ser planeadas, diseñadas y programadas con anticipación. Por ejemplo, cuando una empresa busca una reforma laboral que reduzca sus costos de operación, para lo cual redacta la reforma y busca a uno o varios legisladores que presenten y promuevan la iniciativa de ley correspondiente en el Poder Legislativo.

- *Cabildeo reactivo.* Es el que, a diferencia del proactivo, se realiza en respuesta a una acción ejecutada de manera inesperada por un contrincante o por los tomadores de decisiones —por lo mismo, son acciones difíciles de prever o programar con anticipación— para contrarrestar sus efectos. Por ejemplo, cuando una empresa promueve un impuesto a un bien o servicio sustituto del suyo, lo cual obliga a la competencia o fabricante de dicho producto a realizar acciones que eviten la aprobación de dicha carga impositiva.

1.7. LOS CABILDEROS

Una vez señaladas las categorías del cabildeo según los objetivos, sujetos activos, sujetos pasivos y los métodos o tácticas, existe una tipificación adicional basada en aquellos que realizan la actividad: los cabilderos (sujetos activos). La profesión de cabildero es tan añeja como las grandes civilizaciones de la antigüedad; incluso mucho más antigua que el mismo concepto de "cabildeo". Existe evidencia de esta práctica en actividades públicas de la antigua Grecia, la República romana y otras civilizaciones que adoptaron sistemas de debate público y representación legislativa. Con diferentes nombres en cada lugar y época, este tipo de intermediarios ha utilizado su influencia o conocimientos en favor de quienes han pagado por ellos.[76]

En el sentido moderno de la profesión de cabildero, Efrén Elías Galaviz identifica cuatro tipos: *a)* los dirigentes de asociaciones empresariales que buscan influir en las decisiones gubernamentales; *b)* los abogados cuyo trabajo no es principalmente el cabildeo, sino la práctica legal, pero realizan cabildeo en torno de proyectos de ley como parte de sus servicios; *c)* los profesionales del cabildeo que ofrecen su experiencia y conocimientos en áreas de políticas públicas, y *d)* los funcionarios del Poder Ejecutivo que buscan influir en el proceso legislativo.[77] No obstante, con base en la definición de *cabildeo* propuesta en este libro, se podrían agregar muchos otros sujetos activos, como los representantes de las osc, los funcionarios de gobiernos estatales y municipales, los dirigentes sindicales, los miembros de asociaciones civiles y las autoridades de instituciones académicas, entre otros.

---

[76] Del Rosal y Hermosillo, 2008, p. 104.
[77] Galaviz, 2006, p. 40.

De forma adicional —nuevamente tomando en cuenta la conceptualización propuesta, por medio de la cual se puede considerar como sujeto activo del cabildeo cualquier actor de los sectores privado, público y social—, sería relevante contar con una clasificación general enfocada, más que en los intereses que los actores representan, en cómo se realizan sus actividades. De ese modo, se identifican dos tipos de cabilderos: los profesionales y los del coyoteo.

En primer lugar, el grado de profesionalización del cabildeo varía ampliamente de país a país, según su sistema político y grado de democratización. Existen lugares donde el cabildeo en el sentido moderno es una actividad regulada, ampliamente utilizada, con mucha tradición y reconocida profesionalmente. En dichas sociedades los cabilderos suelen utilizar metodologías de planeación y ejecución de estrategias de cabildeo, y sustentan su trabajo en estudios, análisis y diagnósticos para, así, generar propuestas de solución objetivas y fundadas. En muchos de estos casos la propia industria de cabildeo se autorregula, acuerda un código de ética común y promueve la profesionalización de la actividad para blindar la reputación del gremio. A este tipo de cabilderos que actúan de forma sustentada, planificada, ética y legal se les puede llamar cabilderos profesionales.

Por otro lado, existen casos en que individuos que se hacen llamar cabilderos realizan actividades que no necesariamente engloban lo que debe considerarse como cabildeo profesional y moderno. Ofrecen, más que un cabildeo sustentado, planificado, ético y legal, servicios de enlace con tomadores de decisiones con los que mantienen relaciones de compadrazgo o de complicidad. Es decir, promueven asuntos aprovechando una red coyuntural de amistades en el poder, sin realizar un estudio del tema o desarrollar propuestas de solución del asunto.

Por su parte, muchos de los asuntos que estos personajes promueven suelen ser cuestiones de licitaciones públicas de bienes y servicios en las cuales cobran una alta comisión. En estos casos, la red de amistades suele acompañarse de una red de corrupción en la cual los tomadores de decisiones impulsan las propuestas de sus cómplices sin un análisis real del asunto por decidir. Muchos de estos ejemplos se dan cuando funcionarios públicos abandonan su encargo y fundan despachos de supuesto cabildeo para promover asuntos de interés y obtener un beneficio derivado, antes que de su profesionalismo, de su anterior ocupación, con información privilegiada y acceso a servidores públicos, lo que genera conflictos de interés en beneficio propio y en perjuicio del interés general. A ese tipo de gestores de interés se le clasifica como profesionistas del coyoteo, en referencia al lenguaje vulgar con el cual se denomina a los agentes intermediarios o comisionistas de trámites administrativos, judiciales o de operaciones de compra y venta. Ante ello, muchos países han regulado el cabildeo de acuerdo con el principio conocido como puerta giratoria (*revolving door*), por el cual se prohíbe que por un tiempo determinado un funcionario público ocupe un cargo de cabildero en el sector privado tras haber concluido su gestión oficial.

1.8. CONCLUSIONES

Aunque existen diversos ejercicios de conceptualización y categorización de "cabildeo", la ambigüedad del concepto es una problemática vigente que requiere mayor discusión del sector académico así como de legisladores y profesionales. La falta de un paradigma conceptual que delimite el debate en torno del cabildeo, junto con el desconocimiento de la actividad, genera que el término se utilice de forma errónea e incluso con connotaciones negativas.

En sentido amplio, se puede considerar como cabildeo cualquier acto o actividad realizados para comunicar, de manera directa o indirecta, los intereses de una o más personas con el objeto de influir o persuadir a tomadores de decisiones en busca de un beneficio derivado de su hacer o no hacer.

Esta definición expone los elementos básicos que delimitan los criterios para considerar una actividad como cabildeo. Esencialmente, este ocurre cuando, en el marco de un proceso de decisión, uno o varios interesados ajenos al proceso (sujetos activos) realizan una serie de actividades (acto) para influir en el o los tomadores de decisiones (sujetos pasivos) en búsqueda de un resultado favorable a sus intereses (objetivo).

Asimismo, esta definición permite categorizar los diferentes tipos de cabildeo según sus elementos, como el objetivo que se busca, los sujetos activos que lo realizan, los sujetos pasivos sobre los que se ejerce y el método o la táctica que se utiliza.

Ahora bien, el que no exista un concepto universal de "cabildeo" no significa que la actividad no haya sido estudiada durante varias décadas por filósofos y académicos de las diferentes ramas de las ciencias sociales. Como se verá en el siguiente capítulo, el cabildeo cuenta con un amplio marco teórico que da sustento al estudio y la observación empíricos de la actividad. El análisis de la práctica del cabildeo se viene dando de forma sistemática desde muchos años atrás, principalmente como parte tanto de la investigación sobre la conformación, estructura y evolución de las sociedades como de la interacción de los diferentes grupos de interés y centros de poder que las conforman.

2

Las teorías sobre el cabildeo

Si por *cabildeo* se puede entender cualquier acto o actividad realiza-do para comunicar o informar, de manera directa o indirecta, los intereses de una o más personas con el objeto de influir en tomadores de decisiones para obtener un beneficio de su hacer o no hacer, se in-fiere que, si bien es comúnmente una práctica ligada a las democracias contemporáneas, existe desde que el hombre comenzó a vivir en socie-dades organizadas.

De forma natural, las sociedades se estructuran jerárquica y sec-torialmente y están conformadas por grupos o asociaciones de indivi-duos que interactúan entre sí de acuerdo con cierto orden. Cada uno de aquellos tiene intereses propios, que tratarán de proteger, o de fa-vorecer, ante intereses antagónicos o complementarios. Para ello, esos grupos buscan influir en tomadores de decisiones cuyo actuar afecta sus intereses, con lo que se convierten en lo que hoy se conoce como grupos de interés o de presión.

Estos cobran mayor relevancia en los sistemas democráticos, donde se vuelven representantes, transmisores y protectores de los diversos intereses de las complejas sociedades de hoy. La ola democratizadora que en las últimas décadas se ha volcado a escala internacional, junto con la expansión de las libertades públicas y económicas, plantea al Estado y a la sociedad problemas cruciales de organización política y gestión pública. En ese sentido, el cabildeo es tanto una herramienta que los grupos utilizan para participar en las decisiones públicas y posicionar sus intereses ante el Estado y en la agenda pública como un instrumento de gobernanza y gobernabilidad democrática para el Estado y las sociedades modernas.

La investigación y el análisis del cabildeo encuentran sus bases en el estudio de los grupos de interés: su conformación, evolución, interacción entre estos y con el Estado, y su intervención en el diseño de políticas públicas, entre otras, pues el cabildeo es una de las modalidades de acción de esos grupos para, como se ha dicho, posicionar y proteger sus intereses ante los de otros grupos y el actuar del Estado. Por ello el presente capítulo consta de una breve revisión tanto de las teorías en torno de los grupos de interés como de su relación con la democracia, el cabildeo y el Estado moderno.

2.1. LOS GRUPOS DE INTERÉS

Desde que el ser humano comenzó a vivir en sociedades, han existido intereses colectivos diferentes del interés general. El hombre tiene la necesidad de vivir dentro de una vida social organizada para atender sus necesidades, ya que como individuo aislado tendría una existencia carente de las recompensas y satisfacciones de la cooperación con sus semejantes. Como resultado, en toda organización social hay un sistema de relaciones de carácter recíproco entre individuos o grupos. Para Talcott Parsons, un sistema social consiste en una pluralidad de actores individuales que interactúan entre sí en una situación que tiene, por lo menos, un aspecto físico o de medio ambiente, con actores motivados por obtener un grado óptimo de gratificación, y cuyas relaciones están medidas y definidas por un sistema de símbolos culturales estructurados y compartidos.[78] Esto no significa que en los sistemas sociales se dé un equilibrio perfecto o permanente. Al igual que en cualquier sistema, la organización o estructura social está conformada por partes (individuos, grupos o sectores) interdependientes, que dentro del sistema en su totalidad colaboran, pero también compiten entre sí según sus propios intereses.

Las agrupaciones que representan los intereses de los distintos sectores en que se divide la sociedad —a las que he identificado como grupos de interés— han evolucionado y se han profesionalizado gracias al desarrollo político, industrial y tecnológico. Los mercaderes, artesanos, aristócratas, latifundistas, gremios, compañías comerciales y otros grupos sociales de las antiguas civilizaciones y las ciudades-Estado que representaban intereses colectivos pueden considerarse los antecesores de lo que actualmente conocemos como grupos de interés.

Existen dos supuestos sobre el origen de los grupos de interés: la teoría del acontecimiento disruptivo y la teoría del intercambio. La primera plantea que los cambios tecnológicos y económicos generan la necesidad de nuevas habilidades y la creación de nuevas profesiones, las cuales, en consecuencia, inducen la conformación de nuevas agrupaciones. Aunque esas asociaciones pudieran encontrarse en equilibrio tanto entre sí como con la sociedad, en ocasiones se presenta un hecho social que lo quebranta, y obliga a los grupos de interés a congregarse en torno de sus intereses comunes con el fin de encontrar un nuevo equilibrio. Es decir, los grupos de interés se transforman conforme la propia sociedad cambia, siempre motivados por hechos sociales disruptivos.

Por su parte, la teoría del intercambio postula que los individuos entablan relaciones interpersonales para obtener algún tipo de bene-

---

[78] Azuara Pérez, 2007, pp. 113 y 189.

ficio o el intercambio de incentivos. Esta teoría identifica tres tipos de estímulos que surgen a raíz del agrupamiento: *1)* materiales o bienes tangibles; *2)* solidarios o recompensas obtenidas por socializar o interactuar entre sí, y *3)* colectivos o satisfacciones ideológicas para lograr bienes colectivos.[79]

El origen de los grupos de interés como los conocemos actualmente se remonta a comienzos del siglo xix, sobre todo en Estados Unidos y Gran Bretaña, y su evolución se relaciona principalmente con tres factores: *1)* los procesos de industrialización; *2)* el reconocimiento del derecho a la libre asociación, y *3)* la regulación por vía parlamentaria de las más diversas actividades económicas.[80]

Hoy en día se considera como grupo de interés cualquier agrupación, formada voluntariamente por individuos, cuya intención estriba en defender sus intereses en común.[81] Entre los principales objetivos de estas agrupaciones está influir en las decisiones públicas para que sus intereses se vean reflejados antes que los de otros grupos.[82] Hay autores que incluso diferencian entre grupos de interés y grupos de presión, y argumentan que, cuando los primeros actúan para influir no solo en políticas públicas sino directamente en la política, se convierten en los segundos.[83]

En el proceso de conceptualizar los grupos de interés surge la necesidad de precisar el concepto de "interés", el cual, para algunos autores, como Kay Schlozman y John F. Tierney, tiene una doble distinción, dependiendo del grado de afectación o relación con los individuos o grupos. Por un lado, está el interés objetivo, en el cual queda clara la relación entre la demanda y las características de quienes la plantean,

---

[79] Galaviz, 2006, pp. 33-34.
[80] Gómez Valle, 2006, p. 28.
[81] *Idem.*
[82] Chari, Hogan y Murphy, 2010, p. 3.
[83] Galaviz, 2006, p. 28.

o los supuestos afectados, como podría ser el caso del incremento en la carga fiscal para algunos productores. Por el otro, se encuentra el interés subjetivo, cuya afectación directa sobre los individuos o grupos es más complicado identificar, como pueden ser los casos de políticas ambientales, reformas electorales o afectaciones a intereses difusos, donde hay grupos que no buscan un beneficio egoísta o exclusivo para sus miembros, sino el bien común.[84]

Asimismo, cabe destacar el concepto de "grupo potencial" utilizado por David Truman, el cual se refiere a intereses compartidos que individuos articulan no necesariamente en interacciones concretas. De ese modo, para que exista un grupo de interés no es obligatoria la organización formal: además de los grupos de interés expresamente organizados, pueden darse conjuntos de agregaciones de intereses en una sociedad.[85] Incluso en la organización grupal no todos los integrantes tienen el mismo grado de compromiso o de disposición a asumir responsabilidades, y prefieren aprovecharse del trabajo de los otros o, en el caso de los intereses comunes, donde no siempre se genera una búsqueda colectiva del beneficio general, aparece lo que se conoce como el problema del polizón o *free-riders*.

En el caso del presente estudio se utilizará el término *grupos de interés* para designar indistintamente a los grupos formalmente organizados para influir en las decisiones públicas, a los llamados grupos de presión orientados a actuar directamente en el ámbito político y a los grupos potenciales, o conjuntos de intereses en una sociedad, no necesariamente organizados de manera expresa, y así poder incluir ambos tipos de interés: el objetivo y el subjetivo. Es decir, por *grupo de interés* se entenderá los intereses específicos o difusos de

---

[84] Medina Iborra, 2009, p. 4.
[85] Real Dato, 2002, pp. 2-3.

una agrupación o sector de la sociedad, los cuales compiten e interactúan entre sí, pudiendo estar articulados o no en una estructura organizacional formal.

2.2. LOS ENFOQUES TEÓRICOS

Desde siglos atrás, el fenómeno social que envuelve la conformación, evolución y función de los grupos de interés ha sido muy llamativo para diferentes pensadores y analistas sociales. Uno de los pioneros en el estudio de esos grupos es el expresidente —y uno de los padres fundadores— de Estados Unidos James Madison (1751-1836). Para él las "facciones", o lo que hoy se conoce como grupos de interés, son consecuencia natural de una sociedad libre. Por ello la vida política democrática implica la coexistencia de intereses contrapuestos y puntos de vista contradictorios respecto de los asuntos públicos. No obstante, las facciones pueden representar un peligro, ya que su búsqueda de fines privados puede contravenir el interés público. Asimismo, eventualmente se da el escenario de que una facción domine la administración pública, en detrimento de las demás facciones y del interés general.

Eliminar las facciones, no obstante, equivaldría a atentar contra la naturaleza humana, la diversidad de opiniones y la libertad, y Madison argumenta que deben diseñarse instituciones políticas (republicanas y de democracia representativa) que minimicen el riesgo del dominio de una facción sobre el resto; por otro lado, ha de tomarse en cuenta que la proliferación de facciones genera contrapesos entre ellas.[86]

Más adelante, en 1835, el pensador, jurista e historiador francés Alexis de Tocqueville (1805-1859), en su famoso análisis sobre

---

[86] Madison, Jay y Hamilton, 2006.

la sociedad estadounidense, *La democracia en América*, expuso que los ciudadanos de ese país tendían a reunirse en agrupaciones para hacer prevalecer sus intereses sobre los de la mayoría. Esa tendencia se presentaba no solo en organismos comerciales e industriales sino en todos los sectores económicos y sociales. Tocqueville afirmaba que en los sistemas democráticos son necesarios los grupos de interés tanto para asegurar el bien de los individuos como para fomentar la adecuada atención a los intereses de individuos dispersos.[87] Para él lo que llama el arte de la asociación consistía en un balance entre lo que Madison identificaba como la tiranía de facciones: contrarrestar el individualismo atomizado y la igualdad excesiva, y proporcionar una contraparte a los abusos gubernamentales hechos en nombre de las mayoría.[88]

El filósofo y economista británico John Stuart Mill (1806-1873) expuso que existen intereses colectivos distintos del interés general de la sociedad, y argumentó que algunos de aquellos eran una colectividad en sí mismos. No obstante, resaltaba la importancia y necesidad de que esos intereses estuvieran equilibrados en la legislatura para evitar que prevaleciera un interés parcial sobre el interés general y el resto de los intereses sectoriales.[89]

Con el tiempo, el estudio y el análisis del origen, evolución y actuar de los grupos de interés se fueron sistematizando y en las ciencias sociales surgió una amplia variedad de enfoques y proposiciones de este fenómeno, como, por ejemplo: el pluralismo, el neopluralismo, el elitismo, el neocorporativismo y el neomarxismo.

---

[87] De Tocqueville, 1969, p. 83.
[88] Galaviz, 2006, p. 32.
[89] *Idem.*

2.2.1. Pluralismo y neopluralismo

Uno de los enfoques teóricos más reconocidos en el estudio de los grupos de interés es el pluralismo, que sostiene que un sistema político pluralista está conformado por diversos grupos de interés o centros de poder: este no es monopolizado por uno solo de esos grupos de interés con capacidad de imponer sus intereses particulares sobre el interés general, sino está disperso en una multiplicidad de ellos. Esa dispersión de poder impone la necesidad de que los intereses interactúen y compitan entre sí, lo que evita que un grupo "élite" se imponga sobre los demás en las decisiones públicas.[90] En esencia, los pluralistas conciben el sistema con base en dos elementos: la dispersión del poder, y la competencia e interacción entre grupos de interés.

Así, los grupos de interés juegan un papel fundamental en el proceso de diseño de políticas públicas. En el pluralismo, la multiplicidad de participantes en los procesos de toma de decisiones para diseñar políticas públicas tiene como consecuencia el ajuste mutuo de intereses entre los diferentes jugadores, de modo que dichas políticas son el resultado del equilibrio alcanzado en la contienda entre grupos de interés para influir en su diseño. Los pluralistas consideran que, en ese contexto de dispersión de poder, hay variedad de recursos en la sociedad y diversidad de puntos de acceso a las instituciones gubernamentales, que todos los grupos de interés tienen la misma influencia, que el acceso al Estado está abierto y es equitativo para todos, y que el gobierno es neutral en sus relaciones con los distintos grupos.[91]

Adicionalmente, los pluralistas exponen que en un sistema pluralista la interacción de intereses representa una alternativa al interés

---

[90] Gómez Valle, 2006, p. 27.
[91] Real Dato, 2002, pp. 2-3.

general como fuente de autoridad legítima, ya que la complejidad de las negociaciones en los procesos de toma de decisiones públicas hace que los diferentes grupos, con la esperanza de influir en el resultado, se vinculen con el proceso.[92]

Un ejemplo de las propuestas pluralistas son las de dos de sus precursores y principales exponentes: los estadounidenses Arthur Bentley y David Truman. Para ellos un grupo de interés es cualquiera que, sobre la base de una o más actitudes compartidas, hace demandas sobre otras agrupaciones de la sociedad, y todos son grupos de interés por razón de que presentan actitudes compartidas. Es en ese sentido en el que Truman utiliza el concepto "grupo potencial" al referirse a las actitudes compartidas que no necesariamente son articuladas por individuos a través de interacciones específicas. Es decir, la organización formal no es necesaria para la existencia de un grupo de interés, sino que además de los grupos de interés organizados, existen conjuntos de agregaciones de intereses (actitudes compartidas) en una sociedad[93].

En cuanto a la interacción entre esos grupos de interés, Arthur Bentley asegura que el conflicto entre aquellos que contienden de manera voluntaria en defensa de sus intereses constituye la esencia de la actividad política. De forma similar, Truman apunta que los grupos de interés son componentes básicos del proceso político; son los que compiten por influir en las decisiones públicas durante procesos de decisión con multiplicidad de puntos de acceso. Como resultado, la formulación de políticas públicas se da por medio de un "acomodo de intereses" entre contendientes,[94] gracias al cual los pluralistas superaron el problema de la "violencia de las facciones" expuesto por James Madison y lo

---

[92] Galaviz, 2002, p. 88.
[93] Real Dato, 2002. pp. 2-3.
[94] Gómez Valle, 2006, pp. 29 y 30.

establecieron como algo positivo para los procesos de decisión en los sistemas democráticos.[95]

Como puede observarse, algunos de los pluralistas otorgan a los grupos de interés cantidades significativas de poder, lo que los vuelve, según la premisa de una relativa facilidad y fluidez en el acceso a las instituciones gubernamentales, elementos clave en la determinación de los resultados políticos del sistema. De acuerdo con los proponentes de este enfoque teórico, la fragmentación y la dispersión del poder, así como la diversidad de puntos de acceso al Estado, permiten que los grupos de interés participen en el proceso político más allá de los tiempos electorales.[96]

De acuerdo con las premisas de que el Estado está siempre abierto a opiniones y que es neutral en sus relaciones con la totalidad de los grupos de interés, los pluralistas clásicos consideran que tienen la misma capacidad de acceso e influencia en los procesos de decisión. Esto ha generado críticas de algunos académicos, quienes han estimado que atribuir las mismas capacidades y potencialidades a todos los grupos sin tomar en cuenta las diferentes modalidades de acción o los recursos de que disponen en particular es simplificar el análisis.[97]

Robert Dahl identifica riesgos en los sistemas pluralistas, como pueden ser la desestabilización del cuerpo social debido a tensiones intergrupales y la deformación de las instituciones jurídicas y políticas (esto último sucede cuando algunos grupos adquieren porciones de poder desmesuradas en comparación con los demás grupos). Por ello, argumenta, deben existir contrapesos en los sistemas políticos. En otras

---

[95] Galaviz, 2006, p. 32.
[96] Real Dato, 2002, pp. 2-3.
[97] Gómez Valle, 2006, p. 30.

palabras, para Dahl el poder de un grupo debe ser contrarrestado y controlado por el poder de otro grupo.[98]

Algunos neopluralistas, como Charles Lindblom, sostienen que en ocasiones algunos grupos de interés logran influir desproporcionadamente debido a la corrupción de las instituciones pluralistas, lo cual tiene solución y es reversible por medio de las instituciones adecuadas.[99] Lindblom estableció las bases de la teoría incrementalista de la toma de decisiones, la cual expone que la multiplicidad de participantes en el proceso de las decisiones públicas y el diseño de políticas públicas hace que su resultado sea el ajuste mutuo de intereses, y ello impide que se adopten según criterios de pura racionalidad económica.[100]

En ese sentido, es importante resaltar las posiciones teóricas sobre el papel del Estado en los sistemas pluralistas. Para la tendencia clásica, el gobierno es un mediador entre las distintas demandas de los grupos de interés, de modo que las recibe y, según el posicionamiento de los grupos interesados, emite políticas públicas. Para el neopluralismo, las decisiones del gobierno no son mero reflejo de las demandas e interacciones entre grupos de interés, sino que el Estado, junto con sus diferentes áreas y dependencias, persigue sus propios intereses sectoriales, actúa como un grupo más y goza de la capacidad de influir en los diversos procesos de toma de decisiones.[101]

Respecto de esta interacción entre grupos de interés y Estado en los procesos de diseño de políticas públicas, hay autores que identifican subsistemas o subestructuras. En el fenómeno de la división del proceso de creación de políticas públicas, J. L. Freeman y Theodore Lowi reco-

---

[98] *Ibidem*, p. 26.
[99] Chari, Hogan y Murphy, 2010, p. 1.
[100] Real Dato, 2002, p. 3.
[101] Mella, 2012, p. 75.

nocieron subunidades enfocadas en temas y asuntos concretos, en las que agencias gubernamentales especializadas de los poderes Ejecutivo (centralizadas o descentralizadas) y Legislativo (comisiones y comités legislativos) interactúan con grupos de interés no gubernamentales afectados y expertos en el tema. Griffith, por su parte, llamó espirales (*whirlpools*) a estos espacios o centros de actividad informales donde participan los interesados en un asunto específico. Según estos autores, las políticas públicas son el resultado de la interacción entre actores gubernamentales y no gubernamentales especialistas en temas específicos, no necesariamente en un ámbito de competencia o contrapeso entre intereses, sino más bien en un contexto de acomodo de poderes. A esta interacción entre agencias de los poderes Legislativo y Ejecutivo y grupos de interés no gubernamentales se le conoce como triángulos de hierro (*iron triangles*). En ocasiones, esos subsistemas de política pública se contraponen a la premisa pluralista de acceso equitativo para todos los grupos, ya que dentro de esas estructuras funcionales se desarrolla una relación simbiótica en la cual hay un intercambio de intereses entre el grupo de presión que busca acceso al gobierno para sus miembros, y el interés de las agencias gubernamentales que requieren el apoyo electoral de los grupos de interés.[102]

Mientras que el triángulo de hierro supone un número limitado, concreto y estable de participantes en los procesos de decisión pública, los cuales están aislados y son autónomos al entorno, el concepto de "redes de asuntos" (*issue networks*) de Hugh Heclo considera gran cantidad de actores que giran en torno de estos procesos con una variación del grado de participación, interacción e interdependencia en los resultados de las políticas. Desde este supuesto, en parte vinculado con la defensa de intereses subjetivos, ningún actor obtiene el control

---

[102] Real Dato, 2002, pp. 4-5.

absoluto de los procesos, y el papel de los intereses económicos es tan importante como el de los compromisos ideológicos.[103]

2.2.2. Elitismo, neomarxismo y neocorporativismo

Frente al análisis pluralista se generó un debate sobre los grupos de interés y surgieron posturas teóricas de carácter más pragmático, como el elitismo, el neocorporativismo y el neomarxismo.

A diferencia de los pluralistas, que sostienen que el gobierno de unos pocos es la consecuencia indeseada de los regímenes representativos, los elitistas apoyan la idea de que quienes gobiernen a la mayoría han de ser quienes estén mejor preparados. Por lo mismo, la teoría elitista otorga un alto valor interpretativo a las instituciones y a la burocracia, a las que considera elementos clave del Estado oligárquico en el que se crean las reglas de interacción, se genera un punto de encuentro de líderes y actores, y se representa la base de autoridad en una sociedad estructurada jerárquicamente, para que los líderes políticos decidan y los burócratas ejecuten.[104]

Como parte de su pragmatismo, los elitistas han buscado probar que las élites económicas y sociales, sin necesidad de ocupar las estructuras formales de gobierno, controlan la política, y lo hacen de forma piramidal. Para ellos la burocratización de la política y los vínculos personales entre las élites dirigentes generan una simbiosis de las actividades gubernamentales y los principales intereses económicos. Los líderes políticos, los medios de comunicación y los grandes empresarios se benefician de un control compartido del Estado. Para los elitistas, el

---

[103] *Ibidem*, pp. 7-8.
[104] Medina Iborra, 2009, pp. 37-39.

liderazgo no es una cualidad innata de las masas, de modo que los altos funcionarios emanan de las élites económicas y sociales.[105]

Otro componente importante de la teoría elitista es el desarrollo institucional frente a la interacción entre grupos de interés. Para los elitistas, la supuesta racionalidad técnica de la burocracia se encarga de promover el consenso donde hay confrontación de intereses, dando siempre preferencia a los grupos de élite. Si se considera que la interacción entre grupos es intrínsecamente racional, el gobierno nunca favorecería a los grupos con los que no tuviera vínculos y en los que no pudiera confiar políticamente.[106]

En el caso de neomarxistas o instrumentalistas como Ralph Miliband, la influencia desproporcionada de algunos grupos no se debe a una anomalía o deformación del sistema pluralista, como argumentan los neopluralistas: por el contrario, siguiendo la narrativa marxista, los proponentes de este enfoque teórico argumentan que en el diseño de políticas públicas los intereses de los grupos económicos gozan de un lugar privilegiado, derivado de su importancia en el sistema económico capitalista.[107]

Paralelamente, el neocorporativismo argumenta que, con objeto de reducir el impacto y las exigencias de los grupos de interés, el gobierno los institucionaliza y les exige que se desenvuelvan de forma disciplinada, apegados a determinadas reglas burocráticas, a cambio de garantizarles el acceso a los procesos de decisión y de diseño de políticas públicas.[108] Esto es lo que se conoce como corporativismo: el sistema de representación y gestión de grupos en el que los intereses se organizan en un número limitado de categorías obligatorias, no competitivas y jerárquicamente ordenadas, las cuales son reconocidas, au-

---

[105] *Idem.*
[106] *Idem.*
[107] Chari, Hogan y Murphy, 2010, p. 1.
[108] *Idem.*

torizadas e, incluso, creadas por el gobierno. De ese modo, a cambio de una disciplina institucional y de control en la selección de líderes, el gobierno favorece a los grupos que se encuentran dentro de su estructura, garantizándoles el monopolio de representación en sus respectivos sectores.[109]

Como fenómeno teórico, el neocorporativismo surgió en la década de 1980 como respuesta a los procesos de apertura económica y sus consecuentes transformaciones en las relaciones gobierno-sociedad. Para esta tendencia teórica, los actores fundamentales del nuevo sistema representativo son los grupos de interés modernos, como las organizaciones empresariales y sindicales, y las asociaciones profesionales, que promueven los intereses de sus afiliados sin dejar espacio o lógica para la acción individualista. En este contexto económico y político moderno, la forma eficaz de promover y proteger los intereses es por medio de la acción colectiva.[110]

Para algunos neocorporativistas, los instrumentos del corporativismo: pactos sociales, negociaciones tripartitas cupulares, concertaciones, se han adaptado al contexto actual de forma menos institucionalizada. Actualmente, la esencia del neocorporativismo, es decir, el desarrollo de políticas públicas por medio de negociaciones entre grupos interesados o afectados, se adecua a nuevas formas institucionales y evoluciona de un modelo basado en la concentración y la centralización del poder a una organización descentralizada e interactiva entre grupos. Los cambios en el contexto político y económico dificultan un control cupular absoluto, lo que propicia un corporativismo más "flexible", en el que los recursos importantes para las políticas públicas se encuentran disper-

---

[109] Medina Iborra, 2009, p. 40.
[110] Ehrman, 2011, p. 236.

sos entre grupos interdependientes que interactúan y coordinan sus actividades en función de objetivos comunes.[111]

Por lo anterior, la representación de intereses en función de la concertación entre los grupos de interés y las instituciones públicas es un tema clave en la tesis neocorporativista. Dichos grupos se concentran cada vez más en la esfera pública (político-legislativa) y se vinculan con legisladores y agencias reguladoras como especialistas en sus respectivos temas de interés. De ese modo, las organizaciones privadas se convierten en una especie de órganos consultores en los procesos de producción legislativa y normativa. Esencialmente, la delegación normativa en instancias y organismos privados se debe al desarrollo de tecnología en la solución de problemas de carácter social y económico, lo cual genera la necesidad de conocimientos especializados, que a su vez limitan la autonomía y capacidad de producción de los servidores públicos. En consecuencia, las agencias de gobierno consultan de manera periódica a los grupos de interés acerca de los procesos de diseño e implementación de políticas públicas, de modo que los intereses empresariales ocupan una posición de especial importancia, en comparación con otros intereses sociales.[112]

Podría considerarse, entonces, que las políticas públicas son el resultado de la suma de intereses parciales, lo que pondría en evidencia la eventual incapacidad de los funcionarios para generar y consensuar proyectos que satisfagan el interés general, la cual comporta el riesgo de una crisis de representatividad, legitimidad y gobernabilidad. No obstante, en ese escenario, los grupos de interés económicos reconocen que sus intereses pueden estar mejor garantizados en un contexto de orden social y político. Por ello las relaciones entre los grupos del sector

---

[111] Medina Iborra, 2009, p. 41.
[112] Ehrman, 2011, p. 237.

privado y las instituciones públicas se han vuelto más intensas y colaborativas, y menos conflictuales.[113]

Al respecto, Alan Cawson propone que en toda sociedad democrática avanzada existen dos esferas: la corporativa, en la que interactúan los grupos de intereses económicos, y la competitiva, donde interactúan los demás grupos de interés y se debaten problemas de carácter ideológico (esta esfera se asemejaría a los parámetros pluralistas). Cabe resaltar que, aunque en ocasiones en los sistemas democráticos los grupos de la esfera competitiva logran que prevalezcan sus demandas, en el largo plazo los requerimientos del diseño y ejecución de las políticas públicas tienden a generar relaciones de colaboración entre grupos y gobierno.[114]

2.3. LOS GRUPOS DE INTERÉS Y EL CABILDEO

En la tarea de defender sus intereses, los grupos se ven obligados a interactuar con otros grupos y el Estado, y, así, realizan acciones que influyen en la agenda pública, la arena política y los asuntos privados o sociales. Utilizan para ello diversas herramientas y tácticas, según las variables internas del grupo (recursos y capacidades) y las externas del lugar donde operan (contexto político, social, económico y cultural, entramado institucional, proceso de decisión por influir o actores involucrados, entre otros).

Sería imposible contar con un inventario completo y rígido de las formas de actuar de los grupos de interés, ya que pueden variar ampliamente dependiendo del grupo, los actores, el proceso, el contexto y otros factores. Algunas de esas formas de actuación pueden ser directas, como cuando específicamente se realizan acciones de interacción con el

---

[113] Ehrman, 2011, p. 238.
[114] Real Dato, 2002, p. 7.

tomador de decisiones o en el marco del proceso de decisión, por ejemplo, a través de reuniones uno-a-uno, correspondencia física o electrónica, intercambio de información, audiencias parlamentarias, litigios o intervenciones administrativas, financiamiento electoral y demás; o indirectas, como cuando se busca persuadir a un tomador de decisiones por medio de una presión externa, por ejemplo, comunicados de prensa, movilizaciones políticas, publicaciones de investigaciones, foros y congresos, o iniciativas populares. Asimismo, esas tácticas pueden variar en eficiencia, institucionalidad, legalidad, ética o intensidad.

El cabildeo es sin duda una de las tácticas o herramientas de influencia más utilizadas por los grupos de interés. Puede considerarse, en sentido estricto, un instrumento más entre el amplio universo de dichas tácticas. Sin embargo, visto desde un sentido amplio, y como se mostrará en capítulos posteriores, el cabildeo puede agrupar varias de las tácticas de los grupos de interés, ya que una estrategia de cabildeo debe incorporar diferentes acciones, incluido el intercambio de información, las reuniones, la correspondencia, las audiencias, las campañas en medios de comunicación, las movilizaciones, entre otras.

El cabildeo adquiere aún mayor relevancia cuando se considera que es una actividad de participación ciudadana lícita, contrario a las múltiples acciones ilícitas o faltas de ética que pueden realizar los grupos de interés para tratar de persuadir a los tomadores de decisiones, como, por ejemplo, intimidación, amenazas y chantajes; dar dinero o dádivas; sabotear la acción del gobierno, o emprender movilizaciones violentas, entre otras.

Asimismo, en sociedades democráticas con alta competencia política, o lo que Robert Dahl ha llamado poliarquía: sociedades en las que diferentes actores influyen en la toma de decisiones, los grupos de interés se consideran actores clave que articulan los intereses de sus integrantes para dotar de racionalidad, congruencia y viabilidad las demandas de los diferentes sectores sociales, de modo que el cabildeo que realizan se aprecia como benéfico, puesto que cumple con el objetivo de transformar los intereses privados en intereses públicos sin que ello represente un desequilibrio de intereses o beneficios ilegales para algún grupo en particular.[115]

2.4. EL CABILDEO Y LA DEMOCRACIA

El siglo xxi presenta a los sistemas políticos del mundo retos más complejos y dinámicos que nunca. En los últimos años hemos sido testigos de la pérdida de centralidad del Estado, de las limitaciones de la eficacia de los instrumentos clásicos de intervención y regulación estatal, de la necesidad de acciones coordinadas entre los niveles de gobierno, del aumento en el número de actores implicados en los procesos de la agenda pública, de la globalización de los fenómenos sociales, de la expansión de actores privados y sociales más autónomos e influyentes, del creciente descontento social hacia las instituciones públicas y de la exigencia de nuevas formas de gobernar, con mecanismos de participación público-privada.[116] Todo ello implica para el Estado y la sociedad retos de organización política y gobernabilidad.

Las relaciones entre Estado y sociedad se han transformado y ahora, como en ninguna otra época, son *más interdependientes. Hoy el gobierno cohabita con una sociedad civil mucho más participativa,* y demandante en relación con su desempeño, en un contexto donde los límites y barreras tradicionales entre Estado y sociedad civil, entre lo público y lo privado, se van diluyendo. Como consecuencia del modelo neoliberal, la responsabilidad social de los ciudadanos se ha incrementado, de modo que la iniciativa privada cumple cada vez más con funciones de proveeduría de servicios públicos que antes correspon-

---

[115] Heredia Sánchez, 2004, p. 5.
[116] Medina Iborra, 2009, p. 46.

dían al Estado, en materias como salud, seguridad social, pensiones de retiro, escuelas y universidades, transporte y energía, por mencionar algunas, mientras que el gobierno permanece como regulador de aquellas así como de otras actividades.[117] Como creador de instituciones de mercado y garante de los derechos de propiedad, el papel del Estado como mediador y receptor de las demandas de los diferentes grupos de interés se vuelve cada vez más relevante.[118]

Esta pérdida de centralidad del Estado en la distribución de recursos a favor de actores no institucionales, autónomos e influyentes, ha exigido nuevas formas de coordinación interinstitucional, mucho más complejas e interdependientes, y menos jerárquicas.[119] El Estado ya no es un ente autómata y autosuficiente: necesita colaborar y negociar con otros actores sociales para atender las problemáticas sociales, cumplir con sus funciones y objetivos, y gobernar de forma pacífica. Al mismo tiempo, los grupos de interés privados y sociales se ven obligados a interactuar entre sí y con el Estado.

Ante la necesidad de sumar a los grupos de interés en sus decisiones y mantener el equilibrio entre estos, el Estado se ha visto en la necesidad de implementar nuevos mecanismos y procesos de gobernar, los cuales en muchos casos se han diseñado en torno de dos enfoques conceptuales y prácticos relacionados con la acción del gobierno: la gobernabilidad y la gobernanza.

La gobernabilidad, ante su opuesto, la ingobernabilidad, denota la posibilidad o probabilidad de que el Estado gobierne a la sociedad. Ello depende de dos causas. La primera, de origen social, consiste en la disposición de la sociedad de aceptar, obedecer y reconocer el derecho y obligación del gobierno a dirigir; es decir, la reputación y legitimidad

---

[117] Ehrman, 2011, p. 240.
[118] Bach y Unruh, 2004, p. 8.
[119] Medina Iborra, 2009, p. 46.

política del gobierno y su actuar. La segunda, se basa en un enfoque gubernamental que da prioridad a las capacidades o incapacidades internas del Estado en el proceso directivo de la sociedad para gobernar.[120]

La gobernanza se enfoca en la necesidad o conveniencia de un nuevo proceso directivo de la sociedad basado no únicamente en la acción del gobierno. En este precepto, el gobierno es un agente de dirección necesario, pero insuficiente. Para dar dirección a la sociedad se requieren —e integran— las capacidades y recursos de otros actores sociales en los asuntos de crecimiento económico y desarrollo social, principalmente. En un contexto donde las problemáticas actuales rebasan al gobierno y se genera una nueva relación entre sociedad y Estado, sin duda hacen falta las capacidades del gobierno, pero también una sociedad con un grado superior de información, inteligencia, recursos, organización y eficiencia, en el marco de nuevas formas sinérgicas de deliberación, interacción y asociación entre el poder público y la competencia privada-social.[121]

No obstante, en años recientes la incapacidad del gobierno para sumar y responder eficientemente a las demandas y problemáticas sociales, aunada a los crecientes casos de corrupción, ha generado una crisis mundial de representación política, la cual se refleja en la creciente insatisfacción y desconfianza hacia las instituciones públicas y en la victoria de candidatos populistas con discursos antisistema.

En el caso particular de México, durante más de una década las instituciones han mostrado en encuestas niveles de confianza a la baja. De acuerdo con la que año tras año realiza nacionalmente Consulta Mitofsky para medir la confianza ciudadana en 18 instituciones mexicanas, en 2019 su nivel promedio fue de 6.4 (en una escala del 1 al 10), con una leve mejoría de la tendencia a la baja que venía dándose desde

---

[120] Aguilar Villanueva, 2013, pp. 293-299.
[121] *Idem.*

2009. Las peor calificadas fueron los diputados, con 5.3; los partidos políticos, con 5.4; los sindicatos y los senadores, con 5.5, y la policía, con 5.7. Mientras tanto, solamente las universidades, el Ejército y la Presidencia de la República (desde el cambio de gobierno en 2018) calificaron en categoría "alta". El resto de las instituciones se encuentra en el rango de confianza media, con calificaciones entre 6.0 y 7.0: la Iglesia, las estaciones de radio, los medios de comunicación, las redes sociales, la Comisión Nacional de los Derechos Humanos, el Instituto Nacional Electoral, las cadenas de televisión, los empresarios, la Suprema Corte de Justicia de la Nación y los bancos.[122]

Figura 2.1. "Ranking Mitofsky en México. Confianza en instituciones 2019", Consulta Mitofsky, enero de 2020

	UNIVERSIDADES	EJÉRCITO	PRESIDENCIA	IGLESIA	ESTACIONES DE RADIO	MEDIOS DE COMUNICACIÓN	REDES SOCIALES	CNDH	INE	CADENAS DE TELEVISIÓN	EMPRESARIOS	SCJN	BANCOS	POLICÍA	SENADORES	SINDICATOS	PARTIDOS POLÍTICOS	DIPUTADOS	CALIF. PROMEDIO
SEP-12	7.8	7.5	6.6	7.7	7.1	7.1	ND	7.5	6.7	6.8	6.8	6.9	6.7	5.9	6.0	6.0	5.8	5.8	6.7
DIC-13	7.8	7.5	6.2	7.6	6.9	6.8	ND	7.5	6.8	6.6	6.9	6.6	6.6	5.8	5.7	5.7	5.2	5.6	6.6
OCT-14	7.6	7.2	6.1	7.3	6.8	7.0	ND	7.1	6.5	6.5	6.6	6.4	6.7	5.5	5.7	5.5	5.3	5.7	6.4
SEP-15	7.3	7.0	5.7	7.1	6.6	6.6	ND	6.9	6.1	6.2	6.5	6.3	6.2	5.3	5.3	5.4	4.9	5.2	6.2
OCT-16	7.1	6.8	5.1	6.9	6.4	6.3	ND	6.6	6.2	5.9	6.2	5.8	6.1	5.0	5.2	4.9	4.8	5.0	5.9
OCT-17	7.4	7.0	4.8	7.1	6.4	6.5	ND	6.7	5.7	5.9	6.5	5.6	6.2	4.9	4.8	5.0	4.4	4.6	5.9
OCT-18	7.4	7.0	5.1	7.2	6.9	6.9	6.9	6.7	6.5	6.3	6.4	6.1	6.3	5.5	5.3	5.4	5.1	5.1	6.2
SEP-19	7.3	7.0	7.0	6.9	6.8	6.8	6.8	6.6	6.5	6.4	6.4	6.3	6.2	5.7	5.5	5.5	5.4	5.3	6.4

Confianza alta   Confianza media   Confianza baja

[122] Consulta Mitofsky, 2019.

Un problema adicional relacionado con la gobernanza es cuando el contenido de las decisiones públicas (democracia sustantiva) cede su lugar a los procedimientos políticos (democracia adjetiva), pero pierde sensibilidad y realismo sobre la problemática que busca solucionar y erosiona las propias bases de la práctica democrática. Desafortunadamente, para algunos las decisiones públicas son más o menos democráticas no en función de su contenido, sino en el mero cumplimiento de las formalidades procedimentales. De ese modo se toman decisiones formalmente democráticas, pero antipopulares, las cuales soslayan la opinión de los grupos de interés afectados, que no pueden hacer nada, ya que formalmente, de acuerdo con las reglas procesales, las decisiones son válidas.[123]

El fracaso de los sistemas tradicionales en responder y representar adecuadamente a la gran variedad de intereses modernos ha provocado que los grupos de interés expandan sus esfuerzos de influencia en la toma de decisiones públicas. Si bien desde la organización de las sociedades y el nacimiento del Estado moderno se ha tratado de no alejar a los ciudadanos de la toma de decisiones públicas, ahora la participación ciudadana es más importante que nunca. El grado de esta puede variar, dependiendo del sistema democrático: desde las democracias representativas, donde los ciudadanos delegan las decisiones en los gobernantes por medio de procesos electorales, hasta el uso de herramientas de intervención más activa en democracias participativas o deliberativas, en las cuales el individuo sale de la esfera y los tiempos meramente electorales y participa en otras áreas de la actividad pública.[124]

Ante los retos actuales, los mecanismos de participación ciudadana en las decisiones públicas son cada vez más importantes para la

[123] Galaviz, 2006, p. 9.
[124] Moisés M., 2001, pp. 12-18.

gobernanza y la gobernabilidad de las sociedades. Por ello es necesario fomentar el uso de formas legítimas y legales para influir en decisiones públicas, de modo que se legitime el actuar del gobierno y se mitigue la crisis de representatividad que se vive actualmente, así como desincentivar el uso de aquellas formas de influir carentes de ética o ilícitas, como el soborno, el chantaje y la amenaza.

Uno de los principales mecanismos de participación ciudadana en las democracias modernas es el cabildeo, importante factor de gobernanza y gobernabilidad democráticas, que se suma a una nueva forma de gobernar donde sociedad y gobierno colaboran para atender de forma más eficiente las necesidades y problemáticas sociales. El cabildeo implica, entre otras cosas, el enriquecimiento del diseño de políticas públicas, la democratización y legitimación de los procesos de decisiones públicas, la promoción de equidad entre grupos de interés, la inclusión de las demandas de minorías en la agenda pública, la sensibilidad a las demandas sociales por parte de los gobernantes y la promoción de la rendición de cuentas.

En primer lugar, desgloso, el cabildeo enriquece el diseño de las políticas públicas y las regulaciones emitidas por el Estado. El flujo de información entre grupos de interés y tomadores de decisiones públicas por medio del cabildeo favorece la visión de estos últimos, al proporcionarles elementos sustantivos y técnicos. Esto es esencial en un contexto donde los avances tecnológicos y la creciente complejidad de los asuntos públicos han acentuado la fragmentación y segmentación de las políticas públicas, exigiendo mayor especialización y recursos a autoridades y legisladores, los cuales en muchas ocasiones cuentan con muy pocos medios técnicos y se ven obligados a tomar decisiones en un contexto de urgencia y presión.[125] En otras palabras, en la creciente

---

[125] Alba Vega, 2006, p. 143.

complejidad de las decisiones públicas, el cabildeo permite que los funcionarios cuenten con acceso a información especializada de primera mano y los vincula con el conocimiento técnico-científico de los grupos afectados.[126] Un claro ejemplo del enriquecimiento de los procesos de decisión por la interacción entre diferentes actores es el relativo al análisis y dictaminación en la práctica legislativa, el cual normalmente se da en tres vertientes: *1)* la conciliación, al interior del Congreso de la Unión, de integrantes de las comisiones legislativas, grupos parlamentarios y el pleno; *2)* el intercambio de opiniones y puntos de vista entre legisladores y representantes de los grupos de interés, y *3)* las consultas o conferencias con representantes del gobierno.[127]

En segundo lugar, el cabildeo contribuye significativamente a la gobernabilidad democrática de las sociedades, al democratizar y legitimar las decisiones públicas por medio de la participación ciudadana, lo que permite que un mayor número de actores y grupos de interés participe en los procesos de toma de dichas decisiones, se construya un consenso en torno de las políticas públicas y los grupos de interés se transformen de meros transmisores de demandas en copartícipes activos de las decisiones.[128] Esta contribución a consolidar el sistema democrático representativo y la gobernabilidad es aún más relevante considerando la crisis por la que atraviesa la representación política en muchos países.[129]

En tercer lugar, cuando en sociedades democráticas modernas se realiza un cabildeo abierto y proactivo, se promueve la equidad entre los distintos grupos de interés. En un escenario pluralista *óptimo*, las decisiones públicas son el resultado del acomodo de los intereses de los distintos grupos, ya que transmiten sus demandas al gobierno en un

---

[126] Real Dato, pp. 8-9.
[127] Ortiz Arana, 2010, p. 102.
[128] González Sánchez, 2008, p. 5.
[129] Galaviz, 2002, p. 1.

marco institucional donde todos, sin importar sus recursos, tienen la misma posibilidad de participar activamente en un proceso político deliberativo, articulando los distintos intereses sectoriales y convirtiendo el cabildeo en un puente entre el Estado y la sociedad.[130]

En cuarto lugar, el cabildeo promueve la inclusión de las demandas sociales de minorías en la agenda pública y sensibiliza a los gobernantes sobre estas. Permitir el acceso a todos los grupos afectados y fomentar su participación en los procesos de decisión representa, además de una forma de acercar a los afectados a las decisiones públicas y enriquecer el resultado de estas, la posibilidad de identificar demandas y necesidades de minorías que de otro modo podrían no estar incluidas en la agenda pública. Por medio del cabildeo, las minorías o grupos de interés que representan sectores subrepresentados pueden promover causas que de otro modo pasarían inadvertidas por las instituciones públicas.

En quinto lugar, el cabildeo representa un mecanismo eficiente para promover la rendición de cuentas de los gobernantes. En el proceso de diseño de políticas públicas, el cabildeo impulsa el debate público como resultado de la exigencia de los grupos de interés de ser escuchados, y genera un mecanismo informal de "auditoría ciudadana" de los procesos. Posteriormente, en la implementación de las políticas públicas, esos grupos exigirán resultados a los funcionarios públicos, ya que, tras haber contribuido a su planeación, es natural que estén deseosos de participar y dar seguimiento a la ejecución de lo pactado. De ese modo, los grupos de interés se vuelven un contrapeso del poder público que sirve para mantener al gobierno responsable y exigir rendición de cuentas.[131]

En sexto y último lugar, el cabildeo asegura que los representantes y servidores públicos respondan a las demandas ciudadanas no solo en

---

[130] Dworak, 2011, p. 6.
[131] American Bar Association, 2011, p. 435.

periodos electorales sino que tengan presente de manera permanente sus responsabilidades y funciones de representatividad. Mientras que las teorías de la democracia electorales argumentan que los servidores públicos son receptivos a las demandas sociales por el incentivo o la amenaza electoral, las teorías participativas atribuyen la respuesta de las autoridades a la capacidad de una ciudadanía de articular demandas y presionar al gobierno en periodos no electorales por medio de herramientas como el cabildeo. Por ejemplo, en un estudio de indicadores electorales, socioeconómicos y financieros de más de 2,400 municipios de México entre los años 1989 y 2000, Matthew R. Cleary demuestra que la competencia electoral tiene poco efecto en el desempeño de los gobiernos municipales, y muestra que la acción política "no electoral" de los grupos de interés provoca mayor receptividad y eficiencia gubernamental de los gobiernos locales. En otras palabras, los gobiernos municipales en México reaccionan mejor ante las presiones de una sociedad comprometida y organizada, que utiliza herramientas de participación ciudadana como las movilizaciones o el cabildeo, que ante las posibles consecuencias electorales vía el voto periódico.[132]

Aunque estos beneficios del cabildeo se reconocen cada vez más, sigue existiendo un debate en torno de este, ya que como fenómeno social implica el riesgo de generar vicios en su desarrollo y resultado. Lo anterior ha dado pie a algunas críticas, como acerca del hecho de que en algunas ocasiones el resultado de los procesos de decisión en los que participan los grupos de interés corre el peligro de ser parcial, entendiendo que el intercambio de información entre funcionarios y grupos de interés está normalmente limitado a aquellas áreas en las que los grupos cuentan con información técnica, especializada y abundante. En ese sentido, pueden existir grupos faltos de ética que, con el fin de

---

[132] Cleary, 2007, pp. 283-299.

obtener ventajas sobre sus competidores, proporcionen información que solo refleje sus intereses y no los del sector en su totalidad.[133]

Otra crítica al cabildeo es que puede generar una red de intereses entre grupos sociales y funcionarios públicos en un proceso de interacción permanente. En ocasiones sucede que las redes de política, donde reguladores y regulados intercambian información para enriquecer las políticas públicas, se convierten en redes de intereses, donde los funcionarios escuchan únicamente a aquellos grupos de interés con los que se sienten identificados, tienen intereses compartidos o llevan tiempo interactuando.

De forma similar, existe la posibilidad de que los intereses de grupos económicos poderosos se coloquen por encima del interés general o de que se afecten los de las minorías que no están consideradas en los procesos de decisión. En esos casos los grupos de interés influyen más por la disponibilidad de recursos financieros, la capacidad de organizarse o las relaciones personales de sus miembros que por la calidad y veracidad de los argumentos que aporten a la construcción de políticas públicas. Esto es parte de uno de los principales retos de la democracia: reconciliar las demandas de individuos o grupos con intereses específicos frente a los intereses sociales más amplios y el bien común.

La principal crítica al cabildeo es que en muchas ocasiones encubre una red de corrupción y tráfico de influencias. No obstante, es importante diferenciar el cabildeo, actividad en la cual se actúa dentro del marco legal e institucional para influir en las decisiones públicas, de otras actividades por las cuales se busca influir fuera de la ley en los tomadores de decisiones. Esos actos ilícitos han existido y seguirán existiendo mientras haya grupos dispuestos a actuar sin apego a la legalidad y funcionarios públicos dispuestos a consentirlo.

---

[133] Galaviz, 2006, p. 39.

Sin duda, las críticas son genuinas y el debate seguirá existiendo, pero es importante considerar que los riesgos y vicios en el desarrollo del cabildeo son mitigables de múltiples formas, como puede ser otorgar acceso equitativo a todos los grupos de interés, fomentar la participación de la mayor cantidad de actores posible en los procesos de decisión, transparentando e institucionalizando los procesos de decisión, regulando la actividad o profesionalizando la interacción entre sociedad y gobierno.

Por ejemplo, el riesgo de una eventual compra de influencias se puede desalentar si a todos los interesados se da acceso equitativo al proceso de decisión en general, y se busca que en la decisión participe el mayor número de grupos de interés posible, ya que al dar acceso a todos los afectados, ya sea con intereses alineados o contrapuestos, se genera una situación de contrapesos entre las partes, donde cualquiera de los participantes en el proceso tiene el interés natural de identificar y difundir públicamente cualquier posible acto de corrupción que pudiera perjudicar el resultado del proceso.[134] Esto es lo que se conoce como *whistleblower* o soplón, donde un participante en un proceso detecta un acto ilícito y decide hacerlo público. Incluso en muchos países estas acciones son incentivadas por medio de recompensas o regulaciones que protegen a los soplones, como es el caso de la Ley de Protección de Denunciantes (Whistleblower Protection Act), de 1989, de Estados Unidos.

Otras herramientas para evitar vicios, como la imparcialidad de las políticas públicas, son la capacitación de los funcionarios públicos y los programas de profesionalización del cabildeo. Como se mencionó anteriormente, la información de los grupos de interés es un insumo enriquecedor de las decisiones públicas, pero en ocasiones puede contener un sesgo de quien la provee. Por ello la recepción de información no

---

[134] Galaviz, 2006, p. 4.

debe implicar que esta vaya a determinar automáticamente la decisión. En todo caso, es posible que exista un problema con la falta de profesionalismo de la autoridad en la consideración y el análisis de la información recibida.[135] Para contar con decisiones imparciales y que atiendan de forma eficiente las problemáticas sociales es importante incorporar en los procesos la mayor cantidad de puntos de vista "parciales" de los interesados, de modo que, por medio de diferentes fuentes de información, se construya una visión del tema lo más completa posible.[136] Es indispensable que los tomadores de decisiones escuchen a todos los afectados, ya sea por obligación formal o por una cultura institucional, en búsqueda del desarrollo de políticas públicas eficientes.

Para evitar dichos vicios o posibles actos de corrupción o manipulación de la información, del mismo modo se debe transparentar el intercambio de esta. Conjuntamente, la publicidad y la transparencia de la información generan la posibilidad de enriquecer el conocimiento público, de incentivar la responsabilidad y la rendición de cuentas por parte de los funcionarios, y de fomentar el periodismo de investigación en medios de comunicación, con mayor entendimiento sobre el razonamiento y el sustento subyacente a las decisiones públicas. Este es uno de los ejes de cualquier democracia deliberativa, en la cual las decisiones del gobierno deben estar siempre a disposición del público y los tomadores de decisiones deben ser públicamente responsables de aquellas. De la misma forma, la transparencia debe implicar no solo el monitoreo público de las actividades y decisiones gubernamentales sino también la exhibición de que intereses privados y sociales son los que intentan influir en esas decisiones.[137] Como resultado, también los sectores privado y social se vuelven responsables ante el escrutinio público y las

---

[135] Campillo en www.alternativasociales.org/esp/index.php.
[136] Galaviz, 2006, p. 39.
[137] Chari, Hogan y Murphy, 2010, p. 5.

instituciones legales de las acciones que realizan y que tengan un posible efecto en el bienestar general y los asuntos públicos.

Por último, los riesgos del cabildeo se pueden mitigar con una regulación que favorezca los beneficios de la actividad y desincentive sus vicios.[138] Esta regulación no debe restringir su uso u ocasionar costos desorbitados que desalienten su desarrollo, lo cual en la experiencia internacional ha demostrado ser perjudicial, sino promover la participación ciudadana en el diseño e implementación de decisiones públicas por medio del cabildeo. Alrededor del mundo existen diferentes modelos de regulación, los cuales han demostrado que es posible institucionalizar el cabildeo de modo que se enriquezcan las políticas públicas, se respete la autonomía de los organismos públicos, se fortalezcan las instituciones representativas y se fomente la gobernabilidad democrática.

2.5. CONCLUSIONES

Aunque comúnmente es una práctica ligada a democracias contemporáneas, el cabildeo existe de forma natural desde que el hombre comenzó a vivir en sociedades organizadas con estructuras jerárquicas y sectoriales, donde se conforma un sistema de relaciones sociales de carácter recíproco entre individuos o grupos. En esas condiciones, se configuran consecuentemente agrupaciones que representan los intereses de esos distintos sectores en que se divide la sociedad, conocidos como grupos de interés, los cuales han evolucionado y se han profesionalizado con el desarrollo político, industrial y tecnológico.

Diferentes enfoques teóricos han construido diversas propuestas acerca de los grupos de interés y el cabildeo, como el pluralismo, el neopluralismo, el elitismo, el neomarxismo y el neocorporativismo. En ge-

---

[138] En un capítulo posterior se analizarán los tipos y herramientas de regulación en México y el mundo.

neral, se sostiene que, para defender sus intereses, los grupos de interés interactúan con otros grupos y con el Estado, y realizan acciones que tienen como motivo influir en la agenda pública, la arena política y los asuntos privados o sociales. Una de las formas de cumplir los objetivos mencionados es el cabildeo, el cual puede considerarse como una herramienta de participación ciudadana.

Las relaciones entre Estado y sociedad han evolucionado a lo largo de la historia. Actualmente son más interdependientes que nunca. Los grupos de interés, entre los que el Estado está incluido, se ven cada vez más en la necesidad de colaborar y negociar con otros actores sociales. Ante ello se han implementado nuevas formas de gobernar, utilizando mecanismos de coordinación interinstitucional más complejos, menos jerárquicos y más interdependientes. Es decir, mecanismos desde una nueva lógica en las relaciones Estado-sociedad, con mayor apertura por parte del gobierno y mayor participación e involucramiento en los asuntos públicos por parte de la sociedad.

Como mecanismo de interacción, el cabildeo fomenta la gobernanza y la gobernabilidad democrática de las sociedades modernas, ya que implica, entre otras cosas, el enriquecimiento del diseño de políticas públicas, la democratización y legitimación de los procesos de decisión públicos, la promoción de equidad entre grupos de interés, la inclusión de las demandas de minorías en la agenda pública, la sensibilidad de los gobernantes respecto de las demandas sociales, la eficiencia y puntualidad con la que el Estado atiende nuevos fenómenos sociales, y el fomento de la transparencia y la rendición de cuentas.

No cabe duda de que, como en toda actividad social, en el desarrollo del cabildeo son probales los riesgos y los vicios. Sin embargo, existen mecanismos para mitigarlos; por ejemplo, dar acceso equitativo a todos los grupos de interés, propiciar la participación de la mayor cantidad de actores posible en los procesos de decisión, transparentar e institucionalizar estos, regular la actividad, y profesionalizar la interacción entre sociedad y gobierno.

Aunque los beneficios del cabildeo sobrepasan sus posibles vicios, las críticas a su desarrollo son, como en todo fenómeno social, inevitables; incluso son deseables, pues el debate enriquece su análisis, estudio y reglamentación. El cabildeo no es un fenómeno nuevo o perentorio, sino una actividad inherente a todo sistema social. Como herramienta dinámica y directa de interacción entre actores del sistema político, sus implicaciones para la gobernabilidad y la gobernanza de las sociedades modernas serán cada vez más relevantes. Por ello es fundamental dejar atrás la visión limitada y arcaica del cabildeo, que incluso comporta una connotación negativa, para evolucionar a una visión moderna y pragmática que reconozca su utilidad y fomente su uso como mecanismo lícito de participación ciudadana.

3

Del cabildeo tradicional al cabildeo digital

Si bien el cabildeo es una práctica estrechamente ligada al ejercicio de la democracia contemporánea, se puede inferir que como actividad social surgió desde que el ser humano comenzó a vivir en comunidades en que sus miembros se veían en la necesidad de competir entre sí y de recurrir a quien poseía cierta autoridad para proteger sus intereses. Como se expuso en el capítulo 2, los antecesores de lo que hoy conocemos como grupos de interés cabildeaban ante los poderes institucionales y otros grupos. De hecho, podría considerarse que el cabildeo es una práctica inherente de la conducta humana, esencial para la vida en sociedad.[139]

Conforme evolucionaron las sociedades, evolucionó el cabildeo, cuya institucionalización, sistematización y profesionalización se dio en la medida en que los sistemas políticos se desarrollaron y democratizaron, de modo que los grupos de interés realizaban sus activida-

---

[139] Astié-Burgos, 2011, p. 16.

des de influencia y defensa de intereses de acuerdo con los contextos políticos, económicos y sociales vigentes. Asimismo, los métodos del cabildeo también evolucionaron de acuerdo con los avances tecnológicos y la globalización: los cabilderos, así, fueron incorporando en sus actividades nuevas metodologías (como el uso de tecnologías de la información y comunicación en el intercambio de esta y su análisis), y la socialización de dicha práctica alrededor del mundo se arraigó, primero en las etapas de colonización, con la importación de usos y costumbres, y hoy en día, con el aprendizaje compartido de las mejores prácticas internacionales.

En el caso de México, desde la transición democrática iniciada a finales del siglo xx, el cabildeo ha evolucionado, y ha tomado mayor relevancia en el sistema político como herramienta de incidencia y participación ciudadanas en los procesos legislativos, de diseño de políticas públicas y de conformación de la agenda pública. El deterioro del sistema presidencialista metaconstitucional priista y la consolidación de otros centros de decisión pública provocaron que los grupos de interés buscaran influir más activamente en las decisiones públicas, con el fin de que se tomaran en cuenta sus necesidades y opiniones. Actualmente, el cabildeo es una práctica común y a todas luces positiva para la democracia mexicana.

3.1. HISTORIA MUNDIAL DEL CABILDEO

Como se expuso en los capítulos anteriores, el cabildeo es tan antiguo como el arte de la política, que surgió cuando el ser humano comenzó a vivir en sociedad. En las civilizaciones antiguas, con sistemas políticos más complejos e institucionalizados, ya existían muestras de cabildeo y de otras herramientas de participación ciudadana; por ejemplo, en la Grecia clásica los ciudadanos libres se congregaban para votar los asuntos públicos y las decisiones que afectaban a la comunidad, y en el Imperio romano, en ocasiones el Senado lograba desempeñar un trabajo independiente del césar.[140] Incluso en sistemas absolutistas, en las cortes de reyes, los cortesanos actuaban como los cabilderos de hoy; por ejemplo, si los barones no hubiesen cabildeado al rey Juan I de Inglaterra, probablemente no se habría dado la firma de la Carta Magna por el monarca y la democracia en Gran Bretaña se hubiera desarrollado de otro modo.[141]

El cabildeo fue evolucionando e institucionalizándose conforme los sistemas políticos y económicos se complicaron y pluralizaron. Por ejemplo, la transformación económica, social y tecnológica de la Primera Revolución industrial implicó una diversificación laboral que generó multiplicidad de grupos de interés y mayor complejidad de los asuntos públicos. Al especializarse la sociedad, los intereses, y las demandas sociales, se complicaron más y aumentaron en cantidad. Asimismo, empezó a crearse una clase media que exigía participar políticamente, más activa, primero por el derecho al voto y después utilizando mecanismos como el cabildeo.[142]

Para muchos, el cabildeo como actividad estructurada y profesionalizada como la conocemos hoy en día encuentra sus orígenes en el siglo XIX, cuando grupos de interés asistían a Washington y Westminster con la intención de influir en las decisiones de los legisladores. Esos pioneros del cabildeo moderno esperaban en el vestíbulo, o *lobby*, de los recintos legislativos para exponer sus puntos de vista a los funcionarios; de ahí, como ya se explicó, el término "*lobbying*". Tanto Westminster como Washington reclaman ser la cuna del cabildeo moderno.

Dentro de esta propuesta hay quienes consideran que los orígenes del término y la actividad moderna se encuentran en el Washin-

---

[140] *Idem.*
[141] Zetter, 2008, p. 5.
[142] Dworak, 2001, pp. 10-11.

gton de la década de 1860. En ese entonces representantes de grupos de interés, o cabilderos, que influían en el presidente Ulysses Grant se congregaban en el vestíbulo del Hotel Willard. Se dice que, después de un tiempo, Grant comenzó a referirse a ellos como *lobbyers*. No obstante, hay registro histórico de que el cabildeo formal en Estados Unidos es anterior al Willard y al presidente Grant. Consta que en 1792, tres años después de que se firmara la Constitución federal de dicho país, los veteranos de Virginia del Ejército Continental contrataron a William Hull, militar y político estadounidense, para cabildear una remuneración adicional por el reconocimiento de sus servicios durante la guerra revolucionaria.[143] Asimismo, en la década de 1850, el fabricante de armas Samuel Colt, en busca de extender una patente de armas, reclutó cabilderos para que influyeran en los legisladores, para lo cual les regaló pistolas.[144]

Para finales del siglo xix, el cabildeo en Washington ya se reconocía como profesión y actividad formal, donde de manera permanente senadores y diputados intercambiaban información con cabilderos. En el siglo xx el cabildeo en Washington se había institucionalizado y la tecnología comenzaba a modificar la manera de ejercer la actividad. Nuevos medios de comunicación, como la radio y el telégrafo, permitieron un intercambio de información más expedito así como la realización de campañas de comunicación para influir en el público general y de forma indirecta en los funcionarios.

La actividad era tan reconocida en Washington a principios del siglo xx que, en 1928, el Senado trató de promulgar un proyecto de ley que obligara a los cabilderos a registrarse en el secretariado de cada cámara del Congreso de la Unión. Sin embargo, la Cámara baja bloqueó

---

[143] Zetter, 2008, p. 5.
[144] Dwoskin, 2012, www.bloomberg.com/news/articles/2012-06-07/a-brief-history-of-lobbying.

el proyecto, y no fue sino hasta 1946 cuando se emitió la Ley Federal de Regulación del Cabildeo (Federal Regulation Lobbying Act).[145] Mientras tanto, el Congreso promulgó otros ordenamientos jurídicos en la materia: la Ley de Registro de Agentes Extranjeros (Foreign Agents Registration Act), de 1938, que tenía como objeto regular el cabildeo que realizaban gobiernos y actores de otros países en suelo estadounidense, la Ley de Reforma de Ética, de 1989, y los códigos de ética de la Cámara baja y el Senado, para reglamentar el tipo de regalos que los funcionarios del Estado podían recibir.[146]

La cantidad de cabilderos en Washington se fue incrementando exponencialmente, en especial durante la década de 1930, después de que el New Deal implicara un crecimiento en el gasto federal y la expansión de la autoridad a nuevos sectores, lo cual generó mayores incentivos a los grupos de interés para tratar de influir en las decisiones del gobierno. En un inicio los cabilderos representaron un espectro limitado de la sociedad estadounidense: los negocios, el comercio, los obreros y la agricultura.[147] Sin embargo, se podría decir que aquel se amplió y actualmente todos los sectores están representados de un modo u otro: las profesiones, la educación, la asistencia pública, la ciencia y las artes, los grupos altruistas, los funcionarios públicos, los gobiernos extranjeros, etc. Tan solo en la capital estadounidense, para 1998 esos grupos estaban representados por más de 10,400 cabilderos registrados y, actualmente, por más de 11,800 cabilderos activos; la mayor cantidad de cabilderos registrados se dio en 2007, con más de 14,800 registros (esas cantidades incluyen solo a los cabilderos registrados en Washington, pero existe otro buen número de cabilderos que no están registrados en la misma ciudad y tienen actividad en otros estados del

---

[145] Zetter, 2008, p. 6.
[146] Del Rosal y Hermosillo, 2008, p. 119.
[147] *Ibidem*, pp. 117 y 121.

país). El incremento del cabildeo se refleja en el gasto destinado a esta actividad, el cual ha aumentado en cerca de US$1,450 millones en 1998 a US$3,500 millones en 2019, año de mayor gasto, junto con 2010. En 21 años el gasto total ha sido de más de US$60,000 millones, donde los sectores farmacéutico y financiero son los que tradicionalmente más recursos financieros destinan a esta actividad (figura 3.1).[148]

Figura 3.1. Gasto en cabildeo y cantidad de cabilderos en Estados Unidos

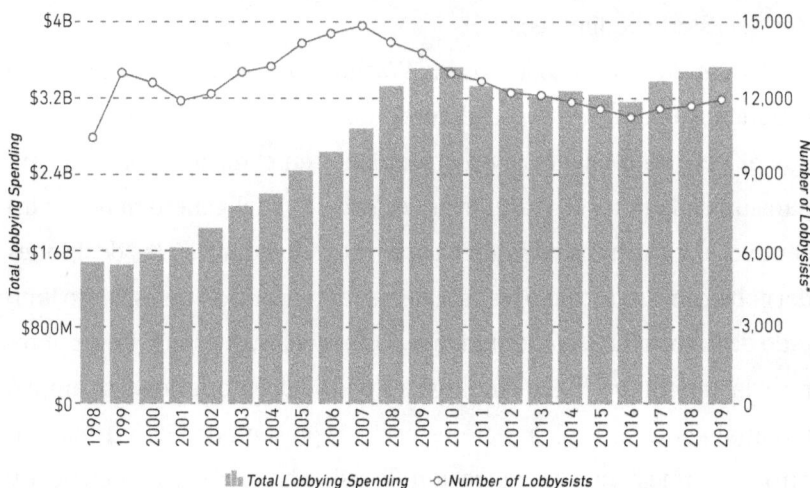

Por otro lado, existe la escuela de pensamiento que afirma que la activi- dad surgió en Gran Bretaña, para la cual el término "*lobbying*" proviene, como se ha apuntado arriba, del vestíbulo central del palacio de West- minster, donde los cabilderos esperaban a los funcionarios públicos. No obstante, hasta el siglo xx se tiene registro del primer cabildero británi- co, cuando el comandante Christopher Powell estableció un despacho de cabildeo justo antes de la Segunda Guerra Mundial. Posteriormente, el despacho del comandante Powell: Watney y Powell, fue comprado

---

[148] Véase https://www.opensecrets.org/lobby/index.php.

en la década de 1960 por otro exmilitar, el comandante de la Marina Real Tim Traverse-Healy. En esos años, y durante gran parte de los años setenta, el cabildeo en Gran Bretaña fue discreto. No fue sino hasta la llegada al poder de Margaret Thatcher, en 1979, cuando la industria del cabildeo salió de las sombras. En ese entonces agencias como Ian Greer Associates (IGA) y PR+CI aprovecharon sus vínculos y relaciones con el gobierno conservador. Otros despachos, como Gifford Jeger Weeks (GJW), establecieron importantes vínculos multipartidistas.[149]

El cabildeo británico no prosperó sino hasta 1994, cuando una serie de acusaciones de corrupción entre representantes del gobierno conservador y algunos cabilderos, publicadas por *The Guardian* y *The Sunday Times*, sacudieron la industria y el gobierno. Uno de los principales involucrados fue el icónico despacho IGA, que terminó cerrando después del escándalo. Por su parte, el gobierno de John Major nunca pudo sacudirse del todo la mancha de corrupción. Para contrarrestar la mala imagen, ese mismo año la industria cabildera estableció la Asociación de Consultores Políticos Profesionales (Association of Professional Political Consultants, APPC) como órgano de autorregulación.[150]

El cabildeo se exportó de Gran Bretaña al resto del continente europeo, donde evolucionó de acuerdo con las características políticas y sociales específicas de cada país, siguiendo la tendencia de profesionalización y crecimiento de la industria conforme ocurría la apertura de los sistemas políticos y aumentaba la complejidad de los asuntos públicos. Un fenómeno interesante en la Unión Europea es el cabildeo supranacional: en la medida en que avanzó el proceso integracionista en la región, los países miembro fueron cediendo facultades legislativas a las instituciones continentales, de modo que los grupos de interés se

---

[149] Zetter, 2008, p. 6.
[150] *Idem.*

vieron en la necesidad de implementar estrategias de cabildeo en las diferentes instancias europeas. Esas estrategias son aun más complejas, ya que la estructura de la Unión Europea implica múltiples canales por los cuales los cabilderos pueden influir en los diversos procesos de decisión. Esencialmente, los grupos de interés realizan actividades de cabildeo frente al Consejo de la Unión Europea —o Consejo de Ministros—, la Comisión Europea y el Parlamento Europeo. Las citadas estrategias implican, entre otras cosas, un cabildeo directo sobre las delegaciones de sus países de origen y los integrantes de las instancias mencionadas, o de forma indirecta por medio de sus gobiernos nacionales.

Hoy en día la industria de cabildeo en la capital de la Unión Europea: Bruselas, representa miles de millones de euros. En 2011 se creó el Registro de Transparencia de la Unión Europea, un asiento voluntario de cabilderos que operan de forma conjunta en el Parlamento y la comisión, el cual para 2017 reflejaba más de 11,000 cabilderos, incluidos despachos de cabildeo y de abogados, cabilderos de corporaciones y organismos empresariales, organizaciones de la sociedad civil, instituciones académicas, organizaciones religiosas y representantes de autoridades locales.[151] Aunque el registro otorga el privilegio de pases de acceso al Parlamento, al tratarse de una anotación voluntaria pone en duda la veracidad de su información, especialmente acerca de la cantidad de cabilderos activos en la Unión Europea. De acuerdo con el Observatorio Corporativo Europeo (Corporate Europe Observatory), iniciativa social para la promoción de la transparencia y rendición de cuentas en Europa, en 2014 había por lo menos 30,000 cabilderos en Bruselas, esto es, casi el número de empleados de la Comisión Europea (31,000), con la segunda mayor concentración de cabilderos después de Estados Unidos. Asimismo, un reporte de Transparencia Internacional, otra or-

---

[151] Unión Europea, 2018.

ganización de la sociedad civil, que busca impregnar valores como la transparencia en la actividad pública, demuestra que 30% de los miembros de la Comisión Europea y el Parlamento Europeo se sumaron a la iniciativa privada en actividades de cabildeo después de haber terminado su mandato.[152] Las principales empresas de cabildeo en Europa son despachos transnacionales, como Fleishman-Hilard, Burson-Marsteller, Interel European Affairs y Hill & Knowlton Int., entre otras.[153]

3.2. LA EVOLUCIÓN DEL CABILDEO EN MÉXICO

En el caso de México, la evolución del cabildeo ha sido similar a la del resto del mundo. Podríamos inferir que, como en otras civilizaciones antiguas, desde sus orígenes el cabildeo se realizaba en el contexto de las diferentes culturas prehispánicas, como la olmeca, la maya o la azteca, entre otras, las cuales contaban con una estratificación y sectorización sociales, un sistema político complejo e incluso un marco jurídico avanzado, tal y como lo demuestran los diferentes códices y las crónicas de los conquistadores españoles. Desde que se implantó la agricultura en América, se arraigó, al igual que en el resto del mundo, la sedentarización, surgió la propiedad privada, se generó una estratificación social, se desarrolló el comercio y se inició la división del trabajo.[154] Todos esos fenómenos implicaban una sociedad con diferentes grupos de interés interactuando entre sí y con la autoridad vigente.

Existen muestras de cabildeo en sucesos históricos posteriores, como durante la Conquista. En sus memorias Hernán Cortés escribió lo siguiente:

---

[152] *Idem.*
[153] Para más información véase https://lobbyfacts.eu.
[154] Pérez de los Reyes, 2008, pp. 40-41.

La situación se complicó con Diego de Velázquez porque había más candidatos para el nombramiento de Capitán General de la expedición. Para inclinar la opinión en mi favor, me vi obligado a ofrecer cierto oro del que se consiguiera en la expedición, oro para el secretario y para el contador de la gubernatura de Diego, por lo que, gracias a las gestiones de estos individuos, Velázquez desoyó los argumentos que presentaban en mi contra los rivales para el cargo de Capitán General, y así fui nombrado Capitán.[155]

Como en ese entonces la entrega de oro no se consideraba delito, la estrategia de Cortés es un claro ejemplo de un cabildeo indirecto para influir en el proceso de decisión de Diego de Velázquez, gobernador de Cuba, en quien descansaba la decisión del nombramiento del capitán general.

El cabildeo evolucionó durante el Virreinato, cuando fue utilizado por grupos de interés ante autoridades locales de la Nueva España y las instituciones de la Corona española. Cuando las instituciones gubernamentales de Madrid se trasladaron a la Nueva España tras la conquista, el cabildeo se ejerció sobre el Poder Ejecutivo. Por un lado, se realizaba uno de carácter "internacional" que buscaba influir en el monarca absoluto y las instancias que regían desde España las tierras virreinales, como el Consejo de Indias y la Casa de Contratación. Por otro lado, a escala local se buscaba influir en el virrey y los funcionarios de las instancias de administración colonial, como las Capitanías Generales, las Gubernaturas, los Cabildos y las Audiencias. La Nueva España, comunidad compleja y diversificada, con múltiples grupos de interés asociados, estaba estratificada por militares, académicos, comerciantes, artesanos, mineros, agricultores, ganaderos, terratenien-

---

[155] Ayala Anguiano, www.razonypalabra.org.mx/n63/varia/igonzalez.html.

tes, entre otros, que gozaban de privilegios y beneficios que buscaban defender frente a las decisiones gubernamentales y privadas. Excluyendo a las clases sociales marginadas que no gozaban de derechos, como los indios, los negros esclavos y las castas, los demás grupos ejercían derechos de gestión y petición vía el cabildeo. Fue la combinación de autoridad y flexibilidad frente a los grupos de interés como se generó entre cuerpos políticos, más que una división de poderes, una competencia, lo que permitió el éxito de un sistema virreinal de representación política de corte corporativista durante casi tres siglos.[156] No fue sino hasta las reformas borbónicas, las cuales entre otras cosas eliminaron los privilegios de los grupos de interés y modificaron los canales tradicionales de representación, cuando se dio una ruptura en la estabilidad política y se gestó un malestar de los grupos de interés que terminarían por desatar la guerra de independencia en 1810.

Una vez formalizada la independencia del actual territorio mexicano, desde el Imperio de Agustín de Iturbide hasta la República iniciada con Guadalupe Victoria se realizaron esfuerzos para establecer un sistema más democrático y representativo. No obstante, democratizar el sistema político y social fue tarea complicada, por el contexto de inestabilidad política y social causado por los constantes enfrentamientos entre liberales y conservadores. En algunos momentos de ese periodo, el Poder Legislativo logró desempeñar sus actividades de forma autónoma, en especial durante el sistema unicameral instaurado en 1857, que generó un Congreso fuerte frente a un Ejecutivo débil. El cabildeo de los grupos de interés se enfocó principalmente en el Ejecutivo, a excepción de los momentos históricos en que los legisladores gozaron de poder y autonomía.[157]

---

[156] Astié-Burgos, 2011, pp. 92-94.
[157] *Ibidem*, p. 95.

Claramente, el cabildeo en México no evolucionó ni se institucionalizó como en Estados Unidos, donde desde su independencia, en 1776,
se convirtió en una práctica común. Uno de los principales factores es
la diferencia del desarrollo del capitalismo y de los grupos de interés
privados en ambos países. Mientras que en este progresó de forma natural y los grupos, privados y públicos, interactuaban de forma coordinada y complementaria, en aquel ese sistema económico fue producto
de la voluntad política de los regímenes liberales en turno, después de
las guerras de Reforma, y del Segundo Imperio encabezado por Maximi-
liano de Habsburgo. Desde la República Restaurada de Benito Juárez, el
gobierno fue el promotor y organizador de la economía y la sociedad. La
cúspide de la rectoría del Estado se alcanzó en el Porfiriato, periodo en el
cual el sector privado estaba supeditado al aparato gubernamental.[158]
En ese contexto autoritario, donde los espacios políticos y los centros de
decisión estaban dominados por el dictador, los grupos de interés, en
especial la élite empresarial, requerían cabildear directamente con el
jerarca, sus familiares y sus allegados para proteger sus intereses.

Con la Revolución de 1910 se trató de instaurar una democracia
liberal, con una república representativa, con un sistema federal, basada en principios de las tesis de la Ilustración francesa, la Constitución
estadounidense, la soberanía popular de Rousseau, la división de poderes de Montesquieu, y el sistema de pesos y contrapesos de Madison.
No obstante, aunque la Constitución mexicana de 1917 incluía los elementos que hacen funcional y operativa una democracia (elecciones
periódicas, sistema de partidos políticos, sufragio efectivo, división de
poderes, soberanía de las entidades federativas, rendición de cuentas,
libertad de expresión, etc.), estos se volvieron elementos simbólicos y la

---

[158] *Ibidem*, pp. 96-97.

concentración de poderes permaneció casi intacta.[159] Asimismo, desde entonces la Constitución incluyó importantes componentes de cabildeo, reconocido como una actividad legítima derivada del derecho de petición (artículo 8) y el derecho de asociación (artículo 9).

No obstante, el cabildeo nuevamente evolucionaría en un contexto poco democrático. El periodo inmediatamente posterior a la Revolución mexicana establecería los cimientos de un sistema corporativista semiautoritario en el que gobernaría un partido político hegemónico durante 71 años: lo que posteriormente el Premio Nobel Mario Vargas Llosa caracterizaría como "la dictadura perfecta". En 1929 se fundó el Partido Nacional Revolucionario (PNR), rebautizado después como Partido de la Revolución Mexicana (PRM) y, finalmente, como Partido Revolucionario Institucional (PRI), el cual si bien funcionó como mecanismo institucional para mantener una estabilidad social mientras que el resto de Latinoamérica sufría golpes de Estado militares y el mundo se veía dividido en la Guerra Fría, también generó un presidencialismo metaconstitucional que, con el control estatal sobre los grupos de interés, el sistema político y la economía, impidió el desarrollo democrático del país.

Durante el mandato hegemónico priista, el gobierno utilizaba los recursos estatales no solo para el desarrollo nacional sino también para la cooptación y la coerción de los grupos de interés. El PRI logró establecer un sistema corporativista en el cual el partido reunía los intereses de los diferentes grupos y clases sociales en una estructura formal para mediar disputas y sucesiones, distribuyendo beneficios políticos a través de canales institucionalizados de clientelismo y representación corporativa.[160] Esto es lo que el Premio Nobel mexicano Octavio Paz llamaría en un ensayo el "ogro filantrópico": el Estado mexicano que

---

[159] *Ibidem*, pp. 97-98.
[160] Camp, 2003, p. 12.

asistía y subsidiaba al pueblo, pero a la vez lo censuraba y perseguía, no con la brutalidad de las dictaduras militares, sino con la obstrucción de espacios políticos y económicos.

Estas redes clientelistas se institucionalizaron y consolidaron durante la administración del presidente Lázaro Cárdenas del Río (1934-1940), quien dentro del PRI creó distintos sectores para grupos de interés, como los obreros, los trabajadores agrarios, los militares y la clase media. Para la década de 1950 el partido gobernante había desarrollado un sistema sólido de recompensas y castigos para simpatizantes y opositores, mientras actuaba como intermediario entre los intereses organizados y el Estado.[161] De ese modo, controlaba los procesos electorales y la mayoría de los aspectos de la vida política, al tiempo que legitimaba su hegemonía manteniendo una relativa estabilidad económica.[162] Además de permitir un sistema electoral multipartidista bajo la ilusión de una competencia política legítima, en medio de procesos electorales manipulados y fraudulentos, a lo largo de los años los presidentes electos del PRI, respondiendo a las demandas coyunturales y con el fin de mantener la estabilidad social y política, alternaron entre ideologías izquierdistas moderadas, populistas y derechistas.

En el contexto de este sistema corporativista y su respectiva concentración de poder en el partido gobernante y la figura del presidente de la República, el cabildeo que se realizaba ante el Estado era únicamente con el Poder Ejecutivo, el cual tenía un poder fáctico sobre el resto de los poderes y órdenes de gobierno. La Presidencia de la República actuaba de forma metaconstitucional, con influencia universal, y como piedra angular de la pirámide del poder en México, sin que los demás poderes u órdenes de gobierno tuvieran mucha relevancia en las decisiones

---

[161] Shirk, 2005, pp. 15-20.
[162] Camp, 2003, p. 10.

públicas trascendentales. De ese modo, el presidente ejercía como juez de última instancia o árbitro final de los conflictos entre grupos, o entre gobernantes y gobernados.[163] Por ello era necesario realizar cabildeo en las altas esferas del poder, donde los grupos de interés que lograban tener acceso recurrían a la Presidencia de la República y a los secretarios de Estado para posicionar y promover sus temas de interés. En caso de conseguir el aval y apoyo de esos altos funcionarios, sus temas seguían el cauce institucional y sin mayor esfuerzo se resolvían favorablemente en el resto de las instancias públicas.

Lo anterior se ejemplifica en la evolución de los promotores de iniciativas al interior del Congreso de la Unión a lo largo de los años. En el periodo del presidencialismo priista, los legisladores presentaban mucho menos propuestas que en el periodo posterior a la transición democrática, y el Ejecutivo tenía una participación mucho mayor en el desarrollo y promoción de iniciativas de ley. Por ejemplo, en el caso de la Cámara de Diputados, mientras que durante la LII Legislatura (1982-1985) el Ejecutivo presentó 45% de las iniciativas, en la LXI Legislatura (2009-2012) únicamente presentó 0.85%. Asimismo, entre 1997 y 2012 la cantidad de iniciativas presentadas por promotores distintos del Ejecutivo se incrementó en más de 500% (figura 3.2).

---

[163] Gómez Valle, 2006, pp. 83-84.

Figura 3.2. Iniciativas presentadas en la Cámara de Diputados (1982-2012)

	LII 1982-1985	LIII 1985-1988	LIV 1988-1991	LV 1991-1994	LVI 1994-1997
Ejecutivo	139	128	70	84	56
Otros	169	431	224	176	194
Total	308	559	294	260	250
	LVII 1997-2000	LVIII 2000-2003	LIX 2003-2006	LX 2006-2009	LXI 2009-2012
Ejecutivo	36	63	49	42	32
Otros	605	1142	2890	2826	3703
Total	641	1205	2939	2868	3735

Fuente: Casar, 2013.

Cabe resaltar que no cualquiera tenía acceso a las oficinas del Poder Ejecutivo o el privilegio de ser escuchado en estas, y, en algunos casos, para ciertos temas de trascendencia económica, social y política nacional, era el titular de aquel quien cabildeaba al interior de su partido, con legisladores clave y con los principales grupos de interés, privados y sociales, del país.[164] Uno de los grupos que más concesiones obtuvo en esa interacción de alto nivel fue el sector privado, por medio de sus órganos cúpula de representación y de los empresarios más influyentes del país, tal y como lo demuestra una entrevista, de finales de la década de 1980, del politólogo estadounidense Roderic Ai Camp con un empresario mexicano, quien expuso que

> a veces son los grupos empresariales los que se acercan al gobierno [...] y en otras ocasiones es el gobierno el que toma la iniciativa con el sector privado, a través de las cámaras de comercio [...] lo que podría

[164] Reveles Vázquez, 2006, p. 202.

llamarse una situación corporativista, en la que el gobierno y el sector privado están amarrados en cuanto a la representación de intereses. [165]

Esta acción recíproca entre empresarios y Estado se institucionalizó desde 1936 con la Ley de Cámaras de Comercio e Industria, la cual obligaba al sector privado a asociarse en cámaras y confederaciones sectoriales, reconociéndolas como órganos de representación y consulta frente al Estado. No obstante, la relación gobierno-empresarios tuvo momentos de conflicto y distanciamiento, donde estos fueron el grupo de interés que primero se alejó del régimen corporativista priista. Los principales conflictos sucedieron durante los gobiernos de Lázaro Cárdenas, cuando sus políticas de izquierda empujaron al sector privado a conformar la Confederación Patronal de la República Mexicana (Coparmex), y de Luis Echeverría Álvarez, en los años setenta, cuando por razones similares se fundó el Consejo Coordinador Empresarial (CCE).[166]

A lo largo de las décadas, el sistema corporativista del PRI se fue erosionando conforme la sociedad civil se volvió más activa e independiente. Junto con la comunidad empresarial, la cual se convirtió en un contrapeso y redujo el poder del Estado, la evolución social y económica de la década de 1940 generó una sociedad cada vez más urbana, alfabetizada y de clase media que en el futuro se volvería más crítica y exigente ante el actuar del régimen priista.[167] El cambio creciente en el comportamiento político mexicano se fortaleció en los años ochenta, con el surgimiento de nuevos movimientos populares,[168] en especial después de la catástrofe del terremoto de 1985 en la Ciudad de México,

[165] Gómez Valle, 2008, pp. 101-102.
[166] Astié-Burgos, 2011, p. 99.
[167] Chand, 2001, p. 267.
[168] Shirk, 2005, p. 39.

cuando la sociedad comenzó a generar estructuras organizativas sin intermediación del gobierno.[169]

En esa misma década la clase empresarial tomó una actitud más activa frente a la política y comenzó a buscar participación y representación en cargos de elección popular (alcaldías, gubernaturas y legislaturas). Para la década de 1990, los intereses del empresariado mexicano ya estaban presentes de forma directa en diversas instancias de gobierno; por ejemplo, de 1991 a 2004 incrementaron su presencia en el Congreso de la Unión de cerca de 10% a más de 35% del total de la representación legislativa. Es decir, más de la tercera parte de la representación en la Cámara de Diputados y en el Senado correspondía a intereses del sector privado. En el periodo 2000-2006 (legislaturas LVIII y LIX), de los 128 representantes en el Senado, 60 eran o habían sido miembros de los consejos de administración de empresas de diversa naturaleza o habían pertenecido a organizaciones de la cúpula empresarial, como la Cámara Nacional de la Industria de la Transformación (Canacintra), el cce, la Cámara Nacional de Comercio (Canaco), la Coparmex y otras cámaras industriales, ganaderas y agropecuarias. En cuanto a la Cámara de Diputados, en el periodo 2000-2003 (LVIII Legislatura), 154 de sus 500 integrantes tenían relación con organismos empresariales o pertenecían a consejos de administración de diferentes empresas.[170]

A medida que se degastaba el modelo corporativista, cambiaba el modo en que se realizaba el cabildeo. La presión social derivada de varias crisis económicas y políticas, la conformación de una clase media urbanizada, la introducción de las reformas económicas neoliberales de 1980-1990 y el incremento en las expectativas democráticas de la

---

[169] Dworak, 2011, p. 26.
[170] Cárdenas Gracia, 2006, p. 2.

sociedad obligaron al PRI a buscar legitimidad y reformar el sistema político-electoral, con lo que paulatinamente se allanó el camino hacia la transición democrática de México. A finales del siglo XX, surgió un nuevo intento de democratización del sistema político y de ciudadanización de la movilización social. La democratización comprendió la creación y ampliación de canales institucionales para la participación ciudadana en la toma de decisiones públicas así como la transformación de las estructuras, instituciones, relaciones y prácticas políticas. La ciudadanización implicó la transformación de los grupos de interés para priorizar las demandas que confirman su condición de ciudadanos con derechos, y ampliar el uso de recursos para defender y posicionar sus intereses por medio de instituciones establecidas y legales, incluido el cabildeo, los procedimientos administrativos, las campañas de opinión publica, las alianzas electorales, etc.[171] Aunque algunos sectores sociales siguen utilizando otras herramientas, como la movilización social, la protesta, los bloqueos de vías de públicas e incluso las demostraciones de fuerza física, estos son medios que por sí mismos difícilmente consiguen una solución a los problemas planteados, debido a su propio desdén de las instituciones.[172]

Para el siglo XXI, la alternancia política en el Poder Ejecutivo federal dio paso a la democracia así como a una sociedad abierta y de alta competencia política. Ese fenómeno de transición democrática revitalizó la profesionalización y el crecimiento del cabildeo en México, convirtiéndolo en una herramienta cada vez más utilizada por los diversos grupos de interés.

En ese nuevo esquema político e institucional mexicano, los grupos de interés tuvieron que reinventar la manera en que realizaban las

---

[171] Favela Gavia, 2005, pp. 535-536.
[172] Reveles Vázquez, 2006, p. 216.

actividades de cabildeo, pues ya no eran suficientes las fórmulas que habían utilizado en sus alianzas formales para promover y defender sus intereses.[173] Actualmente, aunque la relación con el presidente sigue siendo una importante herramienta de promoción de intereses, el cabildeo necesita diversificarse en otras instancias de decisión de los sectores público, social y privado.[174] Con la erosión del sistema corporativista se terminaron los poderes metaconstitucionales del presidente, y el resto de las instancias públicas comenzaron a tener la injerencia que le conferían sus competencias y facultades legales. En ese contexto democrático de poderes divididos, competencias compartidas e interdependencia institucional, los poderes y órdenes de gobierno representan diferentes oportunidades de influencia y decisión para los grupos de interés. Es decir, como en toda democracia, no hay un solo centro de poder, y los diferentes grupos de interés, incluido el gobierno, interactúan de forma permanente de acuerdo con las instituciones y las reglas democráticas.

La diversificación de los centros de decisión que impactan los intereses de diferentes grupos y sectores se intensificó a partir de la década de 1990, cuando el Estado mexicano, en particular el Ejecutivo federal, inició un proceso de transformación con la creación de nuevas agencias y órganos desconcentrados para regular las actividades de los actores económicos en el mercado; entre ellas, la Comisión Nacional del Agua (Conagua), en 1989; la Comisión Nacional Bancaria y de Valores (CNBV), dotada de autonomía en 1990; la Comisión Reguladora de Energía (CRE), en 1992; la Comisión Federal de Competencia Económica (Cofece), en 1993; la Comisión Federal de Mejora Regulatoria (Cofemer), en 2000; la Comisión Nacional para la Protección y Defensa de los Usuarios de

---

[173] Medina, 2003, "Los retos del cabildeo", suplemento Enfoque, *Reforma*, 31 de agosto de 2003.
[174] Alba Vega, 2006, p. 138.

Servicios Financieros (Condusef), en 2000; la Comisión Federal para la Protección contra Riesgos Sanitarios (Cofepris), en 2001, y la Comisión Federal de Telecomunicaciones (Cofetel, ahora instituto: IFT), en 2004.[175] Lo anterior así como la introducción de nuevos instrumentos reglamentarios para la producción y oferta de bienes y servicios, como las normas oficiales mexicanas (NOM), fue desarrollando y alterando el modo en que los sectores industriales y comerciales realizaban cabildeo ante el Ejecutivo federal, teniendo que recurrir a nuevos organismos autónomos o desconcentrados de la administración pública.

En México el punto de inflexión de la industria del cabildeo ocurrió en 1997, año en que ningún partido político obtuvo la mayoría en la Cámara de Diputados del Congreso de la Unión. En ese momento el Poder Legislativo comenzó a tener relevancia en las decisiones públicas como contrapeso real del Poder Ejecutivo, y los grupos de interés encontraron la oportunidad —más aún, la necesidad— de acercarse al Poder Legislativo para posicionar y defender sus intereses. Desde entonces se ha observado una creciente actividad por parte de grupos de interés en el Congreso de la Unión así como el uso del cabildeo en el marco de otras instancias públicas, sociales y privadas.

Naturalmente, el cabildeo con funcionarios del Poder Ejecutivo permanece vigente, pero después de 1997 ya no se restringía a tener acceso privilegiado al presidente y su gabinete, y diferentes grupos de interés frecuentemente comenzaron a recurrir al Congreso de la Unión para impulsar sus agendas e incluso cabildear en contra de las propuestas presidenciales, algo inimaginable durante el régimen priista. De hecho, para autores como Efrén Elías Galaviz, la primera campaña formal de cabildeo legislativo realizada por grupos de interés no gubernamenta-

---

[175] Ehrman, 2011, pp. 240-241.

les ante legisladores de distintos partidos fue justamente para influir en la propuesta de reforma eléctrica de 1999 del presidente Ernesto Zedillo Ponce de León (1994-2000).[176]

Desde entonces, empresas, cámaras industriales, organizaciones de la sociedad civil, sindicatos, y otros organismos sociales y privados invirtieron recursos en el cabildeo legislativo. Asimismo, se fundaron y proliferaron los despachos de cabildeo, como Estrategia Total, LTG Lobbying, Structural, Grupo de Estrategia Política, Cabildeo y Comunicación, PriceWaterhouse Coopers y Edelman México, entre otros. Estos variaban por sus orígenes y grado de profesionalismo. En algunos casos las compañías se fundaron explícitamente para hacer cabildeo, mientras que en otros, empresas de relaciones públicas y despachos de abogados lo añadieron a su cartera de servicios. Algunos de los despachos que tenían la finalidad exclusiva de ejercer cabildeo fueron creados por ex funcionarios públicos que aprovecharon sus contactos y conocimiento del *modus operandi* gubernamental y de los medios.

Actualmente sigue variando el grado de profesionalismo en la oferta de servicios de cabildeo existente en el mercado mexicano así como al interior de las cámaras, empresas y organizaciones de la sociedad civil que cuentan con áreas dedicadas a dicha actividad. En el ecosistema del cabildeo mexicano conviven profesionales que combinan un cabildeo sustantivo y adjetivo, capaces de desarrollar propuestas técnicamente sólidas e implementarlas ética y eficientemente, con cabilderos temporales que sustentan su trabajo en compadrazgos políticos, tráfico de influencias y otras modalidades que ensucian la profesión. No obstante, debido a que algunos profesionales han hecho esfuerzos de autorregulación y promoción de la actividad, en general esta se ha profesionalizado en los sectores privado y social, y cada vez más se

---

[176] Galaviz, 2006, p. 71.

ha asimilado al cabildeo que se realiza en democracias avanzadas como las de Estados Unidos y Europa.

Los sectores privado y social no fueron los únicos que emprendieron, profesionalizaron y sistematizaron sus actividades de cabildeo en el Poder Legislativo a partir de 1997; el Ejecutivo federal también se vio en la necesidad de rectificar el modo en que se relacionaba con el Congreso de la Unión, donde, para impulsar reformas y políticas públicas, se ha vuelto imprescindible generar consensos entre los partidos políticos. Para ello, en 1998, con el entonces secretario de Gobernación Francisco Labastida, en las dependencias federales se crearon áreas de enlace legislativo que tienen como responsabilidad la relación con el Congreso de la Unión. En 2003 el secretario de Gobernación Santiago Creel centralizó y unificó esas actividades en la Subsecretaría de Enlace Legislativo a su cargo.[177] Durante la administración de Felipe Calderón Hinojosa (2006-2012), las dependencias realizaban su cabildeo con el Poder Legislativo de forma independiente, y, en algunos casos estratégicos para el gobierno, el equipo de la Secretaría de Hacienda y Crédito Público (SHCP) unificaba dichas actividades. Posteriormente, con el presidente Enrique Peña Nieto (2012-2018), las relaciones con el Congreso de la Unión volvieron a estar coordinadas por la Secretaría de Gobernación, entonces al mando de Miguel Ángel Osorio Chong, y el subsecretario de Enlace Legislativo, Felipe Solís Acero.

Aunque los gobiernos en turno han utilizado diferentes estrategias y modelos organizativos para su relación con el Poder Legislativo, ha habido múltiples esfuerzos fallidos por conseguir consensos, y el Congreso de la Unión ha rechazado o modificado sustancialmente diversos proyectos enviados por el presidente. Este, para promover sus asuntos legislativos, ha tenido que aprender a superar los obstáculos

---

[177] Ehrman, 2011, pp. 240-241.

de un Congreso sin mayorías. En el proceso, importantes propuestas se han desechado, como los casos de las reformas al sector eléctrico de Zedillo o el programa de reformas estructurales (energética, hacendaria y laboral) de Vicente Fox Quesada (2000-2006).[178] Mientras que Calderón sufrió la misma suerte con varias de sus reformas, después de procesos de negociación complejos Peña Nieto logró la aprobación de algunas de sus reformas estructurales (laboral, energética, de competencia económica, de telecomunicaciones, hacendaria, financiera, educativa y político-electoral), debido principalmente a la firma de un acuerdo con los principales partidos políticos (PAN y PRD) previo a su toma de posesión: el Pacto por México, que en el Congreso de la Unión le dio sustento al consenso para impulsar y aprobar sus propuestas legislativas.

De forma similar a lo hecho por el Ejecutivo federal, los gobiernos de cada entidad también se han visto en la necesidad de realizar actividades de cabildeo en el Congreso federal para influir en las decisiones que afectan sus intereses, como pueden ser asuntos en materia de federalismo fiscal, seguridad, designaciones presupuestales, competencias y reformas constitucionales, etc. Este cabildeo lo realizan de forma individual o en ocasiones colegiada. Para ello, en 2002 los gobernadores de las entidades federativas fundaron la Conferencia Nacional de Gobernadores (Conago) como órgano institucional para promover una nueva relación de respeto y colaboración entre los órdenes de gobierno (federal y estatal), lograr un mayor equilibrio y mejor distribución de las potestades que corresponden a estos, impulsar el federalismo y el fortalecimiento de las entidades federativas, y diseñar y proponer programas de diversas materias de interés común.[179]

[178] Galaviz, 2006, p. 68.
[179] Véase conago.org.mx.

Por medio de ese órgano, en un frente común y multipartidista, se representan los intereses colectivos de las entidades federativas ante otros poderes públicos.

La transición democrática no solo "independizó" al Poder Legislativo del Ejecutivo federal, y revitalizó el cabildeo de los grupos de interés y el gobierno en el Congreso de la Unión, sino también ha obligado a los legisladores a interactuar, escuchar y cabildear ante otros sectores con el fin de sustentar y legitimar sus procesos de decisión. La liberación en la vida política nacional creó las condiciones para que distintos grupos manifiesten sus propuestas, fijen posiciones políticas y establezcan planes de acción en torno de la discusión de las leyes, de modo que las fracciones parlamentarias tomen en consideración las propuestas de grupos de interés en los momentos de deliberar y formular reformas legislativas, lo que contribuye a crear una nueva institucionalidad y a democratizar el Congreso de la Unión. En ese contexto, para legitimar sus decisiones los legisladores en ocasiones han tenido que recurrir a los grupos, conseguir el apoyo y validación de los afectados, y allegarse información técnica para la deliberación de asuntos complejos.[180] Como en toda democracia, diputados y senadores, además de representar intereses legítimos de su electorado, deben ampliar su interacción y negociaciones con otros grupos de interés sobre los que repercuten sus decisiones. Ese cabildeo se realiza no solo con los sectores privado y social sino también con los gobiernos federal y estatales, cuyas decisiones afectan los intereses y proyectos de los legisladores; por ejemplo, el veto o publicación por parte del presidente de las reformas legislativas aprobadas, la facultad del Ejecutivo federal para emitir reglamentos de las leyes aprobadas o

---

[180] Reveles Vázquez, 2006, p. 199.

la necesaria aprobación de los congresos locales de reformas constitucionales que avala el Congreso de la Unión.

Junto con la evolución del cabildeo al interior del país, cabe resaltar
el realizado por el gobierno federal internacionalmente. El Ejecutivo federal comenzó a llevar a cabo planes y acciones de cabildeo no solo en
México, sino, reconociendo su necesidad y utilidad, también lo ha hecho, fuera de los canales diplomáticos y con apoyo de despachos locales
especializados, con los gobiernos de otros países.

Una experiencia notable fue el uso de despachos de cabildeo estadounidenses en el marco de la negociación del Tratado de Libre Comercio de América del Norte (TLCAN). A lo largo del proceso, la administración
de Carlos Salinas de Gortari (1988-1994) contrató un grupo de cabilderos para negociar con los congresos y los Ejecutivos de Estados Unidos y
Canadá. En el caso de Washington, dos de las empresas de cabildeo con-
tratadas fueron Burson-Marsteller y Shearman & Sterling, que recibie-
ron del gobierno mexicano, en un lapso de tres años, US$11,000,000 y
US$7,000,000 en honorarios respectivamente.[181] Para la renegociación
del TLCAN en 2017, el gobierno mexicano nuevamente se ha apoyado en
cabilderos de Estados Unidos, como Justin McCarthy, con vínculos con
el Partido Republicano, y Scott Parven, abogado relacionado con los legisladores demócratas.[182]

3.3. LOS ACTORES DEL CABILDEO EN MÉXICO

Como en el resto del mundo, el cabildeo en México ha demostrado, junto con otras formas legítimas y legales de participación ciudadana, ser

---

[181] Lerdo de Tejada y Godina, 2004, pp. 98-101.
[182] Michel, 2017, s. p.

clave para el desarrollo de la democracia. Desde la transición democrática mencionada, esa actividad ha evolucionado, y ha tomado mayor relevancia en el sistema político, como herramienta de incidencia y participación ciudadana en los procesos tanto legislativos como de diseño de políticas públicas y de conformación de la agenda pública. El deterioro del sistema presidencialista metaconstitucional y la consolidación de otros centros de decisión pública generaron que los grupos de interés buscaran influir de forma más activa en las decisiones públicas, con el fin de que se consideraran sus necesidades y opiniones. Hoy por hoy, en México el cabildeo es utilizado por diversos actores públicos, sociales y privados con el propósito de cumplir con sus objetivos institucionales, satisfacer sus necesidades y posicionar sus intereses en las agendas pública y gubernamental.

Los grupos de interés que actualmente ejercen cabildeo en México incluyen desde representantes de los sectores privado y social, como organizaciones patronales, sindicales y civiles, grupos universitarios, grandes empresas, representantes de ramas industriales y comerciales, intermediarios financieros, inversionistas nacionales y extranjeros, hasta representantes del sector público, como dependencias gubernamentales responsables de promover los intereses del Ejecutivo federal o diversas instancias de los gobiernos de las entidades federativas.

Probablemente el actor más reconocido como cabildero activo es el sector privado. Quienes lo representan realizan sus actividades de cabildeo de forma directa o por medio de organizaciones empresariales. En el primer caso, las grandes empresas nacionales y extranjeras, que antes basaban su cabildeo en contactos directos con el presidente de la República y su gabinete, ahora se han percatado de la necesidad de contar con equipos profesionales de cabildeo propios, que les permitan reaccionar eficientemente y cabildear ante las diferentes instancias públicas y sociales. Por ello en los últimos años grandes empresas como Cemex, Vitro, Grupo Modelo, Televisa, Televisión Azteca, Teléfonos de

México, Philip Morris o Pfeizer, entre otras, han creado direcciones de relaciones institucionales con personal calificado en el campo técnico y en el político.[183]

Otra modalidad de cabildeo por parte del sector privado es por medio de las organizaciones empresariales, las cuales han demostrado ser un eficaz instrumento para tutelar sus intereses colectivos y sectoriales. El establecimiento de las organizaciones patronales se encuentra regulado por la Ley de Cámaras Empresariales y sus Confederaciones, la cual establece su naturaleza y objeto. Esta reconoce a los órganos cúpula del sector privado como instituciones de interés público, autónomas, con personalidad jurídica y patrimonio propios, sin fines de lucro y sin posibilidad de realizar actividades religiosas o partidistas. Asimismo, establece que tendrán como objetivos:

1. Representar y defender los intereses generales del sector correspondiente;
2. Ser órgano de consulta y colaboración del Estado para el diseño y ejecución de políticas públicas;
3. Promover las actividades de sus empresas afiliadas;
4. Defender los intereses particulares de las empresas afiliadas;
5. Actuar como árbitros respecto de actos relacionados con las actividades comerciales o industriales respectivas;
6. Establecer relaciones de colaboración con instituciones del extranjero afines;
7. Diseñar procedimientos para la autorregulación de grados de calidad, y
8. Coadyuvar a la unión y desarrollo de las cámaras, entre otros.[184]

---

[183] Alba Vega, 2006, p. 142.
[184] Ley de Cámaras Empresariales y sus Confederaciones.

Como puede verse, esas organizaciones son reconocidas como grupos de interés en el sentido más amplio de la palabra, y se definen como instituciones de interés público con la facultad de agrupar empresas de un mismo sector industrial o ramo comercial, con el fin de representar y defender sus intereses. Más importante aún, su actividad de promoción de intereses a través del cabildeo queda reconocida legalmente por la mencionada ley de cámaras, en tanto que, por las razones expuestas en el inciso *b*, son catalogadas como órganos de colaboración con el gobierno.[185]

El principal órgano cúpula del sector privado mexicano es el CCE, que se creó en 1976 para agrupar, representar y defender sus intereses, coordinar las actividades de todos los organismos empresariales y actuar como su vocero y como puente con el gobierno. En su calidad de órgano de representación máximo, el CCE agrupa diversas cámaras y organismos sectoriales, como la Confederación de Cámaras Industriales (Concamin); la Confederación de Cámaras Nacionales de Comercio, Servicios y Turismo (Concanaco-Servytur); la Coparmex; el Consejo Mexicano de Negocios (CMN); la Asociación de Bancos de México (ABM); el Consejo Nacional Agropecuario (CNA) y la Asociación Mexicana de Instituciones de Seguros (AMIS). Cuenta también con organismos invitados permanentes, como la Cámara Nacional de Comercio de la Ciudad de México (Canaco-CDMX); la Canacintra; la Asociación Mexicana de Intermediarios Bursátiles (AMIB); el Consejo Mexicano de Comercio Exterior, Inversiones y Tecnología (Comce), y la Asociación Nacional de Tiendas de Autoservicio y Departamentales (ANTAD).[186]

Otro actor dentro del sector privado son los despachos especializados que ofrecen sus servicios profesionales en materia de cabildeo, los

---

[185] Del Rosal y Hermosillo, 2008, pp. 152-153.
[186] Véase www.cce.org.mx.

cuales se han multiplicado conforme se ha incrementado la necesidad y la práctica de esta actividad en el transcurso de la transición democrática mexicana. Destacados políticos y abogados, como exfuncionarios o exlegisladores, han aprovechado sus conocimientos del entramado político para fundar despachos especializados en la materia, como Estrategia Total, de Fernando Lerdo de Tejada y Eduardo Escobedo, o Grupo Estrategia Política, de Gustavo Almaraz, a los cuales se han sumado agencias de relaciones públicas y empresas consultoras internacionales, como Burston Marstellers, Zimat y PriceWaterhouse, para crear direcciones de relaciones gubernamentales y cabildeo.

En el año 2000 esos despachos especializados, junto con algunas empresas con áreas de cabildeo dentro de su estructura organizacional, se agruparon y conformaron la Asociación Nacional de Profesionales del Cabildeo, A. C. (Procab). Fundada sin fines de lucro, tiene el objeto de promover el desarrollo del cabildeo en el marco de prácticas profesionales con principios éticos. Para ello, sus miembros se adhieren a un código de ética en el que están definidos como principios del ejercicio el respeto a la ley y la transparencia.[187]

Por otro lado, el deterioro del sistema corporativista implantado por el PRI obligó al sector social a abandonar sus hábitos tradicionales y utilizar las herramientas del cabildeo moderno. En ese sector podemos encontrar organizaciones de la sociedad civil, sindicatos, asociaciones religiosas, organismos académicos, entre otros. Por su naturaleza social, corporativa y gremial, los actores del sector social realizan sus actividades de cabildeo con base en la persuasión y la presión política, que les permiten su poderío grupal. Asimismo, este tipo de agrupaciones suelen contar con legisladores entre sus filas, por lo que en muchas oca-

---

[187] Véase procab.mx.

siones ejecutan el cabildeo también desde el interior del propio Congreso de la Unión u otras instancias públicas.[188]

Como se mencionó anteriormente, el reacomodo institucional de las últimas décadas así como los cambios sociales y económicos también han obligado al sector público a implementar nuevas técnicas de cabildeo. Las instancias de cabildeo del Ejecutivo federal tienen como objeto proteger los intereses y promover las iniciativas del presidente en sus respectivas áreas de competencia así como proveer de información técnica a los legisladores en los procesos de toma de decisiones.[189] Este nuevo esquema de relación entre los poderes Ejecutivo y Legislativo es aún más visible en los periodos de aprobación del paquete económico anual, en los cuales las dependencias del Ejecutivo, principalmente la SHCP, enfocan buena parte de sus recursos técnicos y humanos en cabildear el proceso de discusión, análisis y aprobación del Presupuesto de Egresos de la Federación (PEF) en el Congreso de la Unión.

En ese mismo marco así como en otros procesos de decisión pública cabe destacar las acciones de cabildeo realizadas por otro actor importante del sector público: los gobiernos estatales. Además de las relaciones con los congresos locales, año con año los gobiernos de las 32 entidades federativas del país ejercen acciones de cabildeo con los poderes Ejecutivo y Legislativo federales, con el fin de conseguir recursos presupuestales y obras federales que se disputan entre sí. Para ello, los gobernadores de las entidades federativas hacen uso de los legisladores de sus partidos, de modo que en el proceso de aprobación del PEF se destinen mayores recursos a sus estados.[190]

De forma similar, y con el mismo objetivo, los gobiernos de los más de 2,400 municipios del país se han reunido en diversas agrupaciones,

[188] Del Rosal y Hermosillo, 2008, pp. 167-168.
[189] Gómez Valle, 2006, pp. 108 y 112.
[190] Del Rosal y Hermosillo, 2008, pp. 135 y 140.

como por ejemplo: la Federación Nacional de Municipios de México (Fenamm), la Conferencia Nacional de Municipios de México (Conamm), la Asociación de Presidentes Municipales del Sur de México, A. C., la Asociación de Presidentes Municipales del Norte de México, A. C., la Asociación de Presidentes Municipales del Centro de México, A. C., la Asociación de Alcaldes de Acción Nacional, A. C. (ANAC), la Asociación de Autoridades Locales de México, A. C., la Asociación de Presidentes Municipales Petistas, la Asociación de Municipios de México, A. C., la Asociación de Municipios del Distrito de Ixtlán de Juárez, Oaxaca, y la Asociación Nacional de Ciudades Mexicanas del Patrimonio Mundial, A. C.[191]

Por último, entre los actores del sector público que realizan acciones de cabildeo se encuentra el Poder Judicial de la Federación (PJF), el cual incluso cuenta con una oficina de enlace y seguimiento de las actividades del Congreso. Como es de esperarse, el Poder Judicial tiene especial interés en las actividades legislativas del Congreso de la Unión, en las que en ocasiones intenta incidir. Prueba del cabildeo realizado por el PJF es la promoción realizada desde hace varios años con objeto de obtener el derecho de iniciar leyes en materia judicial y de funcionamiento interno de los órganos judiciales.[192]

3.4. CONCLUSIONES

El cabildeo existe desde que el ser humano comenzó a vivir en sociedades organizadas de forma estructural y jerárquica, donde la competencia entre los diferentes intereses individuales y grupales obligaba a los grupos de interés a recurrir, para proteger sus intereses u obtener algún be-

[191] *Ibidem*, p. 143.
[192] *Idem.*

neficio sobre el resto, a quien poseía cierta autoridad. En otras palabras, en las antiguas civilizaciones y ciudades los grupos sociales cabildeaban ante los poderes institucionales y otros grupos de interés.

Con el tiempo, de acuerdo con los cambios sociales, económicos, políticos y tecnológicos, el cabildeo moderno se ha institucionalizado, sistematizado y profesionalizado. Hoy en día es una actividad profesional comúnmente utilizada (y necesaria), principalmente en democracias avanzadas, ampliamente rentable en muchos países.

En México la transición democrática significó el inicio de una nueva etapa histórica para el cabildeo. La alternancia política en los poderes de la Unión y los tres órdenes de gobierno revitalizó la profesionalización y el crecimiento de esa industria, fomentando su uso como herramienta de incidencia y participación ciudadana en los procesos legislativos, de diseño de políticas públicas y de conformación de la agenda pública. Así, dejó atrás un sistema corporativista, un presidencialismo metaconstitucional y centralista, y los grupos de interés reinventaron la forma de relacionarse con los tomadores de decisión y otros grupos de interés en las diferentes esferas de poder y decisión. Actualmente, el cabildeo ha demostrado ser una herramienta muy útil en un contexto democrático de poderes divididos, competencias compartidas e interdependencia institucional, donde los poderes y órdenes de gobierno representan diferentes oportunidades de influencia y decisión para los grupos de interés.

En el México de hoy en día el cabildeo, en un proceso de profesionalización y prestigio, se utiliza y respeta cada vez más como herramienta de participación ciudadana, con beneficios para la gobernanza y la gobernabilidad democráticas. Como en el resto del mundo, el cabildeo es practicado por los sectores privado, social y público, partiendo desde organizaciones patronales y sindicales, organizaciones civiles, grupos universitarios, grandes empresas, representantes de ramas industriales y comerciales, intermediarios financieros, inversionistas nacionales y extranjeros, hasta representantes del sector público, como las dependencias gubernamentales responsables de promover los intereses del Ejecutivo federal o diversas instancias de los gobiernos de las entidades federativas.

4

La regulación del cabildeo

Como resultado de la evolución del cabildeo y de su uso cada vez más frecuente como herramienta de participación ciudadana, hoy en día este constituye una práctica global de amplio interés público, debido a su importancia para la gobernabilidad democrática y a su impacto en la agenda pública. Por ello, en las últimas décadas la regulación del cabildeo por diferentes instrumentos jurídicos, la cual reconoce su importancia y los posibles vicios en la práctica, se ha vuelto un tema permanente en la mayoría de las agendas políticas y ciudadanas.

Al ser una actividad tan relevante en las sociedades modernas, organismos internacionales y legisladores ponen cada vez más atención en la necesidad de regularla. Esto es particularmente esencial, pues la carencia de una regulación adecuada puede demeritar los aspectos positivos del cabildeo y ofrecer la oportunidad de que se comentan actos ilícitos, como el tráfico de influencias y los actos de corrupción, o el dominio excesivo e ilegal de un grupo de interés en particular, lo que dañaría negativamente a la democracia.

Desarrollar e implementar una regulación del cabildeo ha demostrado en la experiencia internacional ser una tarea complicada por

tratarse de un tema complejo y políticamente sensible. En algunas ocasiones se reconoce el cabildeo como fuente de información para el diseño de políticas públicas, herramienta de participación ciudadana y vía
para que las minorías posicionen sus intereses en la agenda pública. No
obstante, otras veces el cabildeo conlleva una connotación negativa,
ya que la complejidad de la interacción entre grupos de interés y funcionarios públicos así como la falta de transparencia en los procesos de
decisión generan redes de corrupción y de tráfico de influencias, amén
de otros actos ilícitos. Consecuentemente, es necesario reconocer la legitimidad de la actividad, y establecer las normas y condiciones para su
correcto desarrollo.[193]

En el caso de México, el cabildeo se reguló formalmente en 2010,
cuando se reguló dentro de los reglamentos internos de las cámaras
del Congreso de la Unión, lo cual sumó a una regulación dispersa de la
actividad por medio de normas en diferentes ordenamientos jurídicos.
Sin embargo, esta regulación aún es perfectible. La práctica del cabildeo
en sentido amplio requiere una regulación que genere certeza jurídica, otorgue derechos, asigne responsabilidades, establezca sanciones,
transparente la actividad, fomente la participación ciudadana y evite
vicios como el tráfico de influencias y la corrupción.

4.1. LOS PRIMEROS INTENTOS DE REGULACIÓN EN MÉXICO

Tal y como sucedió en muchos otros países, en México una serie de es-
cándalos evidenció la necesidad y urgencia de regular el cabildeo. Junto
con la pluralidad de la composición del Congreso y su creciente capacidad para tomar decisiones, las acusaciones de tráfico de influencias
y corrupción en la interacción entre grupos de interés y legisladores

---

[193] Cocirta, 2007, p. 1.

han sido factores que fomentaron la discusión sobre la legitimidad del cabildeo y acerca de sus primeras propuestas de regulación.

Como en toda actividad humana, en la interacción entre actores públicos, privados y sociales pueden darse casos en que se desvirtúe la naturaleza democrática de las funciones legislativas y administrativas, y se revelen vicios e incompatibilidades que causan conflictos de interés, tráfico de influencias, uso de información privilegiada y otras prácticas ilícitas. Actualmente esas funciones se regulan en cuanto a su incompatibilidad con el ejercicio de otros cargos públicos o privados, pero no así respecto de la incompatibilidad de los cargos en relación con los poderes informales. El cabildeo con frecuencia se desvirtúa: así sucede cuando quien lo lleva a cabo se propone, además de influir en los tomadores de decisiones, recurrir al soborno e incluso a amenazas de desprestigio político.[194]

En 2005 las acusaciones del senador panista Miguel Ángel Toscano en contra de las tabacaleras Philip Morris, British American Tobacco y Japan Tobacco constituyeron uno de los casos de corrupción más sonados en el Congreso de la Unión. En su alegato, el legislador acusó a las empresas de "comprar conciencias" para evitar un aumento al impuesto a los cigarros, cuyos ingresos fiscales se destinarían a compensar los altos gastos del gobierno federal en enfermedades derivadas del tabaquismo. Al respecto, en 2010 el Centro de Investigación y Docencia Económicas (CIDE) publicó el informe *Identificación de las estrategias de la industria tabacalera en México*, el cual puso al descubierto los diversos métodos, legales e ilegales, que ese sector realizaba para impedir que se diera cumplimiento a los compromisos adquiridos por el gobierno mexicano como parte del Convenio Marco de la Organización Mundial de la Salud para el Control del Tabaco. Entre las estrategias identificadas se

[194] Astié-Burgos, 2011, p. 121.

incluyeron tanto acciones para posicionar la industria como empresas socialmente responsables como amenazas de retirar sus inversiones en el país o de reducir la contratación de trabajadores y la invitación de viajes con todo pagado para legisladores.[195]

Por otra parte, se ha cuestionado a los legisladores que litigan contra el Estado, a aquellos que a través de sus empresas de consultoría brindan servicios de cabildeo, a los que reciben beneficios de empresas y a los que representan los intereses de los medios de comunicación, y se ha señalado a exlegisladores que constituyen empresas de cabildeo una vez concluido su mandato y utilizan su conocimiento del Congreso para representar intereses particulares que no siempre coinciden con los intereses generales.[196]

Desde 2002 se han presentado al Congreso de la Unión diversas iniciativas de legislación para regular la actividad. Mientras que algunas proponían para ello elaborar una ley específica, otras planteaban hacerlo mediante una reforma a la Ley Orgánica del Congreso o del Reglamento para el Gobierno Interior del Congreso.

En general, todas las iniciativas subrayaban la necesidad de regular la materia, establecer mecanismos de control para legisladores y cabilderos, así como promover y transparentar la participación de la ciudadanía en la toma de decisiones públicas. En suma, destacaban las siguientes propuestas:[197]

- Reconocer el cabildeo como actividad profesional y lícita.
- Definir el cabildeo como una actividad realizada por personas físicas o morales tendente a promover o influir, de manera lícita, en las decisiones legislativas o administrativas, así como a defi-

---

[195] *Ibidem*, p. 122.
[196] Cárdenas Gracia, 2006, p. 2.
[197] Ganado Guevara, 2011, p. 44.

nir los sujetos activos y pasivos, y establecerles obligaciones y responsabilidades.

- Fijar normas para el ejercicio transparente de la actividad ante los poderes Legislativo y Ejecutivo federal.
- Desarrollar un registro de cabilderos en las cámaras del Congreso de la Unión que contenga información básica, como datos de los cabilderos y de sus clientes, temas de interés, comisiones legislativas que se pretende cabildear y remuneraciones percibidas por los servicios profesionales correspondientes.
- Imponer sanciones a las acciones ilícitas, desde multas económicas hasta la suspensión temporal o definitiva del registro.
- Crear un código de ética con estándares mínimos de profesionalismo y honestidad.
- Regular y controlar cualquier tipo de comunicación o interacción entre servidores públicos y representantes de los grupos de interés.
- Prohibir actividades de cabildeo a servidores públicos durante el ejercicio de sus funciones y aun hasta un tiempo considerable después de haber terminado su encargo, así como a sus cónyuges y parientes por consanguinidad y afinidad hasta en segundo grado.
- Establecer la obligación de presentar un informe semestral de las actividades de cabildeo ejercidas por los cabilderos o recibidas por los funcionarios públicos.

Entre las iniciativas presentadas cabe mencionar las promovidas por César Jáuregui Robles (Partido Acción Nacional, PAN) en 2001, Efrén Leyva Acevedo (Partido Revolucionario Institucional, PRI) en 2002, Cristina Portillo Ayala (Partido de la Revolución Democrática, PRD) en 2004, Antonio Morales de la Peña y Federico Döring Casar (PAN) en 2004, Fidel Herrera Beltrán (PRI) en 2004, Alejandro Murat Hinojosa (PRI) en 2005 y Sara Isabel Castellanos (Partido Verde Ecologista de México, PVEM) en

2006. En las propuestas, como se verá más adelante, existen coinciden-
cias y diferencias.[198]

Las diferentes propuestas incluyen definiciones sobre cabildeo; algunas delimitan los conceptos de "promoción" o "gestión" de causas,
con diferencias, como el caso de Leyva, que distingue dichas figuras de
la de cabildeo, ya que no son actividades profesionales remuneradas,
sino movilizaciones de la sociedad con el fin de influir en las decisiones públicas. Por otro lado, está el caso de Morales-Döring, dupla que
las equipara con el cabildeo en tanto que las expone como la promoción
con fines de lucro de intereses particulares. En cuanto a la definición de
cabildero, cuatro de las propuestas (Leyva, Portillo, Morales-Döring y
Murat) establecen que se trata de toda persona física o moral, nacional
o extranjera, que promueve intereses particulares.[199]

En específico, las propuestas de Leyva y de Morales-Döring fueron las
únicas que consideraron esas actividades profesionales remuneradas llevadas a cabo en representación de terceros. El resto de las iniciativas no
incluye el requisito del pago de servicios. Adicionalmente, las propuestas
de Leyva y de Castellanos diferencian de manera expresa el cabildeo ante
el Poder Legislativo de aquel que se realiza ante el Poder Ejecutivo.

Por otro lado, las propuestas precisan los objetivos de la regulación con variaciones en su alcance y ámbito. Proyectos como el de
Leyva proponen regular las actividades de cabildeo solo cuando sean
remuneradas y ante el Legislativo, mientras que propuestas como la
de Castellanos incluyen las acciones de particulares, sin requerir remuneración, tanto ante el Poder Legislativo como ante el Ejecutivo.
De manera paralela, Portillo plantea como objetivos encauzar la influencia de los grupos de interés para que motiven acciones públicas

[198] Sistema de Información Legislativa, Segob, 2018, sil.gobernacion.gob.mx.
[199] Mascott Sánchez, 2008, pp. 20-22.

y se transparenten las acciones de cabildeo. Por su parte, las propuestas de Murat y de Morales-Döring demandan hacer del conocimiento público la identidad, las actividades, las causas y los intereses legítimos de los cabilderos.[200]

Las iniciativas varían también en cuanto a qué se debe considerar como actividades de cabildeo y la forma en que deben realizarse. Enumeran, a excepción de la propuesta de Leyva, las actividades que no se considerarán como cabildeo. Por ejemplo, Castellanos excluye las actividades de los funcionarios del Ejecutivo ante el Congreso, y Portillo omite otras actividades, como la difusión de noticias para informar a los ciudadanos, las expresiones de servidores públicos en el ejercicio de sus funciones, los discursos y publicaciones para el público en general y las solicitudes de información. Paralelamente, las propuestas de Portillo y de Murat norman la obligación de los legisladores de presentar informes semestrales sobre los contactos de cabildeo, y prevén requisitos para las comunicaciones orales y escritas de cabilderos con servidores públicos, con la obligación de que toda comunicación incluya los datos del cabildero, el nombre de su cliente y los temas por tratar. La propuesta de Murat establece, además, que las comunicaciones de los cabilderos contendrán los objetivos o pretensiones de sus actividades. Por su parte, la que hacen Morales-Döring fija un mecanismo institucional para la realización de las actividades, de manera que los promotores soliciten los contactos a través de un registro y por esa vía se informe a los servidores públicos de las solicitudes. Por su parte, las propuestas de Leyva y de Castellanos no contienen disposiciones sobre las actividades y contactos de cabildeo ni regulan la forma en que deben registrarse o conducirse. Como punto en común, todas las iniciativas prohíben la

---

[200] *Ibidem*, p. 23.

entrega u ofrecimiento a los servidores públicos tanto de pagos o beneficios en dinero o especie como de servicios de cualquier naturaleza.[201]

En cuanto a la especificación de los sujetos activos y pasivos del cabildeo, Portillo, Morales-Döring y Murat enumeran como estos últimos: a los organismos y funcionarios del Poder Legislativo, incluidos los diputados y senadores en lo individual; a las comisiones ordinarias, especiales y de investigación, y a los comités y grupos de trabajo en ambas cámaras del Congreso de la Unión. De forma similar, Leyva y Castellanos establecen que, en el Poder Ejecutivo, son sujetos pasivos la Presidencia, sus organismos y dependencias descentralizadas. De forma paralela, las propuestas incluyen una lista de personas que no podrán ejercer cabildeo, como, por ejemplo, aquellas condenadas judicialmente por delitos dolosos y los individuos inhabilitados para ejercer cargos públicos. Asimismo, las propuestas de Portillo, Morales-Döring y Murat suman a esta lista a los servidores públicos durante el ejercicio de sus funciones y aun hasta dos años después de haber concluido su encargo, así como a sus cónyuges y parientes por consanguinidad y afinidad hasta en segundo grado.[202]

Acerca de la creación de un registro de cabilderos, la mayoría de las propuestas coinciden, aunque con variaciones en sus alcances, objeto, requisitos, temporalidad y dependencia responsable. Por ejemplo, Leyva propone la creación del Registro Público Nacional de Servicios Profesionales de Cabildeo, a cargo del Poder Ejecutivo, el cual incluye dentro de este una sección legislativa, cuya integración y actualización estaría a cargo del Congreso de la Unión; y Murat, de forma similar, la formación del Registro Nacional de Transparencia sobre Cabildeo y Gestión de Causas, formado por las secciones del Poder Ejecutivo y del Congreso de la Unión. En ese sentido, para Portillo son necesarios tres registros

---

[201] *Ibidem*, pp. 24 y 29.
[202] *Ibidem*, pp. 24 y 25.

públicos diferentes (el de Cabildeo del Poder Ejecutivo, el de la Cámara de Diputados y el de la Cámara de Senadores), aunque no especifica las dependencias responsables de su administración. Por su parte, Castellanos propone dos registros (uno para el Poder Ejecutivo, a cargo de la Secretaría de Gobernación, y otro para el Legislativo, creado por las mesas directivas de las cámaras). Por último, Morales-Döring no especifican la cantidad de registros, pero sí proponen un registro público, a cargo del órgano del poder en el que ocurra el cabildeo.

En cuanto a los requisitos para formar parte de los registros, algunas iniciativas detallan el tipo de información que deberán proporcionar los cabilderos en su solicitud de inscripción, ya sean personas físicas (nombre, dirección y documentos de identidad personal) o morales (razón social, objeto, domicilio social, acta constitutiva, etc.). Hay quienes proponen, adicionalmente, que la solicitud de registro incluya los datos sobre los clientes que se representan así como los honorarios percibidos, los gastos y las regalías derivadas de cada contrato, la contabilidad general de las firmas profesionales y una lista de publicaciones y actividades.[203]

Algunas iniciativas, como las de Portillo, Murat y Morales-Döring, proponen establecer la obligación de emitir informes semestrales de las actividades de cabildeo. En ese sentido, esas tres propuestas concuerdan en la mayoría de los datos que debe contener el informe: la actualización de informes anteriores, las altas y bajas de los clientes, los nombres de los funcionarios contactados y los medios utilizados para hacerlo, los temas de interés y tratados, los ingresos y egresos de los cabilderos por sus actividades, y los objetivos de las acciones de cabildeo. Del mismo modo, coinciden en que los informes no deberán incluir información confidencial sobre sus clientes, pero sí el objetivo de

---

[203] *Ibidem*, pp. 26 y 27.

la interlocución. De igual forma, se establece que los servidores públicos que hayan sido objeto de actividades de cabildeo deberán presentar dos informes anuales ante las autoridades del registro respectivo, con datos como la agenda de reuniones con cabilderos, con nombre, lugar, fecha, hora y objeto de la reunión.[204]

Por último, las propuestas incluyen sanciones para cabilderos y servidores públicos que violen las disposiciones establecidas en sus proyectos, las cuales van desde las económicas y penales o administrativas que correspondan, según la falta cometida, hasta la pérdida del registro e inhabilitación para ejercer servicios de cabildeo ante el Ejecutivo y el Legislativo. Las propuestas de Portillo y Murat establecen penas para los cabilderos que entreguen información falsa, ejerzan sus actividades sin la licencia u ofrezcan regalos o prebendas a servidores públicos, las cuales consisten en la cancelación de la licencia, la prohibición de inscribirse en el registro por un determinado tiempo o la imposición de multas de hasta 5,000 salarios mínimos, así como posibles sanciones civiles y penales. Respecto de los servidores públicos, de acuerdo con las propuestas de Leyva, Portillo, Morales-Döring y Murat, serán sujetos de responsabilidad administrativa quienes soliciten o reciban, para sí o para terceros, el pago de bienes en dinero, especie o servicios de cualquier índole, manipulen la información proporcionada por cabilderos, y actúen con dolo en la atención de solicitudes de información sobre el cabildeo. En el mismo sentido, Castellanos estipula de manera general que las penas para servidores serán las establecidas en las leyes federales de Responsabilidades de los Servidores Públicos y la de Procedimiento Administrativo, así como en el Código Federal de Procedimientos Civiles.[205]

---

[204] *Ibidem*, pp. 30 y 31.
[205] *Ibidem*, pp. 32-34.

4.2. EXPERIENCIAS DE REGULACIÓN INTERNACIONALES

Los esfuerzos de regulación del cabildeo en México a inicios del siglo xxi se basaron en gran medida en experiencias internacionales; en las últimas dos décadas se ha vuelto un tema permanente en la mayoría de las agendas políticas y ciudadanas. Hoy en día, el cabildeo es una práctica global y de interés público, con regulaciones cada vez más claras en diferentes países y reconocimiento tanto de su importancia como de los eventuales vicios en torno de su desarrollo en los sistemas democráticos. Muestra de ello es el incremento en el número de países miembro de la Organización para la Cooperación y el Desarrollo Económicos (OCDE) que han regulado el cabildeo:

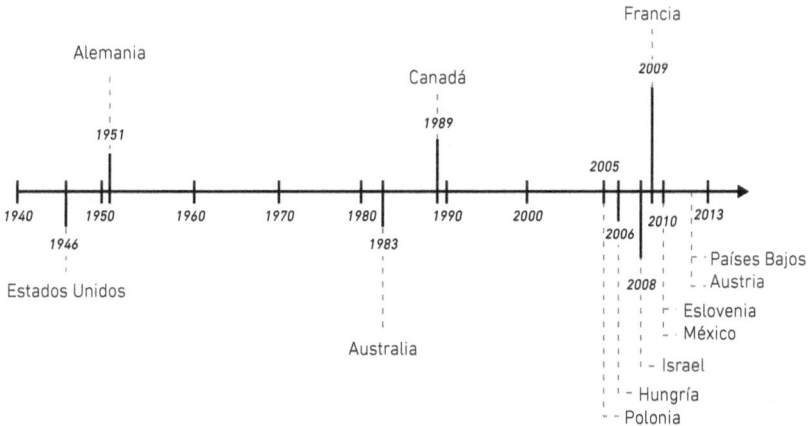

Fuente: OCDE, 2015.

Estudios de la OCDE muestran que la regulación del cabildeo ha resultado ser un tema complejo para los reguladores. En 2010 la organización publicó el estudio *Recomendaciones sobre principios para la transparencia y la integridad en el cabildeo* como guía para los tomadores de decisiones sobre cómo promover una buena gobernanza del cabildeo. Adicionalmente, dio a conocer el *Manual* OCDE *CleanGovBiz sobre cabildeo*, el cual ofrece una guía práctica sobre cómo aplicar los principios que se recomiendan para regular la actividad. Por último, se puso en circulación el texto *Cabilderos, gobierno y confianza pública. Volumen 3: Implementando los principios para la transparencia y la integridad en el cabildeo*, donde se analiza el progreso en la implementación de los principios del organismo y se impulsa la *Estrategia de la* OCDE *sobre Confianza* para ayudar a gobiernos y sociedad a fortalecer la existente en torno del cabildeo.[206]

A manera de resumen, los 10 principios de la OCDE para la transparencia y la integridad en el cabildeo son:[207]

I. Construir un marco efectivo para la apertura, transparencia e integridad:

    1. Los gobiernos deben ofrecer condiciones de igualdad para todos y brindar a los interesados acceso equitativo en el desarrollo e implementación de las políticas públicas.

    2. Los lineamientos y reglas sobre cabildeo deben abordar de forma proporcionada el problema y riesgo percibido para ser consistentes con una política más amplia y los marcos legales que promueven el buen gobierno y el respeto del contexto sociopolítico y administrativo.

    3. Las normas y directrices sobre el cabildeo deben ser coherentes con las políticas públicas y el marco regulatorio en su totalidad.

    4. Los países deben, cuando así lo consideren, definir claramente los términos *cabildeo* y *cabildero* o desarrollar lineamientos y reglas sobre esta práctica.

---

[206] Véase oecd.com.
[207] OCDE, 2014, p. 5.

II. Fortalecer la transparencia:

5. Los países deben ofrecer un grado adecuado de transparencia para darle a los servidores públicos y a los ciudadanos suficiente información sobre el cabildeo que busca influir en las decisiones gubernamentales.

6. Los países deben permitir que las organizaciones de la sociedad civil, los medios de comunicación y el público en general evalúen las actividades de cabildeo.

III. Promover una cultura de integridad:

7. Los gobiernos deben promover una cultura de integridad en las organizaciones públicas y en la toma de decisiones mediante lineamientos y reglas de conducta claros para los servidores públicos que sean contactados por cabilderos.

8. Los cabilderos deben seguir los estándares de profesionalismo y transparencia, pues comparten la responsabilidad de promover una cultura de integridad, transparencia y respeto en el cabildeo.

IV. Crear mecanismos para la implementación efectiva y el cumplimiento:

9. Un espectro coherente de estrategias y mecanismos debe equilibrar cuidadosamente los incentivos y las sanciones e involucrar a los actores clave para lograr el cumplimiento.

10. Los países deben revisar periódicamente el funcionamiento de los lineamientos y las reglas relacionadas con el cabildeo y hacer los ajustes necesarios de acuerdo con la experiencia adquirida en la implementación.

Como puede observarse, los principios de la OCDE promueven, en suma, una regulación integral dentro del sistema jurídico local, la cual da prioridad al acceso equitativo a todos los grupos de interés, la transparencia en las actividades de cabildeo, una cultura de integridad en la industria de cabildeo, y la implementación eficiente y cabal cumplimiento de las normas establecidas.

No obstante, las experiencias de cada país varían y no hay una fórmula exacta para regular el cabildeo. En los esfuerzos por realizarlo debe considerarse que cada caso tiene características propias, como el contexto político y social, el sistema jurídico y sus diferentes ordenamientos, los usos y costumbres, entre otros. El modo en el que se regula la actividad, o la "respuesta", por llamarla de algún modo, de las instituciones jurídicas a dicho fenómeno no es uniforme en lo más mínimo. En algunos casos el acceso de los grupos de interés a los procesos de decisión pública está regulado por una legislación específica, la cual incluye obligaciones y derechos, mientras que en otros se da preferencia a los procesos consuetudinarios o a los códigos de conducta y a la deontología profesional. Al mismo tiempo, como si no se reconociera una actividad tan fundamental en las sociedades modernas, no siempre existen normas al respecto. En general, la forma de regular el cabildeo varía según se pretenda privilegiar su transparencia o la participación ciudadana. Comúnmente, las democracias avanzadas, que reconocen la legitimidad del cabildeo, han intentado transparentarlo e institucionalizarlo, de modo que se conozcan los factores reales que determinan ciertas decisiones públicas.[208] A continuación se presenta un resumen de algunos ejemplos de regulación en la Unión Europea y América.

Varios países europeos han implementado normas para regular la influencia de los grupos de interés en los procesos de decisión pública, entre ellos, Alemania, Austria, Hungría, Países Bajos, Dinamarca, Lituania, Polonia, Eslovenia, Francia y Gran Bretaña, pero hay otros que aún no han avanzado en la materia. En cuanto a las instancias de la

---

[208] Petrillo, 2013, p. 1.

Unión Europea, el cabildeo se ha regulado en el Parlamento Europeo y en la Comisión Europea desde 1996 y 2011, respectivamente.

Uno de los casos más simbólicos de la práctica del cabildeo es Gran Bretaña, donde se reconoce y destaca la labor que ha ejercido en el desarrollo institucional y democrático del sistema político británico, enriqueciendo los procesos de decisión pública. De hecho, las normas que regulan el fenómeno del cabildeo británico tienen como principal objetivo transparentar su papel en estos procesos así como establecer diferencias entre la actividad de los grupos de interés y las funciones asumidas por los partidos políticos.

Sin una ley específica sobre el cabildeo, la industria se autorregula y su transparencia se asegura por medio de cuatro registros públicos diferentes, a los cuales se añade uno privado, a cargo de las organizaciones que asocian a los cabilderos. En el *Code of Conduct*, vigente desde 1996 para los miembros de la Cámara de los Comunes y desde 2009 para la de los Lords, se establecen los cuatro registros públicos: *1)* el de los intereses de los parlamentarios, *2)* el de los intereses de los asistentes y colaboradores de los parlamentarios, *3)* el de los intereses de los periodistas parlamentarios y *4)* el de los intereses de los intergrupos parlamentarios (*all-party groups*). Cabe resaltar el primer registro, en el cual los legisladores deben declarar si tienen encargos remunerados en empresas públicas o privadas, si desempeñan otras profesiones, si obtuvieron financiamiento privado en sus campañas electorales, si han recibido regalos o dádivas superiores a £1,000 anuales, si participan en asociaciones y cualquier otra situación que pudiera afectar su objetividad en la toma de decisiones. Como se mencionó, a los cuatro registros públicos se añade el de cabilderos que mantiene la iniciativa privada por medio del UK Public Affairs Council (UKPAC).[209]

---

[209] *Ibidem*, pp. 5 y 6.

De modo opuesto al sistema británico, el sistema jurídico francés se ha mostrado históricamente adverso a reconocer el papel de los grupos de interés en los procesos de decisión pública. Basta recapitular la Francia jacobina y revolucionaria del siglo xviii, donde se reafirmó la teoría de la prohibición del mandato imperativo y el reconocimiento a la ley como expresión de la voluntad del pueblo dentro del "constitucionalismo jacobino", contrario al "constitucionalismo anglosajón", en el cual, acorde con las teorías pluralistas, la voluntad general se concibe como resultado del acomodo y negociación entre intereses particulares contrapuestos. Desde ese paradigma, durante muchos años en Francia se consideró ilegítima la actividad de los grupos de interés, ya que estos tratan de influir en las decisiones públicas desde el exterior. No obstante, esa visión, para algunos antiliberal y antidemocrática, fue dejada atrás por la legislación francesa a partir de 2009, cuando la Asamblea Nacional y el Senado aprobaron, con sendas deliberaciones, algunas normas en materia de cabildeo. El Poder Legislativo francés reconoció las actividades de los grupos de interés en los procesos legislativos e instauró un registro público de cabilderos. Aunque la inscripción no es obligatoria, se fomenta su participación, pues otorga a los que están inscritos el derecho de acceso y circulación al interior de las sedes parlamentarias así como de disponer con anticipación de documentación parlamentaria. De forma paralela, se prohíbe el acceso a documentación con fines de lucro, obtener información vía medios fraudulentos, divulgar información falsa o parcial y desempeñar en el Parlamento actividades comerciales o publicitarias. Adicionalmente, en 2012 el gobierno francés aprobó la *Charte de déontologie des membres du gouvernement*, código ético basado en una premisa y cinco principios, en los cuales se deben inspirar los miembros del gobierno.[210]

---

[210] *Ibidem*, pp. 6-8.

En el mismo sentido, en Italia el fenómeno del cabildeo ha sido olvidado durante muchos años por el legislador y la doctrina iuspublicista, esencialmente debido a motivos de naturaleza político-partidista, histórico-jurista y sociocultural. Para empezar, la Constitución italiana considera los grupos de interés como algo que se ha de excluir de las aulas parlamentarias, con base, parcialmente, en las ideas del constitucionalismo jacobino y el debate entre el interés general y los intereses individuales. Además, se debe tomar en cuenta el contexto socioeconómico italiano, caracterizado por pequeñas y medianas empresas con fuerte arraigo en corporaciones históricas, bajo nivel de participación ciudadana, poca rendición de cuentas y escaso control de la sociedad sobre los actores públicos. Consecuentemente, se ha evitado regular la actividad: no porque no existan cabilderos, sino porque hacerlo equivaldría a reconocer las acciones de los grupos de interés. Sin embargo, la Corte Constitucional italiana ha concedido al cabildeo una serie de derechos y libertades en la que reconoce las formaciones sociales y garantiza el derecho de libre asociación. De ese modo, la corte ha afirmado, en alguna medida, que las actividades de los grupos de interés en los procesos de decisiones enriquecen el resultado con experiencias y conocimientos técnicos que de otra manera serían inaccesibles.[211]

Otro ejemplo europeo donde aún no se regula el cabildeo es España, que, a pesar de ser una industria activa en el debate y los procesos de decisión pública, no ha logrado concretar un marco normativo en la materia. El intento más claro fue en 2012, cuando el Consejo de Ministros presentó al Poder Legislativo la Ley de Transparencia, que incluía permitir el acceso a información fundamental sobre los procesos de decisión pública, para lo cual se enfocaba en la transparencia de la actividad pública y el buen gobierno, y era obligada para las dependencias centrales

---

[211] *Ibidem*, pp. 10 y 11.

de gobierno así como para las instancias locales de las comunidades autónomas, los organismos de derecho público, el Parlamento, el Tribunal Constitucional, el Consejo Económico y Social, y otros organismos autónomos. Adicionalmente, ha habido propuestas de legisladores de los diferentes partidos políticos para regular el cabildeo, algunas de las cuales incluyen el establecimiento de un registro de cabilderos.[212]

De este lado del Atlántico se encuentran dos de los países más emblemáticos en cuanto el desarrollo y la regulación del cabildeo. Primero, Estados Unidos, donde la palabra *"lobbying"* se utilizó por primera vez en 1832 para describir las actividades de persuasión de los grupos de interés entre los diputados del Capitolio del estado de Nueva York, en Albany. Fue el primer país en regular el cabildeo de forma específica, por medio de la Federal Regulation of Lobbying Act de 1946. Casi 50 años después, en 1995, se aprobó un nuevo ordenamiento, titulado Lobbying Disclosure Act. Según el marco regulatorio vigente, cualquier persona moral o física que desee influir profesionalmente (por remuneración y de forma permanente, no ocasional) en los funcionarios públicos está obligada a inscribirse en un registro público y a declarar los intereses que representa. Adicionalmente, cada seis meses deberá informar sobre las actividades desempeñadas, los legisladores contactados y el resultado de cada reunión celebrada. En recompensa, el cabildero tiene derecho a intervenir con el decisor público, concretamente, a participar de manera formal en audiencias y reuniones parlamentarias. Asimismo, durante los procesos de debate y dictaminación, las comisiones legislativas están obligadas a escuchar a los cabilderos mediante un aviso público, lo que garantiza tanto el acceso a las sesiones como la paridad de dicho acceso y de tiempo para los grupos interesados. Paralelamente, los funcionarios públicos también se sujetan a un código de

---

[212] *Ibidem*, p. 9.

ética, instaurado por la Ethics Reform Act de 1989, que, entre otras cosas, establece la prohibición de casos de *revolving door* (cuando exlegisladores representan intereses de terceros en el Congreso durante el año sucesivo a su encargo o mandato). Particularmente, el *Ethics Manual for Members, Officers, and Employees of the US House of Representatives*, publicado en 1992, prohíbe expresamente a legisladores y funcionarios recibir regalos por valor superior a US$50, y un máximo acumulado de US$100 anuales. Por último, el financiamiento privado electoral se regula por medio de los PAC (Political Action Committee), que son grupos de ciudadanos, empresas y sociedades privadas que recolectan fondos con el objetivo de apoyar, de acuerdo con sus intereses, campañas electorales.[213] En casos como este, donde se permite, regulado, el financiamiento electoral privado, las aportaciones electorales se vuelven un componente y una herramienta importante del cabildeo, por medio de los cuales se relacionan lícitamente los grupos de interés y los cargos de elección popular.

El segundo caso es Canadá, reconocido como ejemplo de mejores prácticas. Como los sistemas jurídicos de otros países, el canadiense reconoce la libertad de pensamiento, palabra, opinión y prensa, con lo que protege la actividad de influencia, que se entiende como manifestación del pensamiento. Asimismo, los grupos de interés se consideran el principal recurso de mediación entre el gobierno y la sociedad, en el entendido de que el cabildeo beneficia y enriquece los procesos legislativos y de diseño de políticas públicas. Aun hasta 1988, las únicas normas sobre la relación entre grupos de interés y funcionarios públicos eran las contenidas en el artículo 146 del reglamento de la Cámara de los Comunes, que proveía una lista de "agentes parlamentarios". Sin embargo, dicha disposición cayó en desuso y no fue sino hasta 1989

---

[213] *Ibidem*, pp. 12-14.

cuando entró en vigor una ley sobre el cabildeo. Posteriormente, en 1995, se realizaron importantes reformas a la norma y en 2006, con la Federal Accountability Act, se revisó por completo la normatividad. Finalmente, en 2008 entró en vigor la Lobbying Act, basada en cuatro principios fundamentales: *1)* acceso libre y gratuito al gobierno como cuestión de interés público; *2)* el cabildeo es una actividad legítima; *3)* es deseable que los funcionarios públicos y el público en general sean capaces de conocer quiénes realizan actividades de cabildeo, y *4)* el registro de cabilderos no debe impedir el acceso libre y abierto al gobierno.

En cuanto al registro de cabilderos canadiense, la ley solo es aplicable a quienes reciben una remuneración por realizar estas actividades, no así a quienes las ejercen de forma voluntaria. Para ello, la ley distingue tres tipos de cabilderos: *1)* el cabildero consultor: aquel que ofrece sus servicios profesionales al respecto; *2)* el cabildeo interno corporativo: la persona que trabaja al interior de una entidad con fines de lucro, y *3)* el cabildero interno social: una persona que trabaja al interior de una entidad sin fines de lucro. De forma complementaria, se cuenta con el *Lobbyists' Code of Conduct*, un código de ética para cabilderos, publicado por primera vez en 1997 y reformado en 2015 a raíz de una consulta pública, cuyo propósito es asegurar que el cabildeo se realice de forma ética y con los más altos estándares, con el fin de conservar y mejorar la confianza de la sociedad en la integridad, la objetividad y la imparcialidad de las decisiones públicas. Una de las características del marco regulatorio canadiense es la creación del Comisionado de Cabildeo (*Commissioner of Lobbying*), órgano independiente del Parlamento cuyo titular es designado por las dos cámaras del Parlamento por un periodo de siete años. El objetivo de este órgano es garantizar la transparencia y la rendición de cuentas en el cabildeo así como su profesionalización, para lo cual tiene a su cargo la gestión del registro de cabilderos, el desarrollo e implementación de programas educativos para fomentar la conciencia pública sobre la ley, y la realización de estudios e investigaciones para garantizar el cumplimiento de esta y el apego al Código de Conducta.[214]

En cuanto a Latinoamérica, aunque todavía existen percepciones negativas sobre el cabildeo, debidas a la falta de claridad en términos de corrupción y tráfico de influencias, el incremento en estas actividades y su reconocimiento jurídico en los respectivos ordenamientos son una muestra de los efectos de las recientes transiciones democráticas en muchos de los países de la región. El primero de ellos en emitir una ley específica para regular el cabildeo fue Perú, en 2003, con la Ley 28024, que regula la gestión de intereses en la administración pública por parte de los grupos de interés. También tiene como objeto asegurar la transparencia en las acciones del Estado. El estatuto incluye la creación de un registro de cabilderos y la publicidad de informes de reuniones por parte de los servidores públicos. De acuerdo con la norma, el cabildero, o gestor de intereses, es la persona física o moral, nacional o extranjera, debidamente inscrita en el registro correspondiente, que desarrolla actos de gestión de sus propios intereses o de terceros relacionados con las decisiones públicas. La ley distingue dos categorías de cabilderos: el gestor de intereses propios y el gestor profesional que presta sus servicios a terceros. Además, el marco regulatorio entiende por *decisor público* cualquier funcionario con capacidad de decisión pública (diseñar y adoptar políticas públicas). Por último, la ley obliga a los cabilderos a respetar un rígido código de conducta, prohíbe al funcionario público ejercer el cabildeo en los dos años posteriores al término de su mandato y excluye algunas actividades como parte del cabildeo, por ejemplo, que lo realicen funcionarios públicos en el ejercicio de su función, la defensa legal en el ámbito jurisdiccional o administrativo, las gestiones que realicen los funcionarios diplomáticos, los requerimientos de información,

---

[214] Véase https://lobbycanada.gc.ca/en/rules/the-lobbyists-code-of-conduct/

las opiniones respecto de proyectos de ley que hubiesen sido requeridas
por las comisiones legislativas, entre otras.[215]

Otro caso ejemplar en Latinoamérica es Costa Rica, donde en 2008
el Poder Legislativo aprobó la ley de regulación de cabildeo en la función pública. Los sujetos de dicha ley son los cabilderos, definidos como
la persona o grupo que a cambio de una remuneración ejerce actividades de cabildeo ante servidores públicos o funcionarios privados que
administren o gestionen bienes o servicios públicos, y los funcionarios públicos, entendiendo por estos los cargos de elección popular, los
miembros de asambleas, los miembros de juntas directivas y los gerentes de instituciones del sector público y de entidades privadas, con o sin
fines de lucro, que gestionen o administren bienes o servicios públicos.
A los cabilderos se les prohíbe participar en campañas de financiamiento electoral y están obligados a registrarse ante la Contraloría General
de la República así como a reportar, mensualmente, los contactos y actividades realizadas, y anualmente, a presentar una declaración jurada
que detalle los ingresos brutos o beneficios económicos por este tipo
de actividad y los intereses que se representan. En cuanto a las obligaciones para los funcionarios públicos, estos deben realizar un informe
público para cada contacto con cabilderos y una reseña de todo documento o información que se les haya entregado.[216]

Entre las similitudes en la regulación del cabildeo que existen alrededor del mundo probablemente la más importante sea el uso de los
registros públicos. Es común que en los países donde se ha reglamen-
tado el cabildeo, sin importar su región, se establezca la obligación de
hacer públicos por medio de registros los intereses que representan y
gestionan los cabilderos. Los alcances de estas obligaciones varían en-

---

[215] Petrillo, 2013, pp. 17-19.
[216] *Ibidem*, pp. 22-24.

tre países. Por ejemplo, en Inglaterra dicha responsabilidad se extiende no solo a legisladores y funcionarios públicos, sino también a sus asistentes, los periodistas del parlamento y los legisladores de segunda fila (los llamados *backbenchers*), mientras que en otros países la obligación es solo para los cabilderos de los sectores privado y social.[217]

Otra similitud es el uso de los códigos de conducta, o de ética, como método de autorregulación. Estos pueden usarse como herramienta complementaria a las leyes específicas para regular el cabildeo o, en algunos casos, como el único instrumento de regulación.

Por otra parte, existen diferencias entre los alcances de las normas que regulan el cabildeo y sus sujetos. Mientras que algunos ordenamientos incluyen al gobierno en su totalidad, en otros se excluye a los poderes Ejecutivo y Judicial, y consideran el Legislativo como único ámbito de aplicación.

Asimismo, aunque la mayoría de los esfuerzos de regulación tienen como objeto transparentar la actividad y fomentar la participación ciudadana con garantía de un acceso equitativo a los tomadores de decisiones, la importancia que se le da a estos tanto en el diseño de la norma como en su ejecución varía según el contexto político y social de cada país. Por un lado, en los sistemas políticos donde los partidos políticos siguen desempeñando un papel vital de enlace entre la sociedad y el gobierno, las actividades de los grupos de interés encuentran un espacio limitado de influencia. En esos casos, donde las demandas sociales se articulan por medio de los partidos políticos que participan en las decisiones públicas, la normativa que regula el acceso a los procesos de decisión pública se centra principalmente en garantizar la transparencia de los procesos de decisión y no necesariamente en la participación en el propio proceso. Por otro lado, en los casos donde los

---

[217] *Ibidem*, p. 27.

partidos políticos no son capaces de enlazar las demandas sociales y no juegan un papel tan preponderante en los procesos de decisión pública, el espacio de acción de los grupos de interés es más amplio y la función de estos tiende a convertirlos en actores institucionales activos. En esos sistemas la reglamentación se enfoca en el propio proceso y propende a fomentar la participación ciudadana para legitimar y enriquecer las decisiones públicas.[218]

4.3. LA REGULACIÓN ACTUAL DEL CABILDEO EN MÉXICO

En el caso mexicano, después de los diversos intentos de regulación expuestos anteriormente, no fue sino hasta 2010 cuando se reguló el cabildeo dentro de los reglamentos internos de las cámaras del Congreso de la Unión. Como puede suponerse, esta regulación comprende únicamente el cabildeo legislativo, sin que actualmente exista regulación para las actividades de esta índole que se desarrollan en el ámbito del Poder Ejecutivo.

En la Cámara de Diputados se reglamentó el cabildeo en el capítulo III de su reglamento interno, publicado en el *Diario Oficial de la Federación* (DOF) el 24 de diciembre de 2010. Más adelante, en 2011 y 2013, se reformaron algunos de los artículos de dicho capítulo para incluir la definición de *cabildero*, establecer normas más detalladas sobre el proceso de inscripción en el registro de cabilderos, regular las actividades de cabildeo en comisiones legislativas y establecer prohibiciones para los legisladores y sus equipos. El texto vigente de los seis artículos que norman el cabildeo en el Reglamento de la Cámara de Diputados, capítulo III, "Del cabildeo", es el siguiente:

---

[218] *Ibidem*, p. 28.

Artículo 263

1. Por cabildeo se entenderá toda actividad que se haga ante cualquier diputado, diputada, órgano o autoridad de la Cámara, en lo individual o en conjunto, para obtener una resolución o acuerdo favorable a los intereses propios o de terceros.

2. Por cabildero se identificará al individuo ajeno a esta Cámara que represente a una persona física, organismo privado o social, que realice actividades en los términos del numeral que antecede, por el cual obtenga un beneficio material o económico.

Artículo 264

1. Todo individuo que pretenda realizar cabildeo por más de una vez en la Cámara, deberá inscribirse al inicio de cada legislatura, en un registro público, que elaborará la Mesa Directiva, el cual se difundirá semestralmente en la Gaceta y en la página electrónica, con los datos proporcionados por quienes se registren.

2. La inscripción tendrá vigencia por el tiempo que dure la legislatura correspondiente.

3. No podrán llevar a cabo actividades de cabildeo los servidores públicos durante el ejercicio de sus funciones; así como sus cónyuges y sus parientes por consanguinidad o afinidad hasta el cuarto grado.

4. El número máximo de personas acreditadas para realizar actividades de cabildeo en la Cámara de Diputados será de veinte por cada comisión y dos por cada persona moral inscrita; en caso de que exista un número mayor de solicitudes respecto a alguna comisión o persona moral, la Mesa Directiva acordará lo conducente.

5. Las disposiciones previstas en el numeral que antecede, también serán aplicables a aquellos individuos que siendo ajenos a esta Cámara, representen a una persona física, organismo privado o social y que no obtenga un beneficio material o económico en razón de dichas actividades.

Artículo 265

1. Los diputados y diputadas, así como el personal de apoyo de la Cámara, se abstendrán de hacer recomendaciones que equivalgan a un
cabildeo, cuando obtengan beneficio económico o en especie para sí o
su cónyuge o parientes consanguíneos o por afinidad hasta el cuarto
grado, o para terceros con los que tengan relaciones profesionales, laborales o de negocios.

2. Las diputadas y los diputados o el personal de apoyo no podrán
aceptar dádivas o pagos en efectivo, en especie, o cualquier otro tipo
de beneficio de cualquier naturaleza por parte de persona alguna que
realice cabildeo o participe de cualquier otro modo para influir ilícitamente en las decisiones de la Cámara de Diputados.

3. Toda infracción a esta norma será castigada en términos de las leyes
de responsabilidades o la legislación penal, según corresponda.

Artículo 266

1. Los documentos de cabildeo relacionados con iniciativas, minu-
tas, proyectos, decretos, y en general, cualquier acto o resolución
emitida por la Cámara, serán integrados en un archivo de cabildeo,
en cada comisión.

2. Los documentos de cabildeo deberán publicarse en la página electrónica de la Cámara para que puedan ser objeto de consulta pública,
en los términos del artículo 244.

3. Los documentos de cabildeo, la información, opiniones, argumen-
taciones o cualquier otra manifestación hecha por los cabilderos no
serán vinculatorias para la resolución del asunto en cuestión.

Artículo 267

1. La solicitud de inscripción al registro de cabilderos incluirá la siguiente información:

I. Nombre completo del solicitante y copia de identificación oficial vigente. En caso de ser una persona moral, una relación de quienes acredite el representante legal, para realizar la actividad ante la Cámara;

II. Domicilio del solicitante, y

III. Relación de las principales comisiones o áreas de interés en las que preferentemente se desarrollarán las actividades del cabildeo.

2. La Mesa Directiva deberá dar respuesta a la solicitud de inscripción, en un plazo no mayor a diez días. En caso contrario, se entenderá la inscripción en sentido positivo al solicitante.

3. Una vez cumplido el requisito de inscripción, la Mesa Directiva expedirá para cada cabildero una identificación con fotografía que deberá ser portada durante su estancia en las instalaciones de la Cámara.

4. El cabildero notificará a la Mesa Directiva cualquier cambio en la información proporcionada en la solicitud, para su inscripción en el padrón de cabilderos, en un plazo no mayor de diez días, a partir de la modificación correspondiente.

Artículo 268

1. La Mesa Directiva podrá suspender o cancelar el registro en el padrón de cabilderos durante la legislatura correspondiente al cabildero que no acredite fehacientemente el origen de la información que proporcione a cualquier legislador, comisión, órgano, comité o autoridad de la Cámara.

En cuanto al Senado de la República, el cabildeo se reglamentó, de igual forma, en el reglamento interno, en este caso, publicado en el DOF el 4 de junio de 2010. En dicho ordenamiento se incluyeron únicamente dos artículos (capítulo IV), en los cuales se define el *cabildeo*, se establece la obligación de emitir informes sobre la interacción con cabilderos, se prohíbe a los senadores aceptar dádivas o pagos, y se remite a la legislación penal y de responsabilidades administrativas para las sanciones por infracciones al reglamento:

Artículo 298

1. Se entiende por cabildeo la actividad que realizan personas dedicadas a promover intereses legítimos de particulares, ante los *órganos* directivos y comisiones del Senado o ante senadores en lo individual o en conjunto, con el propósito de influir en decisiones que les corresponden en ejercicio de sus facultades.

2. Las comisiones y los senadores informan por escrito a la Mesa, para su conocimiento, de las actividades realizadas ante ellos por cabilderos en la promoción de sus intereses.

Artículo 299

1. Los senadores o el personal de apoyo no pueden aceptar dádivas o pagos en efectivo o en especie por parte de persona alguna que realice cabildeo o participe de cualquier otro modo para influir ilícitamente en las decisiones del Senado.

2. Toda infracción a esta norma será *castigada en* términos de las leyes de responsabilidades o la legislación penal, según corresponda.

Adicionalmente a la regulación contenida en los reglamentos del Poder Legislativo federal, en 2015 se publicó la Ley General de Transparencia y Acceso a la Información Pública (LGTAIP), que en su artículo 72 establece la obligación de los poderes legislativos federal y estatales de conformar y hacer público un padrón de cabilderos. En el caso del Poder Legislativo federal, la Cámara de Diputados ya contaba con un registro, mientras que el Senado lo conformó en 2015 derivado de la obligación establecida en dicha ley. Por su parte, los congresos locales, sujetos obligados de dicho ordenamiento jurídico, deberán conformar y hacer públicos sus respectivos registros, de acuerdo con la normatividad local que se emita al respecto.

De forma complementaria, la LGTAIP incluye otras normas en materia de transparencia y acceso a la información que afectan el desarrollo de la función pública, incluidas las actividades referentes a la interacción de los funcionarios públicos con la sociedad. Cabe destacar que es sujeto obligado de la ley

> cualquier autoridad, entidad, órgano y organismo de los Poderes Ejecutivo, Legislativo y Judicial, órganos autónomos, partidos políticos, fideicomisos y fondos públicos, así como cualquier persona física, moral o sindicato que reciba y ejerza recursos públicos o realice actos de autoridad en los ámbitos federal, de las Entidades Federativas y municipal [artículo 23 de la LGTAIP].

Lo anterior es esencial para el buen desarrollo del cabildeo, ya que, como se expuso anteriormente, la transparencia es un principio necesario de la actividad así como para mitigar los riesgos y los vicios en torno de esta.

Existen otras normas complementarias en ordenamientos jurídicos mexicanos, como, por ejemplo: *a)* la prohibición a funcionarios o ex servidores públicos de participar en licitaciones públicas, establecida en el artículo 50 de la Ley de Adquisiciones, Arrendamientos y Servicios del Sector Público; *b)* la obligación de los funcionarios de abstenerse de recibir dádivas, por sí o por interpósita persona, de cualquier persona física o moral cuyas actividades se encuentren directamente vinculadas, reguladas o supervisadas por el servidor público hasta un año después de abandonar el cargo, y *c)* la obligación constitucional (artículo 28) de establecer para los comisionados del Instituto Federal de Telecomunicaciones (IFT) y de la Comisión Federal de Competencia Económica (Cofece) normas de contacto con personas que representen los intereses de sus agentes económicos en el trato de asuntos de su competencia, con el fin de evitar que los funcionarios de dichas agencias regulatorias sean corrompidos para actuar en favor de intereses particulares, en vez de defender el interés general.

Un avance reciente en el sistema jurídico mexicano que abona indirectamente a la regulación del cabildeo es la aprobación en 2016 de una reforma constitucional para crear lo que se ha denominado Sistema Nacional Anticorrupción (SNA). Este funge como "una instancia de coordinación entre las autoridades de todos los órdenes de gobierno competentes en la prevención, detección y sanción de responsabilidades administrativas y hechos de corrupción, así como en la fiscalización y control de recursos públicos".[219] Con la finalidad de dotar al SNA del marco jurídico necesario para su adecuado funcionamiento, posteriormente se emitieron reformas a las leyes secundarias respectivas. Aunque queda pendiente comprobar la utilidad real del SNA, sin duda podría representar referentes positivos para la buena práctica del cabildeo, e impedir hechos de corrupción y tráfico de influencias en su desarrollo.

Respecto del marco regulatorio actual, hay quienes sostienen que las normas en materia de cabildeo incluidas en los reglamentos del Poder Legislativo federal no son necesarias, dado que ya se contaba con un marco regulatorio disperso en los distintos instrumentos jurídicos que norman los hechos y negocios jurídicos de esa actividad.

En primer lugar, en lo más alto de la jerarquía normativa, la Constitución Política de los Estados Unidos Mexicanos contiene normas, principios y derechos humanos aplicables al cabildeo en los artículos 5, 6, 8 y 9, como son el derecho a dedicarse a la profesión, industria, comercio

---

[219] Ley General del Sistema Nacional Anticorrupción.

o trabajo que mejor considere cualquier persona, siempre y cuando sea lícito; la garantía a la libertad de expresión; el derecho de petición; y el derecho de asociarse con cualquier objeto lícito. Asimismo, los artículos 25 y 26 establecen la rectoría económica del Estado y la planeación democrática del desarrollo nacional mediante la participación de los diversos sectores sociales. Por último se encuentran los preceptos constitucionales relativos a las responsabilidades de los servidores públicos contenidos en los artículos 108 a 114 del título cuarto de la Constitución, que se refieren a su interacción con la ciudadanía y los grupos de interés. Todas estas disposiciones permiten a los ciudadanos participar en la toma de decisiones públicas, con el fin de que el Estado tome en cuenta sus aspiraciones, necesidades y demandas. En otras palabras, la Constitución establece que los ciudadanos pueden presentarse ante cualquier instancia del Estado para solicitar que un acto de autoridad se realice en determinado sentido o simplemente no se realice.[220]

En segundo lugar, existen diversas leyes y códigos que, de igual forma, en disposiciones aisladas establecen figuras jurídicas que se relacionan con la práctica del cabildeo, y regulan tanto el comportamiento de los servidores y funcionarios públicos al interactuar con la sociedad como la relación de los particulares entre sí y con el Estado; por ejemplo:

- *El Código Civil Federal.* El mandato, la representación, el poder, el contrato de prestación de servicios profesionales, entre otros.
- *La Ley General de Instituciones y Procedimientos Electorales.* La representatividad, aportaciones y financiamiento electoral, así como la ausencia de prohibición al donatario de hacer petición posterior al legislador.

---

[220] Del Rosal y Hermosillo, 2008, pp. 128-130.

- *El Código Penal Federal.* El ejercicio indebido del servicio público, el ejercicio abusivo de funciones, el tráfico de influencias, el cohecho y el enriquecimiento ilícito.
- *La Ley Federal de Responsabilidades Administrativas de los Servidores Públicos.* Las responsabilidades y sanciones administrativas en el servicio público.
- *La Ley de Adquisiciones, Arrendamientos y Servicios del Sector Público.* Los procedimientos y reglas en los procesos de licitaciones.
- *La Ley Federal de Competencia Económica.* La normatividad sobre la libre concurrencia y la competencia económica entre grupos de interés.
- *La Ley de Cámaras Empresariales y sus Confederaciones.* La constitución y el funcionamiento de dichos órganos de representatividad.

Por último, existe una normatividad adicional en torno de la interlocución entre los grupos de interés y la Administración Pública Federal (APF) en los procesos de diseño de políticas públicas, leyes, normas y reglamentos. Dentro de las reformas a la Ley Federal de Procedimiento Administrativo del año 2000, se estableció para todas las dependencias federales que elaboren anteproyectos de leyes y realicen actos administrativos de carácter general la obligatoriedad de presentar una Manifestación de Impacto Regulatorio (MIR) ante la Comisión Nacional de Mejora Regulatoria (Conamer) (previo a ello, en 1997, dentro de la Ley Federal sobre Metrología y Normalización, dicha obligación se había establecido para la emisión de normas oficiales mexicanas). La MIR es una herramienta de política pública que tiene por objeto garantizar que los beneficios de las regulaciones sean superiores a sus costos, analizando los impactos potenciales de los instrumentos regulatorios y fomentando que estos sean más transparentes y racionales. Únicamente quedan exentos de la MIR aquellos actos administrativos en materia fiscal, judicial y de defensa nacional, así como los actos de emergencia que requieran actualización periódica o que no signifiquen costos para particulares. Dentro del análisis y el dictamen de las MIR, a la Conamer se le impone realizar un proceso de consulta pública e incluir las opiniones que, en su caso, reciba de los interesados.[221]

Adicionalmente, se han incluido normas para regular la interacción entre los integrantes de algunos órganos constitucionales autónomos y sus regulados o personas que tengan interés en sus decisiones. Por ejemplo, el artículo 25 de la Ley Federal de Competencia Económica establece que, fuera de las audiencias previstas en dicho ordenamiento, los integrantes de la Comisión Federal de Competencia Económica (Cofece) podrán tratar asuntos con personas interesadas mediante entrevista, siempre y cuando se informe y convoque a los demás comisionados, se lleve a cabo un registro de la reunión, se publique la información en el sitio oficial de internet, y se grabe y documente el encuentro. Asimismo, se considera condición para remover a un comisionado, entre otras, cuando este trate asuntos de su competencia con personas interesadas fuera de los casos previstos en la ley mencionada, o utilice información confidencial en beneficio propio o de terceros.

Indudablemente, junto con la regulación específica del cabildeo legislativo en los reglamentos del Congreso de la Unión y la LGTAIP, las normas mencionadas forman un amplio y disperso sistema jurídico de regulación del cabildeo. Es decir, México cuenta con un marco regulatorio de esa actividad, el cual incluye normas específicas para el cabildeo legislativo y una serie de normas aisladas en diversos instrumentos jurídicos de distinta naturaleza que atienden diferentes componentes de la interacción entre los sectores público, privado y social.

No obstante, debido a la importancia del cabildeo y a su ejercicio en la democracia mexicana, según algunos analistas se requiere una re-

---

[221] Ley Federal sobre Metrología y Normalización y Ley Federal de Procedimiento Administrativo.

gulación específica que asegure su desarrollo transparente y lícito. Por ejemplo, en la exposición de motivos de su iniciativa para crear la Ley Federal para la Regulación de la Actividad Profesional de Cabildeo y la Promoción de Causas, presentada el 30 de abril de 2002, el exdiputado Efrén Leyva Acevedo argumenta que, aunque "el cabildeo constituye una actividad jurídica legitima, protegida y garantizada a nivel constitucional bajo las garantías de libre asociación, la libertad de trabajo y el derecho de petición", es indispensable una "regulación puntual en tanto involucra la interpretación, representación, transmisión o gestión de intereses privados frente a las instituciones públicas".

4.4. UN NUEVO MARCO REGULATORIO DEL CABILDEO EN MÉXICO

Como pudo observarse en el apartado anterior, México ha realizado importantes avances en la regulación del cabildeo. Considerando, por una parte, las normas complementarias en diferentes instrumentos jurídicos, las cuales cuentan con una *ratio legis* individual que no es exclusiva del cabildeo, así como, por la otra, las disposiciones específicas en los reglamentos del Congreso de la Unión y la LGTIAP, México cuenta con un marco regulatorio del cabildeo similar al de muchos países. No obstante, aún puede lograrse mucho más si se toman en consideración las mejores prácticas internacionales y los principios de la OCDE.

Los elementos rectores de toda regulación del cabildeo deben ser: *a)* fomentar sus aspectos positivos; *b)* reconocer la actividad como herramienta de participación ciudadana que actúa como fuente de información y enriquecimiento de las decisiones públicas y, además, fomenta la rendición de cuentas, y *c)* transparentar y blindar su desarrollo contra actos ilícitos como el tráfico de influencias y la corrupción.

Los modelos de regulación del cabildeo alrededor del mundo utilizan diferentes herramientas que afectan el modo en que interactúan gobiernos y sociedades. A causa de definiciones restrictivas de *cabil-*

deo y *cabildero* y los respectivos registros, algunas regulaciones tienen como objeto limitar tanto el acceso de individuos o grupos de interés a los tomadores de decisiones como el cabildeo en diferentes instancias. Ese tipo de regulaciones impone barreras al desarrollo y fomento de un cabildeo profesional y ético.[222] Esos modelos pueden ser contraproducentes, ya que si se considera que es imposible evitar que, cuando los grupos de interés que pretenden influir en las decisiones públicas no puedan acceder formalmente a los tomadores de decisiones mediante un cabildeo institucionalizado, busquen otros medios —incluso poco éticos o ilícitos— para defender y posicionar sus intereses.

Otros modelos de regulación intentan cambiar de forma directa y sistemática las relaciones entre funcionarios y sociedad civil. En muchas ocasiones, la interacción gobierno-sociedad implica intercambio no solo de información, sino también de favores, regalos, contribuciones a campañas, organización de eventos y convivios fuera del marco institucional. Por ello algunas regulaciones quieren prohibir o regular ese tipo de intercambios. En algunos casos, como sucede en entidades federativas de Estados Unidos, se prohíbe que los cabilderos inviten ni siquiera un café a los legisladores; mucho menos, alimentos o bebidas alcohólicas. Ese tipo de regulaciones restrictivas incluyen estrictas exigencias en cuanto a la transparencia y el informe de interacciones de cualquier tipo entre legisladores y cabilderos.[223]

En la actual regulación del cabildeo legislativo en México se incluyen importantes componentes al respecto, como la definición normativa de *cabildeo* y sus practicantes, la creación y gestión de un registro de estos, el establecimiento de normas de transparencia en torno de la labor y la imposición de obligaciones específicas a los legisladores, entre otras. Sin

---

[222] Newmark, 2005, p. 183.
[223] *Ibidem*, p. 184.

embargo, vale la pena reflexionar sobre dos factores claves para la efectividad de dichas normas: los instrumentos jurídicos donde se regula el cabildeo legislativo, y el contenido y modo en que estos lo hacen.

En el primer caso, esos instrumentos son los reglamentos internos de las cámaras del Congreso de la Unión. Para algunos académicos y juristas, los ordenamientos aludidos no se consideran el medio idóneo para regular la materia, ya que el objeto de un ordenamiento orgánico como estos es establecer el funcionamiento interno, teniendo como sujetos obligados únicamente a quienes forman parte del órgano regulado.[224] Asimismo, al ser aprobados únicamente por una de las cámaras, los reglamentos correspondientes no cuentan con la misma jerarquía que el Reglamento para el Gobierno Interior del Congreso General de los Estados Unidos Mexicanos, y, mucho menos, que la Ley Orgánica del Congreso General de los Estados Unidos Mexicanos, ya que ambos ordenamientos fueron aprobados por un órgano superior: el Congreso de la Unión en su conjunto. En otras palabras, mientras que los reglamentos internos son instrumentos derivados de la ley —por lo tanto, jerárquicamente menores— y por su proceso de formación y naturaleza solo pueden aplicarse a sujetos parlamentarios, la Ley Orgánica, por la jerarquía que le da la Constitución, puede aplicarse a sujetos extraparlamentarios.[225] Por lo anterior, debería retomarse la discusión y el análisis acerca de las propuestas que regulaban el cabildeo legislativo por medio de la Ley Orgánica o, mejor aún, por medio de una ley de aplicación general que incluso también regule el cabildeo ante otras instancias de gobierno.

En cuanto al modo en que se regula el cabildeo, la normatividad, además de definir la actividad y sus ejecutores, se basa principalmente en el registro de los cabilderos. Aunque ese instrumento se utiliza co-

---

[224] Ganado Guevara, 2011, p. 44.
[225] Cervantes Gómez, 2012, p. 1.

múnmente alrededor del mundo, la regulación que gira en torno del registro no necesariamente soluciona el problema de forma integral o definitiva. Para empezar, una de las debilidades de esa regulación es que, si únicamente se fía del registro, se podría considerar que toda la actividad del cabildero es legal desde que ha sido registrado. Asimismo, la eficiencia y la veracidad de los registros son cuestionables, ya que, en la práctica, suele haber muchas omisiones en la información de la que deben dar cuenta legisladores y cabilderos.[226]

Otra deficiencia en este caso es que los reglamentos de las respectivas cámaras si bien definen, explican y limitan el cabildeo, no necesariamente lo regulan; esto es esencial, si se considera que las controversias en torno de la actividad radican en su práctica, no en su significado. Aunque la definición legal de *cabildeo* es fundamental para la eficiencia en la ejecución de la norma, solo es el principio.

Por último, las sanciones a legisladores por incurrir en prácticas ilegales durante el cabildeo (tipificadas en los artículos 47 y 88 de la Ley Federal de Responsabilidades de los Servidores Públicos y en el artículo 222 del Código Penal) requieren previa declaración de procedencia, conocida como desafuero. Como es poco probable que se ejecute este procedimiento, comúnmente se lo utiliza como amenaza, ya que demanda el acuerdo de los partidos políticos para elaborar un dictamen que corre a cargo de una comisión: la Sección Instructora.[227] Por ello, al haber pocas probabilidades de que los responsables sean castigados, la eficiencia de la norma es cuestionable. Esa falta de efectividad en las sanciones representa un mayor riesgo, puesto que los intereses de las grandes corporaciones y otros poderes fácticos representan miles de millones de pesos, con lo cual su capacidad de influencia en muchas

---

[226] Galaviz, 2002, pp. 98 y 99.
[227] Dworak, 2013, www.sinembargo.mx/16-10-2013/3018261.

ocasiones transita fuera de los cauces legales e institucionales, además de generar corrupción y tráfico de influencias. Basta un vistazo a diversos hechos históricos para entender que en "México resulta tan difícil racionalizar el ejercicio de los poderes fácticos, como exigir responsabilidades efectivas a los poderes institucionalizados".[228]

Con base en lo expuesto, se puede decir que el marco regulatorio del cabildeo vigente es perfectible, a pesar de que muestra avances importantes. Sería conveniente, como establece el décimo Principio para la Transparencia y la Integridad en el Cabildeo de la OCDE, llevar a cabo una revisión del marco regulatorio y hacer los ajustes necesarios de acuerdo con la experiencia adquirida en la implementación realizada en los últimos años.

Hoy los cambios sociales y tecnológicos exigen a los sistemas jurídicos desarrollar nuevos instrumentos y normas actualizados. En nuestro país, como en muchos otros, existe una renovada necesidad y demanda de implementar la mejor opción posible para regular el cabildeo. La creciente desconfianza de la ciudadanía en las instituciones públicas y sus representantes (crisis de representatividad y legitimidad), el riesgo de que el Estado sea capturado por intereses particulares, los crecientes niveles de corrupción, el tráfico de influencias y los bajos niveles de participación ciudadana son factores que urgen a diseñar y poner en práctica una regulación moderna que fomente el uso del cabildeo como herramienta de participación ciudadana y que mitigue los posibles vicios en su desarrollo.

Los principales obstáculos que en México se han de vencer para modernizar la regulación del cabildeo son el desconocimiento generalizado de la actividad, y la visión arcaica y errónea de que esta pone en riesgo la vida democrática. Es necesario fomentar que sociedad y

[228] Astudillo, 2013.

gobierno aprendan a utilizar en su beneficio el cabildeo, como herramienta de participación ciudadana y fuente de información, consenso y legitimidad para sus decisiones. El cabildeo es —siempre debe ser— compatible con un sistema democrático, sustentado en una regulación igualmente democrática que aliente la participación ciudadana y el intercambio de información en la toma de las decisiones públicas.[229] Por ello su regulación debe ser no una norma restrictiva, sino una que se enfoque en limitar los efectos negativos de la actividad y en ampliar sus aspectos positivos, otorgando derechos, asignando responsabilidades y transparentando su uso.

Como bien establecen los principios 5 y 6 de transparencia de la OCDE, transparentar el cabildeo debe ser uno de los pilares de la normatividad en la materia. Ese componente de la norma es en sí parte del Estado de derecho por el que se establece que cualquier interacción entre gobierno y sociedad debe ajustarse a un conjunto de reglas preestablecidas que determinen con certidumbre lo que cada parte debe y no debe hacer.[230] Transparentar la interacción entre los intereses privados y las autoridades públicas ayuda a prevenir el tráfico de influencias, la corrupción y el manejo de información privilegiada en beneficio propio; por su parte, la provisión de estándares de transparencia también otorga legitimidad, confianza y certidumbre a dicha interacción. En general, la publicidad debe ser una exigencia y principio básico para los procesos de decisión pública, así como la deliberación —que implica justificación y argumentación de razones y decisiones—, el marco habitual en todas las instituciones públicas, pues solo mediante estas es posible aspirar a que la política represente no intereses parciales sino generales.[231]

---

[229] Galaviz, 2002, p. 4.
[230] Astudillo, 2013.
[231] Cárdenas Gracía, 2006, p. 9.

Otro pilar para la regulación del cabildeo debe ser la mitigación de los efectos negativos causados por las incompatibilidades parlamentarias, de forma que la política no sea secuestrada por una minoría, que las políticas públicas se acerquen a las necesidades populares, y que en sus funciones el legislador y el burócrata se olviden de los grupos de interés específicos y trabajen por el bienestar general. En nuestro país, la regulación de las incompatibilidades parlamentarias que busca evitar que el legislador pueda ser comprado o influido indebidamente se encuentra establecida en los artículos 62 y 125 de la Constitución. Desde el derecho romano existió la preocupación de que los funcionarios fuesen cooptados por monarcas o intereses económicos dominantes. Regular las incompatibilidades, pues, implica generar un ejercicio independiente de las funciones públicas, transparentar el funcionamiento de las instituciones públicas, impedir que poderes fácticos dominen su funcionamiento y que el legislador se corrompa con negocios privados, evitar conflictos de interés o tráficos de influencias y recuperar la confianza del ciudadano en sus representantes.

En México la regulación de las incompatibilidades era clara solo en el sentido de que los funcionarios del Legislativo no deben ocupar cargos en el Ejecutivo y viceversa, pero no en cuanto a las que se vinculan con los ámbitos privado y social. En otros países existen desde hace décadas normas específicas que prohíben los conflictos de interés y el tráfico de influencias en las labores legislativa y ejecutiva, como son la obligación para los servidores públicos de presentar declaraciones patrimoniales, fiscales y de intereses.[232] El 18 de julio de 2016 se promulgaron las reformas al SNA, de las cuales forma parte la iniciativa ciudadana conocida como la Ley 3 de 3, promovida por varios organismos de la sociedad civil y más de 634,000 ciudadanos. En ella se estableció la obligación de todos

---

[232] *Ibidem*, pp. 3-6.

los funcionarios públicos de hacer públicas las declaraciones citadas, se definieron reglas de conducta para ellos y para los actores privados, y se renovaron las sanciones que castigan actos de corrupción.[233]

Otro de los ejes rectores de la regulación del cabildeo debe ser aquel expresado en el primer principio para la transparencia de la OCDE, que recomienda que los gobiernos ofrezcan condiciones iguales para todos los grupos de interés, traducidas, por ejemplo, en acceso equitativo en el diseño e implementación de las políticas públicas. Es esencial que la regulación del cabildeo nunca se convierta en un muro entre el gobierno y los grupos de interés, sino todo lo contrario: debe promover la participación ciudadana y evitar que en la toma de decisiones públicas un grupo de interés domine por sus recursos económicos o redes de corrupción, en vez de hacerlo por la buena calidad de sus propuestas o su capacidad para argumentar y convencer. Como se expuso anteriormente, el modo de evitar el predominio artificial de un grupo de interés es promoviendo la participación del mayor número de grupos posible, ya que así será mayor el control y supervisión que estos ejerzan entre sí; asimismo, mayor será el flujo de información, lo cual legitimará y enriquecerá el proceso de toma de decisión y las políticas públicas que resulten de este.

Evidentemente, otro componente fundamental de la regulación del cabildeo es la definición de la actividad y los sujetos que participan en ella. Como se expuso en el primer capítulo, las definiciones de cabildeo incluidas en las normas suelen ser en sentido estricto y lo conceptualizan desde un enfoque específico, de acuerdo con el lugar y al ámbito donde se pretende regular la actividad. No obstante, las normas en la materia deben obedecer algunos criterios mínimos, como definir con toda claridad la naturaleza y los alcances de la actividad y precisar

---

[233] Véase ley3de3.mx.

con toda certeza los sujetos activos y pasivos que participan en ella; de ese modo, la regulación debe incluir los dos tipos de actores: los que cabildean y los que son cabildeados. Incluso se pueden establecer las bases para la realización de actividades de cabildeo por parte de dependencias y entidades públicas ante otras instancias de gobierno, organizaciones de la sociedad civil y actores del sector privado.[234] Normalmente, la definición de los servidores públicos se encuentra establecida en otro instrumento legal, como en el artículo 108 de la Constitución de México.

En cuanto a la definición de *cabildero*, aunque las normas varían alrededor del mundo, normalmente lo definen en términos de la remuneración económica que percibe aquel que realiza la actividad de manera "profesional".[235] No obstante, basar su definición únicamente en una remuneración económica puede ser excluyente, pues deja fuera el cabildeo realizado por organizaciones de la sociedad civil, como las defensoras de derechos humanos o del medio ambiente. En sí, las definiciones legales pueden ayudar a distinguir entre aquellos individuos que ejercen el cabildeo de forma profesional y ética de aquellos que trafican influencias.[236]

A partir del estudio comparativo de los casos mexicanos, donde se puede constatar que uno de los componentes más utilizados para la regulación del cabildeo es la obligatoriedad de crear un registro público de los profesionales dedicados a este, conviene subrayar que debe ser una herramienta complementaria y no la base de la regulación. Anteriormente se mencionaron las debilidades de basar la regulación en torno de un registro, ya que ello no soluciona el problema de forma integral o definitiva. Sin duda, el desarrollo y la gestión de un re-

---

[234] Cárdenas Gracia, 2006, pp. 3-9.
[235] Cocirta, 2007, pp. 8-9.
[236] González Chávez y Miranda Aldama, 2005, p. 7.

gistro público abona al objetivo de prevenir vicios en el cabildeo y de transparentar la actividad, pues deja al descubierto quién cabildea a quién, por qué y cómo. Sin embargo, el registro no debe significar un obstáculo que desincentive la participación ciudadana, excluya ciertos grupos de interés o entorpezca el flujo e intercambio de información en los procesos de diseño de políticas públicas. Su uso debe revaluarse, con el fin de construir un registro veraz, útil y eficiente, considerando preguntas básicas como: quién tiene la obligación de registrarse, qué tipos de cabildeo deben registrarse, qué información debe incluirse, cuáles serán las obligaciones de los registrados, qué órgano será responsable del mantenimiento y actualización del registro, y qué tan dinámico deberá ser el registro. De forma paralela, es importante considerar que un factor de éxito del registro serán las definiciones de *cabildeo* y *cabilderos* que se incluyan en la norma, ya que en ella quedan los espacios de discreción que afectan la eficacia de aquel, o los términos de exclusión que pueden dejar fuera a grupos y actores que deberían incluirse en el registro.

En cuanto a la implementación efectiva y el cumplimiento de la norma, los Principios para la Transparencia y la Integridad en el Cabildeo de la OCDE recomiendan que, en el marco regulatorio del cabildeo, debe existir un espectro de estrategias y mecanismos para equilibrar los incentivos y las sanciones. Para ello es necesario que la norma defina los derechos, las obligaciones y las responsabilidades de los cabilderos así como las de las dependencias y los servidores públicos en torno de las actividades de cabildeo.[237] Asimismo, se deben fijar restricciones y sanciones, las cuales en nuestro país han demostrado ser insuficientes. Está claro que una de las cualidades de la regulación del cabildeo debe ser la expansión de sus beneficios antes que la restricción de la

---

[237] Cárdenas Gracía, 2006. pp. 3-9.

actividad, pero algunas medidas tienen que instituirse para castigar las prácticas criminales que se alejan del cabildeo, como el soborno y el tráfico de influencias.[238] En ese componente de la regulación se debe ser cuidadoso para no distorsionar la norma de manera que convierta a los cabilderos en los personajes malignos de la democracia, o que genere controles burocráticos que se traduzcan en costos y barreras para la participación ciudadana.[239]

Otros factores de los cuales depende la eficiente implementación de la regulación son las propuestas del realismo jurídico y el análisis económico del derecho. En primer lugar, en el método de Jeremy Bentham sobre el estudio de la sanción penal, el cual considera las personas como maximizadoras racionales respecto de la decisión de cometer un delito o cualquier acción, la eficiencia de la norma se reduce a establecer un conjunto de "precios" por el acto ilícito, dependiendo de dos variables que determinan el costo para el individuo: la gravedad del castigo y la probabilidad de que se aplique. En segundo lugar, las normas implican "costos de transacción" que generan en los regulados una reacción similar a la de los consumidores frente a los precios de un bien o servicio.[240] Es decir, el regulado decidirá respetar o violar la norma según los costos que ello implique: si los de respetarla son más altos que los de violarla, aunado a una baja probabilidad de que la sanción se aplique, los regulados decidirán violar la norma. Al mismo tiempo, es importante que el cumplimiento de esta comporte beneficios. Por ejemplo, en el caso específico del cabildeo, hay regulaciones que incentivan que los regulados cumplan con adherirse al registro de cabilderos, a cambio de beneficios de acceso a tomadores de decisiones y a información privilegiada y oportuna.

---

[238] Galaviz, 2002, p. 4.
[239] Dos Santos, s. f., s. p.
[240] Roemer, 2008, pp. 7 y 14.

En cualquier caso, es importante estar conscientes de que el impacto y la eficiencia de la norma no podrán medirse en el corto plazo. La normatividad en torno del cabildeo no modificará de forma instantánea las estructuras de intermediación, ni alterará los usos y costumbres de un día para otro, ni convertirá un mal cabildero en uno bueno, ni evitará que intereses fácticos ejerzan presión ilícita sobre los tomadores de decisiones. No obstante, una regulación con las características, los alcances y los componentes adecuados sin duda sentará las bases de mejoras posteriores en el modo en que se articula la relación entre los grupos de interés y las autoridades.[241]

De forma complementaria a las normas que regulan el cabildeo, en muchos países se ha fomentado el uso de los códigos de ética para la actuación de los cabilderos y de los propios funcionarios públicos que suelen incluir componentes para incentivar el profesionalismo y el actuar con mayor transparencia, honestidad e integridad, así como posibles sanciones autorregulatorias.

En el caso de México, tanto los poderes Ejecutivo y Legislativo federales como los cabilderos profesionales cuentan con sus propios códigos de ética. En el caso del primero, en agosto de 2015 se publicó en el DOF un acuerdo que incluye

el Código de Ética de los servidores públicos del Gobierno Federal, las Reglas de Integridad para el ejercicio de la función pública, y los Lineamientos generales para propiciar la integridad de los servidores públicos y para implementar acciones permanentes que favorezcan su comportamiento ético, a través de los Comités de Ética y de Prevención de Conflictos de Interés.

---

[241] Dworak, 2011, p. 25.

En cuanto al Poder Legislativo, primeramente, en abril de 2016 se aprobó el Código de Ética de la Cámara de Diputados, por el cual se establecen para la actuación de los diputados normas que los obligan a no
incurrir en actos de corrupción o conflicto de intereses, declinar regalos
y donaciones, evitar ventas a un precio menor que el del mercado y
actitudes que denoten abuso de poder, y cumplir los principios de legalidad, honradez, lealtad, imparcialidad y eficiencia.

En segundo lugar, respecto del Senado de la República, en mayo
de 2015 se emitió un código de ética y conducta para sus trabajadores administrativos con la intención de evitar la corrupción en su área
administrativa y prohibir a aquellos utilizar su cargo para obtener beneficios personales; no obstante, los senadores no son sujetos de dicho
instrumento jurídico.

Por último, la Asociación Nacional de Profesionales del Cabildeo
(Procab) cuenta con su propio código de ética, que sus miembros deben
suscribir, cuyo incumplimiento podría significar la pérdida de la mem-
bresía; dicho código está conformado por 14 artículos:[242]

1. El cabildero debe realizar sus actividades en estricto apego a este
    Código, en el marco de la honestidad e integridad.
2. Es obligación del cabildero conocer y respetar en todo momento
    las normas jurídicas vigentes, en particular aquellas que rigen el
    funcionamiento de los poderes del Congreso de los Estados Uni-
    dos Mexicanos.
3. Conducirnos en todo momento con honorabilidad y rectitud en
    la relación con los clientes, legisladores, funcionarios públicos,
    representaciones sindicales, empresariales, de organizaciones
    de la sociedad civil, periodísticas y ciudadanos en general.

---

[242] Véase procab.mx/codigo-de-etica.

4. Llevar a cabo la actividad con profesionalismo, mediante el diseño de estrategias para incidir en quienes toman las decisiones públicas, así como la adopción de métodos sistemáticos de acopio, análisis y presentación de la información.

5. Manejar con transparencia la naturaleza del trabajo y la identidad de los clientes ante personas con quienes se establezcan relaciones derivadas de la actividad de cabildeo: legisladores, funcionarios públicos, funcionarios privados y periodistas, sin que este imperativo afecte la legítima confidencialidad que protege la información específica.

6. Renunciar a la obtención de información por medios ilegítimos o como producto de la tergiversación o fingimiento sobre la naturaleza del trabajo.

7. No inducir a los servidores públicos a violar la ley, reglamento, o disposición aplicable al servicio público.

8. Divulgar la información veraz y completa, evitando emitir conscientemente datos y análisis falsos, incompletos o imprecisos para impulsar los objetivos del representado.

9. Mantener la confidencialidad salvo expreso consentimiento de los afectados, fuentes o los propios clientes.

10. No podrá actuar en contra de un asunto encomendado por el cliente.

11. Evitar involucrarse en asuntos en los que existe un interés personal del profesional del cabildeo.

12. Un cabildero no puede tomar representaciones de asuntos contrarios que provoquen un conflicto entre sus clientes, sin el permiso de las partes relacionadas.

13. Revelar a los clientes cualquier posibilidad de conflicto de interés actual o potencial.

14. Respetar la integridad y probidad de nuestros interlocutores en el servicio público y la representación legislativa, evitan-

do cualquier acto que pudiera significar un beneficio privado para ellos.

Adicionalmente a los códigos de ética, como establece el principio tercero de transparencia de la OCDE la regulación del cabildeo debe ser coherente con las políticas públicas y el marco regulatorio nacional en su totalidad. Sin duda, la regulación del cabildeo es más eficiente cuando se respalda en el sistema jurídico nacional de forma suplementaria a otros instrumentos jurídicos para la gobernanza democrática, como las normas de financiamiento electoral, de transparencia y acceso a la información, de responsabilidades administrativas, de derecho penal, etc.[243]

Por último, existen políticas públicas complementarias al modelo regulatorio de cabildeo, las cuales pueden implementarse de forma temporal o permanente, como por ejemplo:

1. Establecer la consulta pública como una práctica sistemática con criterios permanentes, de preferencia establecidos en la ley;
2. Designar fondos públicos para ayudar a grupos sociales de interés para organizarse y presentar sus argumentos de una mejor manera (fondos similares a los de acceso a la justicia en otros países), con el fin de contrarrestar la gran cantidad de recursos que algunos grupos de interés invierten en los procesos de decisiones públicas;
3. Mejorar los salarios de los servidores públicos, cuyas actividades deben recibir la remuneración merecida o apropiada, ya que mientras mejor sea su retribución, menos estarán tentados por fuentes de ingresos provenientes de la corrupción;

---

[243] Dos Santos, s. f., s. p.

4. Mejorar los instrumentos y recursos de los funcionarios para analizar la información presentada por los grupos de interés, así como profesionalizar los equipos de trabajo de los funcionarios y legisladores;

5. Establecer en las diferentes instancias públicas oficinas destinadas a promover la interacción con los grupos de interés que auxilien en los procesos de consulta pública, mantengan un registro público de las actividades de cabildeo, y promuevan la participación ciudadana en los procesos de decisión y diseño de políticas;

6. Llevar a cabo una campaña de comunicación tanto para restaurar y posicionar la imagen positiva del cabildeo como herramienta de participación ciudadana como para fomentar la profesionalización de la actividad.[244]

Si bien el cabildeo ya se reconoce legalmente en el sistema jurídico mexicano, sería conveniente valorar la conveniencia de emitir una regulación específica en la materia con base en los ejes, principios y componentes expuestos. Es indispensable que la regulación evite los abusos en la práctica y fomente el buen desempeño de las funciones públicas y la participación de la ciudadanía;[245] asimismo, debe complementarse con el marco jurídico nacional en su totalidad y asegurar la eficiencia en su implementación con incentivos y bajos costos.

Al darse cuenta de las oportunidades de mejora en la regulación, y el hecho de que los reglamentos son para el gobierno interior, en octubre de 2018 el senador Ricardo Monreal, del partido Morena, presentó una iniciativa para emitir una ley para regular el cabildeo en el Congreso. Esta puede ser un importante avance en la regulación del

---

[244] Galaviz, 2002, p. 4, y Dos Santos, s. f., s. p.
[245] Ganado Guevara, 2011, p. 44.

cabildeo, ya que reconoce su importancia para la democracia, otorga mayor certeza jurídica, confiere derechos y obligaciones, transparenta la actividad —con mecanismos como un padrón de cabilderos, informes periódicos de legisladores y cabilderos, la limitación por el principio de "puerta giratoria"— y sanciona actos ilícitos —con la referencia a ordenamientos penales y administrativos—. No obstante, todavía es mejorable en ciertos aspectos; por ejemplo:

1. Solo es aplicable para el ámbito legislativo y deja pendiente la regulación del cabildeo que se realiza en el Ejecutivo federal; como se vio anteriormente, incluso hay países que en una misma ley regulan el cabildeo en todos los poderes y órdenes de gobierno, como en Perú, que abarca la gestión de intereses en la administración pública.

2. La definición de *cabildeo* toma como elemento conceptual la remuneración de la actividad, lo que, erróneamente, deja a un lado actos que en esencia siguen siendo de cabildeo pero en los que no se obtiene pago alguno, como son los casos de las organizaciones de la sociedad civil.

3. La definición de *cabildero* no solo debería considerar a aquellos que cabildean de forma cotidiana, con el fin de evitar excluir a grupos de interés que lo hacen coyunturalmente (amparados por sus derechos constitucionales); en especial, si se considera que la iniciativa prohíbe a los legisladores reunirse con representantes que no estén inscritos en el padrón de cabilderos, ello implicaría violentar el derecho de cualquier ciudadano a acceder a los legisladores.

4. No se debería prohibir el cabildeo para la designación de cargos públicos, pues en muchas ocasiones la opinión de expertos y regulados puede enriquecer esos procesos de decisión.

5. No se considera cabildeo la participación en reuniones convocadas por los legisladores, pero en esencia es una de las principales herramientas del cabildeo en todo el mundo.

6. La sanción por inscribir información falsa en el padrón debe ampliarse a la falsedad de cualquier información que se comparta durante el cabildeo, no limitarse a aquella de carácter administrativo.

7. La información que se exige publicar en el padrón y los informes debe considerar principios y normas en otros ordenamientos, como es la protección de datos personales y empresariales tutelados, como el secreto industrial, la propiedad industrial, información que dañe la competencia, etc.

8. Se deberían incluir mecanismos para fomentar la profesionalización del cabildeo y la confianza en las instituciones públicas, como se realiza en otros países, como el Comisionado de Cabildeo en Canadá.

Esta iniciativa de ley, con algunos ajustes, podría ser clave para dejar atrás la visión limitada y arcaica del cabildeo en México, donde incluso adquiere una connotación negativa, para evolucionar a una visión moderna y pragmática que reconozca su utilidad y fomente su uso como mecanismo lícito de participación ciudadana.

Regular el cabildeo no ha sido tarea fácil en ningún país. La regulación depende en gran medida del contexto político y social, el sistema jurídico, los usos y costumbres, entre otros factores específicos del lugar. En el caso de México, aún es perfectible, y sin duda seguirá evolucionado a partir de futuros análisis y debates.

4.5. CONCLUSIONES

Con base en su amplio uso en los sistemas políticos y su importancia en la vida democrática de los países, el cabildeo se ha convertido en un tema de interés en torno del cual se han creado diversos modelos y esfuerzos de regulación. Organismos internacionales y legisladores han invertido considerables recursos para regular esa práctica sobre la base de que la ausencia de regulación adecuada puede contrarrestar los aspectos positivos del cabildeo y consentir actos ilícitos.

La regulación del cabildeo se ha vuelto en las últimas décadas un tema permanente de discusión y análisis en la mayoría de las agendas políticas. Como resultado, esa práctica global es regulada en muchos países y por organismos internacionales, como la OCDE, que han emitido recomendaciones y principios para ello. La regulación nacional o local depende en gran medida del propio contexto político y social, el sistema jurídico, los usos y costumbres, entre otros factores. Mientras que en algunos casos el acceso de los grupos de interés a los procesos de decisión pública está regulado por una legislación específica, en otros se da preferencia a los procesos consuetudinarios o los códigos de conducta de los profesionales. En general, las democracias avanzadas donde se reconoce la legitimidad del cabildeo han intentado transparentar e institucionalizar la actividad, de modo que se conozcan los factores reales que determinan ciertas decisiones públicas.

En el caso de México, el cabildeo cuenta con una regulación dispersa que incluye la relativa al cabildeo legislativo en los reglamentos internos de las cámaras del Congreso de la Unión así como diversas normas en diferentes ordenamientos jurídicos. Sin embargo, esa regulación es perfectible si se siguen las mejores prácticas internacionales y los principios de la OCDE en la materia. El ejercicio del cabildeo en sentido amplio requiere una regulación que genere certeza jurídica, otorgue derechos, asigne responsabilidades, establezca sanciones, transparente la actividad, fomente la participación ciudadana y castigue los actos ilícitos. Es decir, el eje rector de toda regulación del cabildeo debe ser fomentar los aspectos positivos de la actividad, reconociéndola como herramienta de participación ciudadana que actúa como fuente de información y enriquecimiento de las decisiones públicas y fomenta la rendición de cuentas. Es necesario, asimismo, transparentar y blindar su desarrollo contra actos ilícitos. Esa regulación debe complementarse con el marco jurídico nacional en su totalidad y asegurar la eficiencia en su implementación, incluir incentivos para su cumplimiento y evitar costos regulatorios que disuadan de su observancia.

5

La práctica del cabildeo

Una vez expuestas las bases conceptuales, teóricas, históricas y normativas del cabildeo, en este capítulo final se exponen sus bases prácticas. Queda claro que esta actividad es una milenaria práctica de participación ciudadana, cuyo uso se ha profesionalizado e institucionalizado alrededor del mundo. Por ello es importante explorar cómo se desarrolla hoy en día, en qué consisten sus retos y oportunidades, qué razones la convierten en una tarea común y útil para los grupos de interés, cuáles son las mejores prácticas internacionales en cuanto el diseño y la implementación de una estrategia, y cómo interactúan las áreas responsables de las actividades de cabildeo con el resto de una organización.

La bibliografía específica sobre las estrategias de cabildeo no es amplia, pero los principios conceptuales y metodológicos son los mismos que se utilizan en la planeación empresarial y gubernamental, los cuales tienen su origen en la táctica militar y el pensamiento estratégico empleado en múltiples disciplinas. Con base en lo anterior, se presenta un ejercicio conceptual sobre la definición y construcción de una estrategia así como un modelo genérico de una estrategia de cabildeo, el cual puede ser adaptado a diferentes casos, según sus respectivas particularidades.

5.1. EL CABILDEO EN EL SIGLO XXI

Como se expuso en capítulos anteriores, desde que los humanos comenzaron a vivir en sociedades —en especial cuando estas se organizaron políticamente y cedieron soberanía a sus gobernantes— el cabildeo se convirtió en una práctica natural y común en el mundo. Existen rastros del cabildeo en las prácticas legislativas en Roma, Grecia y Estados que fueron adoptando una estructura formal de gobierno representativo, donde intermediarios de grupos de interés, reconocidos actualmente como cabilderos, se ponían a disposición de quien pagara sus conocimientos y capacidades para influir en los gobernantes.[246] De la mano del cabildeo, los grupos de intereses y sus representantes se fueron convirtiendo en interlocutores estables y reconocidos de las instituciones públicas.

En las sociedades postindustriales los cambios en los niveles de vida, el crecimiento del sector servicios, las oportunidades educativas y otros factores contribuyeron a crear nuevos estilos de política ciudadana. En las democracias representativas esas nuevas formas de participación ciudadana han complementado los canales tradicionales de participación, como las elecciones, la afiliación partidista o los movimientos sociales.[247] Aunque la evolución de los sistemas de gobierno y el auge de las democracias han fomentado otras formas de participación, como el

---

[246] Del Rosal y Hermosillo, p. 112.
[247] Norris, 2002, p. 6.

plebiscito, el referendo y la iniciativa popular, el cabildeo sigue siendo la más directa y expedita en la relación gobierno-sociedad.

En el caso de México, aunque el cabildeo nunca dejó de estar presente en la vida política nacional durante los regímenes virreinales, dictatoriales y corporativistas, la alternancia política en el Poder Ejecutivo federal que dio paso a una sociedad más activa y un sistema más democrático implicó también la institucionalización, socialización, regulación y profesionalización del cabildeo, con lo que disminuyó su práctica por canales informales y poco transparentes. Como en el resto del mundo, el cabildeo en México ha evolucionado y se ha amoldado al contexto histórico del país, para lo cual se ha enfrentado a retos particulares en cada etapa. Actualmente, deberá adaptarse a la avasalladora victoria de Andrés Manuel López Obrador y su partido político, Morena, en las elecciones federales y locales de 2018,[248] lo cual implicará no solo la presencia de diferentes jugadores en el tablero, sino un total cambio de juego, con nuevas reglas y características. En este nuevo contexto, los grupos de interés deberán encontrar nuevas tácticas de cabildeo para mantener su relación con el Estado y tratar de influir en las decisiones del nuevo gobierno.

Si se dejan de lado los rasgos evolutivos específicos del cabildeo en cada país, alrededor del mundo se observan transformaciones comunes sufridas por la actividad. En general, el cabildeo ha evolucionado con una tendencia de profesionalización e institucionalización. A excepción de algunas crisis de imagen temporales debido a casos de

---

[248] La coalición Juntos Haremos Historia, encabezada por López Obrador, ganó la elección presidencial con 53% de la votación (ganó en 31 de las 32 entidades federativas, 82% de las casillas, 92% de los distritos electorales y 80% de los municipios); asimismo, obtuvo la mayoría en ambas cámaras del Congreso de la Unión, cinco de las nueve gubernaturas que estaban en juego, 13 de las 24 capitales, 314 de los municipios que se renovaron, 11 de 16 alcaldías de la Ciudad de México y la mayoría en 19 congresos locales (Instituto Federal Electoral, 2018).

tráfico de influencias y corrupción en algunos países, a lo largo de los años el reconocimiento del cabildeo como profesión legítima y útil para las democracias se ha incrementado. Asimismo, su uso se ha institucionalizado por medio de normas legales impuestas en varios países y de reglas internas de grupos de interés, que formalizan su empleo en áreas o unidades administrativas al interior de su estructura orgánica. Como se expuso en otros capítulos, esta profesionalización e institucionalización se ejemplifica en parte en el gasto ejercido en cabildeo por diferentes industrias y sectores, así como en los marcos legales o los principios para su regulación emitidos por la Organización para el Comercio y el Desarrollo Económicos (OCDE).

Mientras la esencia del cabildeo como proceso de vinculación e influencia en situaciones de decisión entre actores de la sociedad no cambia, el modo en que se realiza varía según las características históricas, sociales, políticas y legales particulares, entre otras. Debido a que es una actividad que se relaciona directamente con los procesos políticos y sociales, los cuales, junto con la agenda pública, se modifican constantemente, el cabildeo se adapta al contexto en que se lleva a cabo. Es una actividad dinámica que mantiene una relación intrínseca y dual con las agendas públicas nacional e internacional: por un lado, depende delos tiempos, desarrollos y temas de estas, y, por el otro, puede modificarlas, al influir en los tomadores de decisiones y la sociedad en general.

Asimismo, como muchas otras actividades profesionales a lo largo de la historia, el cabildeo ha tenido que adaptarse a los avances tecnológicos. Actualmente, somos testigos y partícipes de una revolución tecnológica sin precedentes, con impactos y alcances impredecibles. Desde la máquina de vapor, que permitió el inicio de la producción mecanizada en el siglo XVIII, y la electricidad, que aumentó la automatización de los procesos industriales en el siglo XIX, hasta las tecnologías de la información, las telecomunicaciones y las energías renovables, que optimizaron el uso de los recursos en el siglo xx, ninguna revolución industrial había transformado el mundo como lo está haciendo lo que hoy se conoce como la cuarta revolución industrial. La conclusión general sobre esta revolución es que transformará, como ningún otro fenómeno antes, el modo en que vivimos. Los avances en nanotecnología, neurotecnología, robótica, inteligencia artificial, biotecnología, sistemas ciberfísicos, drones e impresoras 3D moldearán la convivencia humana, la economía y la política alrededor del mundo.

Desde hace décadas, las técnicas de cabildeo se dinamizaron e hicieron más eficaces, con la invención del telégrafo, el teléfono, el fax, el telefax y otros mecanismos de comunicación. Ahora se han beneficiado con internet, el correo electrónico, la telefonía celular, la mensajería en línea, las redes sociales y otras plataformas que facilitan la comunicación y cambian el modo en que se relacionan las personas, lo que genera nuevas oportunidades para la participación ciudadana.[249] Hasta dónde llegarán los cambios tecnológicos y sus consecuencias es difícil de imaginar, pero sin duda tendrán un impacto en el modo en que se practica el cabildeo. Podrían ser incluso cambios radicales, pues la tecnología podría cambiar por completo los procesos de decisión; tan solo imaginemos que de la mano de la tecnología *blockchain* se logre una identidad digital con la suficiente ciberseguridad y certeza jurídica como para permitir ejercer una democracia directa permanente, de forma que todo ciudadano pudiera votar desde sus teléfonos celulares sobre cualquier decisión pública importante. De ser así, la democracia, el gobierno y el Estado como los conocemos hoy en día podrían cambiar por completo;

---

[249] Astié-Burgos, 2011, p. 220.

la representación política perdería peso con una democracia deliberativa absoluta, los procesos de decisión y legislativos cambiarían
fundamentalmente, y los cabilderos tendrían que reinventarse para
enfrentarse al reto de influir no solo en funcionarios y legisladores
sino en el electorado en general mucho más de lo que actualmente
se requiere.

En los últimos años, el principal cambio que ha sufrido el ejercicio
del cabildeo proviene de internet y las redes sociales. Internet ha democratizado el acceso a la información, lo que ha dado pie al diseño y
la implementación de estrategias de cabildeo basadas en análisis más
profundos, dinámicos y vigentes por medio de un flujo de información
invaluable e inmensurable. Al mismo tiempo, ese exceso de información representa un reto para los cabilderos, pues exige mayor capacidad y recursos para procesar tantos datos, y disciplina y ética para
confirmar la veracidad de las fuentes que se utilizan para el análisis y
la toma de decisiones. Adicionalmente, internet y sus avances en comunicación, junto con la globalización, han permitido que se compartan
mejores prácticas de cabildeo alrededor del mundo, lo que ha mejorado
el análisis y la eficiencia de la actividad.

De la mano de internet llegaron las redes sociales, las cuales han
obligado a los sectores público, privado y social a cambiar lo que es
un elemento clave de cualquier estrategia de cabildeo: el modo de
comunicarse e interactuar con sus "clientes" y la sociedad en general. Debido a la popularización del uso de redes sociales es necesario
recurrir a técnicas de conversación interactivas y realizar un monitoreo permanente de las diferentes plataformas de comunicación
digital. En general, los cabilderos y profesionales de las relaciones
gubernamentales fueron cautelosos al adoptar el uso de la web 2.0
como herramienta de comunicación, pero esas formas de comunicación se han convertido en algo esencial y obligatorio gracias a su poder y alcance, como se ha demostrado reiteradamente en campañas

de *marketing* comercial y político. Es el caso del triunfo electoral de Barack Obama en Estados Unidos, donde múltiples expertos y analistas atribuyen en gran medida el éxito de su campaña a la comunicación vía redes sociales.[250]

Las redes sociales han cambiado no solo la forma en que los grupos de interés se comunican con sus audiencias sino también cómo desarrollan sus actividades públicas, como la del cabildeo. La época de la comunicación digital actual ha empoderado a los ciudadanos, ha democratizado el acceso a la información y ha incrementando la demanda de transparencia en los asuntos públicos. Así, la reputación de los grupos de interés se pone a juicio público permanente y vuelve sujetos de rendición de cuentas no solo al gobierno sino también a las empresas y organizaciones de la sociedad civil.[251] Cada vez más, las empresas se ven obligadas a proteger su reputación e imagen y a cuidar que sus actividades, incluido el cabildeo, se realicen con responsabilidad social, sustentabilidad ambiental y cumplimiento normativo (*compliance*). Los costos pecuniarios de multas y penalidades, y para su reputación, así como por oportunidades de negocio perdidas y la afectación en el crecimiento del negocio por incumplimientos normativos o actos de irresponsabilidad social pueden ser enormes. Por ejemplo, Walmart ha gastado US$850 millones en costos legales y de cumplimiento a raíz de la investigación del Departamento de Justicia de Estados Unidos iniciada en 2012 sobre sus operaciones en México y otros países, y la empresa brasileña Odebrecht, más de US$2,500 millones en un acuerdo con las autoridades de Brasil, Estados Unidos y Suiza por sus actos de corrupción.[252]

---

[250] Argenti y Barnes, 2009, pp. 196 y 219.
[251] *Ibidem*, pp. 195 y 213.
[252] Martínez Corres, 2018, s. p.

Un beneficio —y un reto— que la comunicación digital presenta al cabildeo es posicionar un tema en la agenda pública con la suficiente fuerza para generar un contexto que permita influir en la decisión pública. Actualmente, debido al exceso de información disponible, la sociedad consume más información, pero en menor tiempo y profundidad. Ello genera en la opinión pública movimientos bruscos de un lado a otro del espectro ideológico bajo la forma de sucesos de interés o indignación social precoces. Este fenómeno lo refleja Byung-Chul Han cuando retoma el término anglosajón *shitstorms* (tormenta de mierda), que sucede exclusivamente en la red sin tener un reflejo real en las calles. Las *shitstorms* son inestables y efímeras, nacen de un evento que desata una tormenta de indignación que unifica momentáneamente a una pluralidad de usuarios de las redes sin una cohesión discursiva o una lógica controlable. En palabras de Byung-Chul Han, la indignación digital "no es capaz de acción ni de narración".[253] Para el cabildeo el problema de estas *shitstorms* es que no generan continuidad, pues son sustituidas en poco tiempo por un nuevo evento en la agenda pública que genera la misma atención, de modo que es difícil posicionar un tema lo suficiente para tener éxito.

5.2. LOS BENEFICIOS DEL CABILDEO

En capítulos anteriores se expusieron los beneficios que representa el cabildeo para el gobierno y la sociedad en las democracias modernas. Uno de los principales retos para los sistemas políticos es el modo en que interactúan los distintos actores. En la actualidad, el Estado cada vez más se ve en la necesidad de colaborar y negociar con otros actores

---

[253] Concheiro, 2016.

sociales para atender las demandas y problemáticas sociales, cumplir sus funciones y alcanzar el bien común. De la misma forma, los grupos de interés privados y sociales se ven obligados a interactuar entre sí y con el Estado para llevar a cabo acciones que influyan en la agenda pública, la arena política y los asuntos privados o sociales.

De acuerdo con una nueva lógica en las relaciones Estado-sociedad, con mayor apertura por parte del gobierno y mayor participación por parte de la sociedad, el cabildeo juega un papel clave en la gobernanza y la gobernabilidad democráticas de las sociedades modernas. Como herramienta de participación ciudadana, abona a una nueva forma de gobernar en la cual sociedad y gobierno colaboran para atender de forma más eficiente las necesidades y problemáticas sociales. Entre otras cosas, el cabildeo implica el enriquecimiento del diseño de políticas públicas; la democratización y legitimación de los procesos de decisiones públicas; la promoción de equidad entre grupos de interés; la inclusión de las demandas de minorías en la agenda pública; la sensibilidad a las demandas sociales por parte de los gobernantes; la eficiencia y puntualidad con la que el Estado atiende nuevos fenómenos sociales, y el fomento de la transparencia y la rendición de cuentas.

Además de los beneficios generales que el cabildeo representa para la democracia, es importante exponer los beneficios individuales para los grupos de interés. Por ello, antes de comenzar a analizar las metodologías para construir una estrategia y las tácticas para ejecutarla, es importante examinar las razones por las cuales el cabildeo es una actividad tan común y útil para los grupos de interés públicos, privados y sociales; es decir, cuáles son los motivos por los que las organizaciones sociales, las empresas privadas, las agrupaciones sectoriales, las instituciones de gobierno y otros grupos de interés deciden invertir recursos en actividades de cabildeo, y llevarlas a cabo ya sea de forma interna o por medio de un tercero especializado.

Las razones para cabildear pueden variar: desde proteger los intereses de un grupo ante amenazas en decisiones públicas o capitalizar oportunidades en la agenda pública, hasta construir apoyo social o mejorar la reputación del grupo.[254] Pero, generalmente, la premisa para decidir cabildear un asunto es que puede ser más costoso desistir de actuar para capitalizar una oportunidad o para mitigar una amenaza que afecte los intereses de un grupo que invertir recursos en tratar de influir en el respectivo proceso de decisión. Es decir, dejar de actuar puede ser más gravoso que hacerlo, en especial cuando el tema por cabildear es una amenaza a los intereses básicos o fundamentales que pone en riesgo la supervivencia del grupo. En esos casos, los grupos de interés se ven obligados a cabildear al costo que sea.[255]

Si se piensa en la famosa definición de Max Weber sobre el Estado, en la cual este monopoliza el uso legítimo de la fuerza o violencia en un determinado territorio, el gobierno actúa como el principal creador de derechos de propiedad e instituciones de mercado. En ese sentido, el Estado se convierte en un objetivo de influencia por parte de intereses contrapuestos o en competencia, considerando que toda regulación o acción gubernamental suele tener efectos asimétricos y distribuye beneficios a unos, mientras genera costos a otros.[256] Es decir, cualquier forma de intervención en el mercado por parte del gobierno genera rentas y costos que no provienen del trabajo o el desempeño económico, sino de la norma o decisión gubernamental. En principio, en un desarrollo racional de diseño de política pública, el funcionario debe resolver el conflicto de intereses y tomar una decisión equilibrada entre los beneficios y los costos que esta genere a las diferentes partes. No obstante, en la vida real esto pocas veces suce-

---

[254] Thomson y Steve, 2007, p. 19.
[255] Lowery, 2007, p. 39.
[256] Bach y Unruh, 2004, s. p.

de, por lo menos no de forma natural, y los grupos de interés se ven obligados a tratar de influir en el proceso de decisión por medio de herramientas como el cabildeo.

Con lo anterior en mente, es importante señalar que es más común que el cabildeo se utilice para posicionar o defender intereses concretos que intereses difusos, los cuales son complicados de organizar en grupos de interés particulares. Por ejemplo, es más realista —y mucho más probable— que un grupo empresarial o sindicato trate de influir en un proceso de decisión donde se involucran sus intereses colectivos que la población de una ciudad o territorio se reúna para defender un bien común difuso. En el segundo caso, lo frecuente es que se trate de organizaciones altruistas que de forma voluntaria defienden los intereses dispersos, como pueden ser temas sobre recursos naturales o derechos humanos. Esto sucede por lo que Mancur Olson llamó la lógica de la acción colectiva, en la cual los intereses de la minoría terminan por ser sobrerrepresentados frente a los intereses difusos de la mayoría, debido a que los primeros encuentran más incentivos para agruparse y los segundos afrontan el "problema del polizón" (individuos que no se responsabilizan del costo proporcional que les corresponde por el beneficio obtenido en el uso de un bien común, y se aprovechan de las acciones de otros que sí invierten recursos en su defensa). Por lo anterior, el universo de cabilderos o grupos de interés que cabildean no es un reflejo exacto del universo o la distribución de intereses en una sociedad. En su lugar, se beneficia a los intereses de minorías que tienen incentivos para agruparse y algo que perder en los procesos de decisión que cabildean.[257] Esto no quiere decir que el cabildeo genera que las decisiones públicas siempre beneficien a los intereses de los poderes económicos o fácticos por encima de los grupos marginados, con

---

[257] Lowery, 2007, p. 32.

menores recursos o capacidades. El cabildeo es ejercido por todo tipo de grupos de interés, e incluso los intereses difusos son representados por organizaciones de la sociedad civil, todos con la misma libertad y posibilidad de ejercer el cabildeo de forma estratégica. En suma, lo que se expone en líneas anteriores es que los grupos de personas físicas o morales que son capaces de articularse en torno de intereses concretos encuentran en el cabildeo incentivos y mayores beneficios para proteger sus intereses.

Cabe resaltar que el beneficio obtenido del cabildeo varía dependiendo del éxito y el grado en el que se cumpla el objetivo de la estrategia. La eficiencia de aquel obedece a muchas variables: el tipo de sistema político, la instancia o proceso de decisión que se cabildeará y sus características, la naturaleza del tema, los actores involucrados, los tiempos y procedimientos, las cualidades del grupo de interés, entre otras. De un análisis de estas variables se desprende la viabilidad de éxito de la estrategia y, por ende, la decisión de cabildear o no.

En ese sentido, una de las variables contextuales que más influyen a la hora de decidir si es pertinente o necesario implementar acciones de cabildeo es la atención mediática o el número de actores involucrados en el asunto (siempre es más complicado cabildear un asunto politizado que cuenta con una amplia cobertura y con la participación de muchos actores). En un estudio al respecto, David Lowery encontró evidencia que demuestra que la probabilidad de éxito del cabildeo se incrementa cuando en el proceso de decisión intervienen menos actores y el tema tiene poca atención del público y los medios de comunicación; en cambio, es mucho más complejo, y tiene menor probabilidad de éxito, cabildear casos en los que grandes grupos de interés chocan en temas politizados, como el medio ambiente o los derechos laborales.[258]

---

[258] *Ibidem*, pp. 36-39.

No obstante, los grupos de interés no solo basan su decisión en las probabilidades de éxito, ni tampoco cabildean únicamente para evitar una decisión que afecte sus intereses. En muchas ocasiones, los grupos de interés mantienen un cabildeo presencial para construir buenas relaciones con los tomadores de decisiones, con el fin de prevenir amenazas y mitigar riesgos de nuevas regulaciones que afecten sus intereses o acciones de grupos contrincantes que amenacen su supervivencia, por ejemplo.[259] Es decir, un grupo de interés no solo activará un cabildeo sobre un tema en particular sino que puede hacerlo de forma permanente para fortalecer relaciones con los funcionarios, convertirse en un referente para estos y generar la capacidad de influir en la agenda pública.

5.3. LA ESTRATEGIA Y LA TÁCTICA

Antes de analizar la forma en que se diseña y ejecuta una estrategia de cabildeo, es conveniente repasar la bibliografía y los ejercicios de conceptualización sobre la palabra *estrategia* y, así, primero construir un piso común de discusión y entendimiento, y, después, analizar sus componentes y principios básicos de diseño y ejecución.

A lo largo de los años, la palabra *estrategia* se ha utilizado de muchas maneras y se ha aplicado a diferentes contextos y áreas de conocimiento. Su origen es la palabra griega *strategos*, que significa "un general", que a su vez encuentra sus raíces en los conceptos de "ejército" y "acaudillar". Como verbo griego, *stratego* significa "planificar la destrucción de los enemigos en razón del uso eficaz de los recursos".[260]

---

[259] Ibidem, pp. 46-53.
[260] Mintzberg *et al.*, 1997, pp. 5-6.

De esa concepción militar, el término migró a otras áreas, como la política y la empresa.

Desde la década de 1960, estudiosos de las corporaciones, la gerencia y los negocios, como Kenneth Andrews, Alfred Chandler, Igor Ansoff o Peter Drucker, comenzaron a relacionar el concepto de "estrategia" con la toma de decisiones y resultados de las empresas. Aunque esas definiciones, y muchas posteriores, tienen elementos en común —como el análisis del ambiente y la situación externa que afronta el negocio (oportunidades y amenazas), los recursos internos de la empresa (humanos, financieros, estructurales) o la definición de objetivos, metas y planes de acción—, varían en su enfoque y se concentran en el desarrollo del diseño de la estrategia o en su adaptación a programas de trabajo acordes con los contextos interno y externo.

Por ejemplo, Andrews distingue la estrategia corporativa como un patrón de decisiones que se toman al interior de la empresa con base en sus objetivos para generar políticas y planes para alcanzarlos; Chandler la explica como la definición de las metas y objetivos a largo plazo de una empresa y la adopción de cursos de acción y asignación de recursos necesarios para alcanzarlos.[261]

Mientras tanto, Ansoff construyó una definición más enfocada en la acción: considera la estrategia como un hilo conductor que se convierte en regla para tomar decisiones en la empresa, la cual ayuda a los gerentes corporativos a prepararse para futuros cambios en el entorno por medio de un desarrollo multidisciplinario al que su suman dinámicas individuales y de grupo, junto con procesos políticos y de cultura organizacional. Asimismo, Drucker, quien estudió a fondo la competencia y sus consecuencias para la estrategia de las empresas e ideó el modelo de las cinco fuerzas competitivas (amenaza de competidores, amenaza

---

[261] *Idem.*

de nuevos productos, poder de negociación de proveedores, poder de negociación de clientes y rivalidad entre competidores), expone que la esencia de una estrategia consiste en relacionar a una empresa con su medio ambiente, con el fin de que los gerentes analicen su situación presente y la cambien en caso de ser necesario.[262]

De forma paralela, en su estudio sobre la teoría de juegos y racionalización y maximización de utilidades en la toma de decisiones, John von Neumann y Oskar Morgenstern definieron la estrategia empresarial como la serie de actos que ejecuta una empresa, los cuales son seleccionados de acuerdo con una situación concreta.[263]

Por su parte, Henry Mintzberg distingue entre las diferentes definiciones; por ejemplo, califica las de Andrews como la escuela del diseño, y las de Ansoff, como la escuela de la planificación. De forma similar, Ellen Chaffee considera el primer caso como un modelo lineal, en el que la estrategia se enfoca en la planificación y la definición de objetivos, con énfasis en que en ella existe método, dirección y secuencia, y el segundo caso, como un modelo adaptativo, que se enfoca en encontrar la ejecución más conveniente de la estrategia considerando el ambiente de la empresa y sus recursos.[264]

Mintzberg ahonda al identificar 10 escuelas de pensamiento sobre la elaboración de estrategias; tres de ellas, considera, son prescriptivas, pues intentan describir el camino correcto para elaborar una estrategia:

1. La escuela del diseño, que considera la planificación estratégica como un recurso conceptual formal.

---

[262] *Idem.*
[263] *Idem.*
[264] *Idem.*

2. La escuela de planificación, que señala que el recurso es informal, pero que quien preside la conducción juega un papel clave.

3. La escuela de posición, que se centra más en el contenido de la estrategia y menos en el modo en que surge.

Las otras siete las considera descriptivas:

1. La escuela cognitiva, que toma en cuenta lo que ocurre en la mente cuando las personas construyen una estrategia.

2. La escuela de aprendizaje, que supone que la estrategia surge de un proceso de aprendizaje colectivo.

3. La escuela política, que se concentra en el conflicto y en la explotación del poder en el proceso.

4. La escuela cultural, que considera la dimensión colectiva o cooperativa del proceso.

5. La escuela ambiental, que percibe la definición estratégica como una respuesta pasiva a fuerzas externas.

6. La escuela configuracional, que intenta reunir todas las demás escuelas en el contexto de episodios diversos dentro del proceso.

7. La escuela del emprendedor, que describe la planificación como un proceso visionario de una fuerte personalidad dirigente.[265]

Por otra parte, en su estudio sobre los diferentes modelos y escuelas de pensamiento, Mintzberg define *estrategia* como el patrón de una serie de acciones que ocurren en el tiempo, con énfasis en la acción sobre la planeación. En su ejercicio de conceptualización, identifica lo que él llama las cinco *pes* de la estrategia:

---

[265] Schröder, 2004, pp. 21-22.

1. Como plan o guía, establecer un curso de acción determinado conscientemente.

2. Como una Pauta de acción, una maniobra.

3. Como modelo, un Patrón en un flujo de acciones.

4. Como Posición, un medio para ubicar una organización en el contexto externo.

5. Como Perspectiva, una mirada hacia el interior de la organización y el mundo exterior.

Cabe aclarar que la estrategia como posición o como perspectiva resulta compatible con la estrategia como plan o como patrón. Es decir, las *pes* son compatibles e incluso complementarias. Adicionalmente, Mintzberg distingue la estrategia como algo basado en las intenciones de los gerentes —lo que llama una estrategia deliberada— de los casos en que se actúa de forma consistente sin intenciones formales y conforme al medio ambiente, a lo que llama una estrategia emergente. De igual forma, en muchas ocasiones estas son concurrentes.[266]

Otro pensador que migró los conceptos militares a la gerencia empresarial es James Brian Quinn, quien estableció un concepto de estrategia basado en sucesos históricos bélicos y criterios del uso militar del término. Para él, una estrategia empresarial es el patrón o plan que integra las principales metas y políticas de una organización y establece la secuencia coherente de las acciones que se han de realizar. Por ello argumenta que una estrategia efectiva tiene tres elementos: *a)* las metas u objetivos que deben alcanzarse; *b)* las políticas que guiarán o limitarán la acción, y *c)* los programas o secuencias de acción para lograr las metas. Siguiendo la analogía militar, argumenta que la estrategia empresarial, al igual que la castrense, debe tener

---

[266] Mintzberg *et al.*, 1997, pp. 22 y 23.

planes por jerarquía que se respalden entre sí con cohesión, equilibrio
y enfoque. Así, distingue entre la formulación de la estrategia, de largo plazo, enfocada en definir los objetivos, y la planificación progra-
mática, de corto plazo, enfocada en destinar los recursos necesarios
para alcanzar los objetivos.[267]

En suma, podemos decir que una estrategia es un plan de acción
para conseguir un objetivo, el cual se planea con base en mecanismos de pensamiento y análisis, y se ejecuta tanto conforme a las capacidades y recursos de la organización como a las condiciones del
contexto externo.

Es común que se confundan los conceptos de "estrategia" y "táctica"; para algunos son sinónimos y para otros, palabras complementarias, pero distintas. En este caso, nos inclinamos por considerar que
son actividades de pensamiento diferentes, con distintos desarrollos y
etapas de desarrollo. Quinn valida esta idea, al argumentar que mientras la táctica son ajustes de corta duración que consideran la acción y
la interacción de los contrincantes y el entorno, la estrategia es la base
y el fundamento de la táctica, con un enfoque de mayor alcance y duración.[268] Por su parte, Carl von Clausewitz ejemplifica lo anterior con
una analogía de guerra, en la cual la táctica se distingue por ser el uso
de las fuerzas armadas en el combate y la estrategia por ser el uso de los
combates para ganar la guerra.[269]

En su propuesta de construcción y ejecución de estrategias políticas, Peter Schröder distingue la planificación estratégica de la planificación táctica, en tanto que esta es un instrumento de la primera. Es
decir, la táctica es cómo se ejecuta la estrategia. Mientras que la planificación estratégica analiza la situación en su totalidad y decide para

[267] *Ibidem*, pp. 7-14.
[268] *Idem*.
[269] Schröder, 2004, p. 3.

toda la empresa, grupo o proyecto, fijando objetivos y alternativas de acción, la planificación táctica se basa en lo anterior e intenta hacer operativa la estrategia en tareas parciales y en condiciones específicas. De ese modo las decisiones sobre la táctica dependen del conocimiento del entorno y de las capacidades propias para realizar las acciones acordes. Por ello, un buen ejercicio táctico, además de basarse en los lineamientos estratégicos, intenta aprovechar hábilmente la situación y apoyarse en conocimientos exactos de las condiciones del entorno. Así, aunque son elementos diferentes, la planificación táctica y la planificación estratégica están unidas indisolublemente en una interdependencia permanente.[270]

5.4. LA PLANEACIÓN ESTRATÉGICA

En las últimas décadas, los esfuerzos de conceptualización del término *estrategia* y su uso en los negocios y la política han permitido construir distintos modelos de planeación estratégica. Entre ellos se encuentra el modelo de Fred David, el cual subraya la interacción de los componentes de la organización al interior de sí misma a través de tres fases: la formulación, la implantación y la evaluación de la estrategia. Este modelo, basado en la interacción entre los distintos niveles jerárquicos de la compañía, señala la importancia de la participación activa de todos los niveles organizacionales en el proceso de planeación (un proceso de retroalimentación), sin dejar de lado la dependencia del negocio respecto del medio ambiente.[271]

En sentido contrario, el modelo de Kaplan y Norton, conocido como la metodología del Cuadro de Mando Integral (*Balanced Scorecard*, BSC),

[270] *Ibidem*, pp. 19-22.
[271] Larios Francia, 2016.

establece que la alta dirección de una empresa es la encargada de definir los objetivos estratégicos, los cuales deben transmitirse al resto de la organización y medirse para asegurar su cumplimiento y desempeño. Básicamente, esta metodología propone el uso de un sistema de información que divulga los objetivos acordados, junto con un sistema de indicadores estratégicos para la evaluación y seguimiento de la ejecución del plan estratégico. El marco del BSC se construyó sobre la base de cinco principios de gestión:

1) movilizar el cambio a través del liderazgo ejecutivo;

2) traducir la estrategia en términos operacionales;

3) alinear la organización con la estrategia;

4) motivar para que la estrategia sea una tarea de todos, y

5) gobernar para convertir la estrategia en un proceso continuo.[272]

Otro ejemplo es el de Goodstein, Nolan y Pfeiffer: el Modelo de Planificación Estratégica Aplicada. En este caso se le da importancia a la conexión e interacción de las partes respecto del todo en la implementación y la evaluación de las estrategias. Para ello, recalca la retroalimentación a través del análisis de brechas, con el cual se comparan los resultados obtenidos con los resultados esperados o programados. Igualmente, destaca la autonomía organizacional y la dependencia con el contexto, considerando los factores internos y externos, el análisis del futuro deseable y posible, el desarrollo de la misión y la definición de las estrategias.[273]

En general, los modelos de planeación estratégica estiman que hay diferentes fases en un proceso estratégico (formulación, implementa-

---

[272] Kaplan y Norton, 2008, pp. 11-14.
[273] Larios Francia, 2016.

ción y evaluación de las estrategias). Por ejemplo, el Modelo Secuencial de Fernando D'Alessio Ipinza define la estrategia como el conjunto y secuencia de actividades por las cuales se alcanza la visión trazada de la organización por medio de un análisis del entorno y la competencia. En este modelo se inicia el proceso estratégico con, primero, el análisis de la situación actual, incluido el estudio de los entornos local, nacional y mundial, para identificar las oportunidades y amenazas que influyen en el sector, la organización y los competidores; se sigue con el diagnóstico del sector y de la competencia para determinar el nivel competitivo y los factores claves de éxito en el sector y, se finaliza con el examen interno de la organización para identificar fortalezas y debilidades. En la siguiente fase del proceso se establecen la visión, misión, valores y código de ética que guiarán y normarán el actuar de la organización, y se definen las estrategias conforme herramientas de análisis como las matrices FODA (fortalezas, oportunidades, debilidades y amenazas) y PEYEA (posición estratégica y evaluación de la acción). Como resultado de lo anterior, en la tercera fase se construyen una serie de estrategias que se eligen mediante una matriz de decisión, y se definen los indicadores de evaluación de cada una. Con el control estratégico de esta fase final se pretende identificar y cerrar brechas entre lo planeado y lo ejecutado.[274]

Estos son solo algunos ejemplos de modelos de planeación estratégica que existen en la bibliografía mundial. El ejercicio de diseño y ejecución de estrategias está en permanente estudio e innovación, lo que ofrece a las instituciones públicas y privadas un amplio abanico de opciones y oportunidades. En los últimos años han surgido nuevas propuestas, como la de Andy Grove, célebre CEO de Intel: el enfoque *High Output Management* (administración de alto desempeño), el

---

[274] *Ibidem.*

cual se basa en el análisis de los procesos, la planeación y la ejecución para hacer eficiente el desempeño de las empresas y conseguir resultados.[275] Este enfoque utiliza la metodología de Objetivos y Resultados Clave (ORC), que han aplicado exitosas compañías, como Google, con la asesoría de John Doerr, uno de sus primeros inversionistas. Con esa metodología se busca asegurar que los esfuerzos de las empresas se centren en conseguir objetivos estratégicos, alinear recursos de toda la estructura, mantener informados a los miembros de manera clara y precisa sobre su aportación y responsabilidades, y fomentar el compromiso de los empleados. También se definen los objetivos y se relacionan directamente con resultados clave, por medio de los cuales se mide el desempeño y el grado de cumplimiento. A un objetivo normalmente se le asignan unos cuantos resultados clave (tres, por lo general) y a cada uno de estos, una serie de tareas (entre tres y cuatro), por medio de las cuales se alcanzarán los resultados y objetivos. Para que esta herramienta funcione, los ORC deben cumplir con varias características, entre las que se incluye ser medibles (cuantificables en porcentajes, cantidades, etc.); ambiciosos para impulsar y exaltar un buen desempeño; acordados y asignados a un responsable; simples y aplicables en un periodo corto de tiempo (preferentemente trimestrales y algunos anuales); monitoreados; actualizables, y del conocimiento de todos. Respecto de este último punto, se resalta la necesidad de mantener un buen ambiente de trabajo en equipo y comunicación, con el fin de impulsar y gestionar un alto desempeño de los equipos y directivos. Para ello se realiza una gestión de desempeño permanente por medio de un sistema de conversación, retroalimentación y reconocimiento (CRR, por sus siglas en inglés), en el cual se impulsan las conversaciones sinceras y constructivas entre directivos y equipos, la retroalimentación entre

---

[275] Grove, 2015.

miembros de estos y el reconocimiento a los individuos y contribuciones que lo merezcan.[276]

Otro modelo ampliamente utilizado por instituciones públicas y privadas es el de Kaplan y Norton antes expuesto, conocido, como ya se ha dicho, como la metodología del Cuadro de Mando Integral. Mediante esta, conforme la misión y visión de la institución, se vinculan las estrategias y los objetivos clave con el desempeño y los resultados de cuatro áreas críticas de la institución: las finanzas, los clientes, los procesos internos y las capacidades de la organización. En esta metodología, Kaplan y Norton subrayan la importancia e interdependencia entre las dos fases de una estrategia: diseño y ejecución. Para ellos, el éxito de una estrategia depende de realizar ambas fases correctamente, para así traducir lo planeado en acciones y ejecutarlas conforme a la guía de lo planeado. Con esto en mente, el Cuadro de Mando Integral es una herramienta útil para convertir la estrategia de la institución en objetivos operativos y acciones estratégicas que permitan alcanzar los resultados esperados.[277]

Existen también casos en los que cada empresa o consultoría genera sus propios modelos o metodologías de planeación estratégica, como el despacho de asesoría McKinsey & Company, cuyos mecanismos de solución de problemas y planeación estratégica se han plasmado en los libros *The McKinsey Way* y *The McKinsey Mind*. En estos se documentan las metodologías de solución de problemas y mejores prácticas que utilizan los equipos de trabajo de McKinsey para atender los diversos temas y asuntos de cientos de clientes alrededor del mundo. Asimismo, incluyen consejos y soluciones para los procesos de investigación, los cuales se considerarán más adelante en este libro.

---

[276] Doerr, 2018.
[277] Kaplan y Norton, 2008, pp. 11-14.

En la actualidad también se ha vuelto muy popular la metodología Agile ("ágil" en inglés), la cual se basa en los principios de planificación adaptativa, entrega temprana y mejora continua, con el fin de que en la ejecución de los planes se pueda responder de forma rápida y fácil a los cambios externos e internos. Esta metodología inició a partir del desarrollo de *software*, pero actualmente se utiliza a lo largo y ancho de muchas empresas. Agile desarrolla proyectos y soluciones por medio de la colaboración entre equipos multifuncionales autoorganizados, y promueve un proceso disciplinado de gestión, evaluación y adaptaciones frecuentes que permite la entrega de resultados.[278]

En el caso particular del sector público, en la década de 1980 países miembro de la OCDE comenzaron a utilizar herramientas de planeación estratégica empresarial para el diseño de programas y políticas públicas en el marco de lo que hoy se conoce como Nueva Gerencia Pública (*New Public Management*). Hoy en día, las herramientas de planeación estratégica y los principios de la gestión orientada a resultados se han vuelto imprescindibles para la identificación de prioridades y la asignación de recursos públicos, en un contexto donde hay fuertes demandas sociales y compromisos públicos a favor de la transparencia y la eficiencia gubernamentales. Para ello, con la definición de objetivos estratégicos y el uso de indicadores se establece el marco para la elaboración de la programación anual operativa con la que se formulan los proyectos de presupuestos públicos. Básicamente, al importar mejores prácticas de planeación e innovación gerencial del sector privado, la filosofía de la Nueva Gerencia Pública persigue mejorar la eficiencia del gobierno ante los ciudadanos y, entre otros, busca:

---

[278] Denning, 2018.

1. Identificar objetivos, indicadores y metas que permitan evaluar los resultados.
2. Designar niveles concretos de los responsables del logro de las metas.
3. Establecer sistemas de control de gestión internos con responsabilidades y recursos de retroalimentación para la toma de decisiones.
4. Vincular el presupuesto institucional con el cumplimiento de objetivos.
5. Determinar incentivos, flexibilidad y autonomía en la gestión y desempeño.[279]

5.5. EL PENSAMIENTO ESTRATÉGICO

En los apartados anteriores se ha expuesto que para la gran mayoría de los autores la estrategia se compone de diferentes procesos de planificación (estratégica y táctica) y etapas (diseño e implementación), pero es importante destacar que todo ello se sustenta en lo que se conoce como el pensamiento estratégico y en sus principios. Este, básicamente, es el proceso mental por el cual se resuelven problemas, se visualiza el futuro y se toman decisiones a partir del análisis de distintas situaciones y sus posibles desenlaces, con una reflexión sobre las diferentes variables que afectan un problema, y la valoración de las múltiples opciones a nuestro alcance para concebir una ruta para llegar a la meta.

La capacidad individual de pensamiento estratégico puede variar entre personas. Algunas tienen aptitudes congénitas y otras las desarrollan y perfeccionan gradualmente, pero, en un grado u otro, todos somos estrategas. A lo largo del día todos vivimos bajo una constante

[279] Armijo, 2009, pp. 10-11.

cadena de decisiones que implica un proceso de análisis y selección de opciones. La única diferencia entre el día a día y los procesos complejos de planeación es que la multifactorialidad y la transcendencia de algunas decisiones requiere ciertas virtudes para elegir o construir la mejor opción. Es normal que los mejores tomadores de decisiones estratégicas (asesores, directivos, líderes, gobernantes, etc.) cuenten con ciertas aptitudes, como la capacidad de usar ambos hemisferios del cerebro (lógica y creatividad); seguridad y confianza en su pensamiento y decisiones; visión, claridad y enfoque para definir objetivos y rutas; perspectiva y conciencia del entorno; flexibilidad y adaptación al cambio; aprendizaje continuo y disciplina académica, y paciencia y frialdad en la toma de decisiones, entre otras.[280]

El pensamiento estratégico puede equipararse con el proceso de solución de un rompecabezas. Conforme se entiende la lógica del problema y se conocen más a fondo las piezas y su interacción, es más sencillo resolverlo. Entre más piezas se identifiquen y coloquen, más claridad habrá sobre la imagen general. Así, cada pieza colocada, cada decisión tomada, interactúa y afecta al resto. Por ello, el pensamiento estratégico implica leer las conexiones entre diferentes sucesos, analizar las variables que afectan el problema, observar los cambios en el ambiente y escuchar las posiciones del resto de los jugadores.

En ese sentido, es importante considerar, por muy obvio que parezca, que no vivimos y tomamos decisiones en una cámara de aislamiento, sino que estamos rodeados de otros tomadores de decisiones, cuyas determinaciones interactúan con las nuestras y nos afectan directa o indirectamente. Podemos decir que, al resolver un problema complejo, o cuando nuestras decisiones implican una forma de conflicto o cooperación con otros actores, estamos tomando decisiones estratégicas,

---

[280] Dixit y Nalebuff, 1993, pp. 1 y 2.

las cuales pueden reflejarse o sustentarse en un plan de acción o estrategia. Por ello, para algunos autores el pensamiento estratégico es el arte de superar a nuestros adversarios, sabiendo que ellos están tratando de hacer lo propio.[281]

Aunque el pensamiento estratégico siempre tendrá algo de arte, la rama de las ciencias sociales que estudia la toma de decisiones estratégicas es la teoría de juegos. Esta, fundamentalmente, estudia la interacción de las decisiones y acciones entre distintos actores en estructuras formalizadas de incentivos y reglas (juegos), donde las estrategias son las diferentes alternativas o decisiones que cada jugador puede elegir. La esencia de estas estrategias es la interdependencia de las decisiones de los jugadores en el respectivo juego, el cual·se puede dar en dos sentidos:[282]

1. *Juego de decisiones secuenciales.* Donde las decisiones de los jugadores se van sucediendo una a otra. La naturaleza de este tipo de juego supone, entre otras cosas, conocer las reglas, considerar el número de participantes, prever la decisión del adversario, mirar hacia delante y razonar hacía atrás (por medio de un árbol de decisión o ingeniería inversa), y analizar antes de decidir, pues, una vez tomada la decisión, puede ser irreversible o demasiado costoso revertirla.

2. *Juego de decisiones simultáneas.* Donde los jugadores deben tomar las decisiones al mismo tiempo, sin conocer la del adversario; por ejemplo, el famoso juego del dilema del prisionero. Este tipo de juego implica no ver, como en el juego secuencial, la estrategia del otro, sino tratar de ver a través de ella, en un pensa-

miento y toma de decisiones circular ("yo creo, que él cree, que yo creo, que él cree..."), en vez de lineal.

En cuanto a las estrategias, o alternativas de decisiones, pueden ser de dos tipos:[283]

1. *Dominantes.* Es la mejor opción de todas las posibles estrategias que se pudieran llevar a cabo, sin importar las opciones del adversario.

2. *De equilibrio.* En los casos en que hay posibilidad de conflicto o cooperación, la estrategia de equilibrio es la mejor opción para los participantes, ya que cada uno de ellos elige la mejor respuesta ante las acciones de sus adversarios; esto no necesariamente significa el mejor resultado, pero sí la mejor opción ante dichas acciones en contra, a lo que se le conoce como el equilibrio de John Nash.

Cabe señalar que en algunas ocasiones los intereses de los jugadores están en conflicto directo y son inamovibles, en un escenario donde la ganancia de uno significa la pérdida del otro, por ejemplo, los procesos de designación presupuestal, donde los recursos son finitos y otorgar un peso a una parte significa restarle un peso a la otra. Esos casos se conocen como juegos de suma cero, pero lo más común es que haya combinaciones o zonas de conflicto común o colaboración. En el cabildeo son raros los casos de suma cero. De hecho, hay quienes argumentan que en el cabildeo, por ser un juego evolutivo, las estrategias de cualquiera de las partes afectan las del resto de los participantes, y

---

[283] *Ibidem*, pp. 59-76.

el resultado de esta interacción genera un equilibrio.[284] No obstante, en ocasiones algunos ejercicios de análisis del cabildeo por medio de la teoría de juegos, erróneamente, han tratado de representar determinados casos como juegos de suma cero, pero reducen el fenómeno social a pocos jugadores con un único resultado posible.

En el desarrollo de los juegos, los participantes pueden implementar diferentes acciones estratégicas, al tomar en cuenta diferentes principios del pensamiento estratégico; por ejemplo, se puede jugar con los tiempos para encarecer las decisiones de los demás —la conocida intransigencia de Charles de Gaulle, quien forzaba a sus adversarios a tomar decisiones bajo presión—; en otras ocasiones es conveniente combinar acciones y confundir a los adversarios, volverse imprescindible, pues, una vez que se actúa, los objetivos quedan revelados. También se debe tener siempre presente que para cada acción hay una reacción, por lo que los adversarios actuarán conforme a las decisiones que se tomen. Hay que tratar de hacerse del panorama más amplio posible, aunque siempre estará presente el riesgo de tomar decisiones con una visión parcial y no integral del problema. Por otro lado, es común, como en las carreras de veleros, que los segundos lugares tienden a innovar, y los primeros, a imitar a los segundos para mantener su ventaja. Se pueden sacrificar decisiones para engañar y provocar las de los adversarios que favorezcan los objetivos propios; pero hay algunas que, aunque limiten la libertad propia, aventajan la posición sobre la de los contrincantes, por ejemplo, cuando un candidato promete reducir los impuestos, con lo cual gana seguidores, pero limita su capacidad financiera en caso de ganar. Cada decisión que se toma repercute en nuestra reputación y afecta la opinión que tienen nues-

---

[284] Baskerville, 2007.

tros adversarios sobre cómo responderemos en el futuro a situaciones similares. Las promesas o amenazas que se hacen deben ser creíbles y se debe estar dispuesto a cumplirlas, pues con seguridad uno será puesto a prueba para realizarlas.[285]

5.6. EL ÉXITO DE UNA ESTRATEGIA

Antes de exponer el método para construir una estrategia de cabildeo, es importante señalar las razones de su éxito o fracaso así como algunos principios y criterios que deben de considerarse, desde el diseño y a lo largo de su vida, con el fin de ser exitosos en las aspiraciones de la estrategia.

En general, el máximo principio para el éxito de cualquier tipo de estrategia, sin importar su naturaleza, es la interdependencia entre sus dos principales etapas: el diseño y la implementación. Así como una idea grandiosa, por más fundamentada e innovadora que sea, puede morir como una ocurrencia estéril debido a una ejecución errada, la implementación de una estrategia puede fracasar e implicar gastos improductivos si no está guiada por un plan de ruta con objetivos claros y líneas de acción planeadas y documentadas. Este principio fundamenta la gran mayoría de las propuestas metodológicas expuestas anteriormente, como lo plantean Kaplan y Norton:

> Es imposible implementar una estrategia visionaria si no se le relaciona con excelentes procesos operacionales y de gobernanza. A su vez, la excelencia operacional puede reducir los costos, mejorar la calidad y reducir los tiempos de procesos y de gestación. Pero, sin la visión y

---

[285] Dixit y Nalebuff, 1993, pp. 27, 120, 124 y 144.

la guía de la estrategia, es probable que las mejoras operacionales no alcancen para que la empresa disfrute del éxito sustentable.[286]

Además del principio básico de interdependencia entre planeación y ejecución, algunos teóricos proponen algunos criterios para la efectividad de una estrategia, como, por ejemplo, los mencionados por Quinn:

a) contar con objetivos claros y decisivos;

b) conservar siempre la iniciativa frente a los competidores;

c) mantener permanentemente la atención sobre un punto focal fino y contundente;

d) ser flexible en su ejecución para adaptarse a cambios internos y externos;

e) sostener un liderazgo coordinado y comprometido, y

f) tener seguridad y certeza para proteger los recursos y contar con un sistema de inteligencia.[287]

El éxito de las estrategias de cabildeo depende especialmente de factores contextuales, procesales y operacionales. En todo tipo de estrategia el contexto es relevante, pero toma aún mayor importancia en el caso del cabildeo, donde las acciones suelen estar enfocadas en cambiar el ambiente en el que operan los grupos de interés, el cual de afecta forma recíproca el modo en el que se relacionan los grupos con el gobierno y otros actores sociales. Por ello las múltiples variables del contexto, tanto internacionales y nacionales como locales, afectan directamente una estrategia de cabildeo y reducen o amplían

---

[286] Kaplan y Norton, 2008, p. 19.
[287] Mintzberg *et al.*, 1997, p. 7.

sus posibilidades de éxito, en particular si se considera que algunos sucesos pueden saturar la agenda pública o modificar las prioridades y los posicionamientos de los tomadores de decisiones. Por ejemplo, en tiempos de crisis económica, los tomadores de decisiones priorizarán los asuntos de forma diferente que en un estado de crecimiento; en época electoral los funcionarios basarán sus decisiones de acuerdo con las preferencias populares para ganar votantes; en un sistema político con un régimen populista, algunos grupos empresariales podrán encarar mayor oposición para impulsar sus intereses; bajo una presión y tendencia internacional de protección al medio ambiente, habrá proyectos de infraestructura que enfrenten complicaciones sociales y políticas, etcétera.

El segundo factor que afecta una estrategia de cabildeo son las características específicas del proceso de decisión o del asunto que se pretende cabildear. Todo proceso de decisión tiene variables propias, que van desde lo formal, como las reglas y los tiempos de aquel, hasta lo informal, como son las preferencias y características personales de los tomadores de decisiones y otros actores involucrados, las instituciones del ámbito del proceso o la prominencia del asunto. En primer lugar, las reglas y los procesos pueden representar restricciones a la participación de actores externos en el proceso o a las oportunidades de influir formal o informalmente en algunas de sus etapas. En segundo lugar, como todo hecho humano, las preferencias y posicionamientos de las personas afectan consistentemente el resultado y desarrollo del proceso, por lo que es esencial conocer a fondo a tomadores de decisiones, contrincantes y aliados. De igual forma, las instituciones definen en gran parte los procesos políticos, esto es, las formas y los medios por los cuales se toman, implementan y ejecutan las decisiones políticas. Las instituciones pueden definirse en términos generales como patrones de comportamiento que dan forma a la interacción humana, que median y estructuran los entornos sociales con incentivos y restricciones.[288] Finalmente, la prominencia del asunto (lo que algunos académicos anglosajones llaman *salience*)[289] depende de su relevancia en la agenda pública, de la atención mediática que recibe y de la cantidad de competidores que participan en el proceso. En general, el cabildeo tiene mayores oportunidades de éxito cuando el interés de los medios y el electorado es menor, puesto que genera menos presión sobre los tomadores de decisiones, lo que a su vez les otorga mayor margen de acción y decisión. Esto obedece en gran medida al grado de conflicto del tema, ya que entre más intereses se vean afectados por un asunto, más participantes tratarán de influir y, por ende, generarán mayor atención popular. Cualquier asunto siempre afectará al resto de los intereses, pero el efecto puede variar en grado e impacto. Imaginemos que el sistema social es como una telaraña de intereses: en el momento que se jala un hilo, se genera tensión, en mayor o menor grado, sobre el resto de los hilos; entre más al centro esté la fuente de presión (lo que serían los intereses más generales), más involucrados habrá.

Por último, el factor interno de éxito de una estrategia de cabildeo —el operacional— son las capacidades y los recursos del grupo de interés que actúa como sujeto activo, es decir, aquel que pretende cabildear un asunto: capacidades para alcanzar, gestionar y desplegar estratégicamente los recursos necesarios para conseguir el objetivo planteado, no solo financieros, sino también activos humanos y materiales, que incluyen los procesos organizacionales, los atributos y la naturaleza de los intereses, los conocimientos, reputación, cultura y tamaño de la or-

---

[288] Es importante señalar que en este caso nos referimos a instituciones informales, como las costumbres y patrones de comportamiento consuetudinarios de una sociedad, y no como comúnmente se utiliza el término, para referirse a instituciones formales creadas por entidades como el gobierno y la sociedad, con una estructura legal, humana y física.

[289] Por ejemplo: Mahoney (2007) y Klüver (2011).

ganización, sus aliados y otros medios tangibles e intangibles que permiten tener relación y acceso a los tomadores de decisiones.

En el caso del cabildeo, estas son las capacidades para influir en un proceso de decisión. Aunque cabe resaltar que es complicado medir la influencia de un grupo de interés, ya que normalmente los resultados son relativos (como se ha dicho, en el cabildeo son pocos los juegos de suma cero) y el grado de efectividad puede variar por infinidad de razones.

Como puede observarse, el primer factor es exógeno al proceso de decisión, pero lo condiciona; el segundo lo conduce y condiciona, tanto como a los actores, y el tercero es un factor interno y gestionable por los grupos de interés. Es decir, desde el punto de vista del grupo de interés, mientras que el tercer factor está bajo su control y depende plenamente de la planeación y dirección interna de la organización, la capacidad de manipulación de los otros dos factores es mucho menor, en especial del primero, donde se comprenden las variables contextuales a escala macro. Mientras los factores de éxito de una estrategia se alejen del círculo de capacidad o poder de influencia del grupo de interés, más complicado será gestionarlos o manipularlos.

5.7. UN MODELO DE ESTRATEGIA DE CABILDEO

Con base en lo expuesto, a continuación se presenta un modelo de estrategia de cabildeo conformado por algunas de las mejores prácticas para la planeación y ejecución de estrategias. Como todo modelo, es una guía que debe adaptarse a cada caso, según sus particularidades.

El modelo se basa en el principio de etapas secuenciales, todas ellas con sus respectivos componentes y en un marco de pensamiento estratégico.

Figura 5.1. Modelo de estrategia de cabildeo

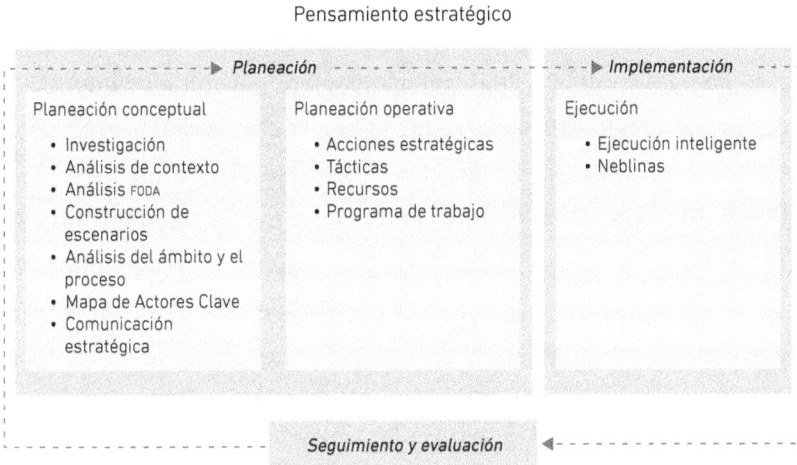

Pensamiento estratégico

Planeación		Implementación
Planeación conceptual	**Planeación operativa**	**Ejecución**
• Investigación • Análisis de contexto • Análisis FODA • Construcción de escenarios • Análisis del ámbito y el proceso • Mapa de Actores Clave • Comunicación estratégica	• Acciones estratégicas • Tácticas • Recursos • Programa de trabajo	• Ejecución inteligente • Neblinas

Seguimiento y evaluación

La primera etapa es la planeación, la cual se puede dividir en dos fases. Para empezar, se realiza la planificación conceptual, que se enfoca en visualizar la misión, los objetivos y las metas para dar sustento conceptual y teleológico al proyecto por medio del pensamiento estratégico y el análisis de las diferentes variables. Las actividades de esta fase se centran en responder preguntas para conceptualizar el proyecto: qué, por qué, para qué, entre otras. La segunda fase es la planificación operativa, orientada a estructurar y programar la implementación, gestión, seguimiento y evaluación de la estrategia. Las actividades de esta fase responden preguntas relacionadas con la táctica: cómo, cuándo, dónde, con qué, con quién, entre otras.

La segunda etapa es la implementación, en la cual se materializa la ejecución de la estrategia por medio de las actividades planeadas y programadas en la planificación operativa. Cuando se cuenta con un plan estructurado, con un destino claro y realizable, sigue el reto de ejecutar ese mapa en equipo, con disciplina, orden, eficiencia y persistencia.

De forma paralela a la implementación se lleva a cabo un mecanismo permanente de seguimiento y evaluación de la ejecución y sus resultados, con el fin de que, en caso de ser necesario, se pueda ser ágil y flexible para recalibrar la estrategia conforme a cambios internos o externos. Es importante señalar que la toma de decisiones estratégicas es un proceso continuo, sistemático y complejo. Normalmente, las decisiones en la ejecución de una estrategia se dan en un contexto con alta diversidad de variables en el contexto externo o en la propia dinámica de la organización. Por ello es importante establecer sistemas y mecanismos de seguimiento y control que permitan verificar y evaluar sistemáticamente tanto la ejecución de las estrategias como la relación entre la realidad y el resultado deseado.

A continuación se exponen las características básicas de los componentes y procesos de una estrategia de cabildeo en sus diferentes etapas. Estas descripciones son una visión general que puede utilizarse como guía en la planeación e implementación de una estrategia de cabildeo; para ahondar en cada una de ellas, múltiples textos especializados en estos procesos explican a detalle su diseño y ejecución.

5.7.1. Planeación conceptual

5.7.1.1. Objetivos

El primer paso de la planeación conceptual es definir el objetivo que se espera alcanzar, pues es lo que marcará el rumbo de la estrategia. El objetivo se debe construir de forma clara y concisa, con el acuerdo del liderazgo de la organización. Una vez definido, se debe socializar con toda esta; es muy común que diferentes miembros del equipo no necesariamente comprendan el objetivo y lo visualicen de diferentes formas, lo que quiere decir que no todos estarán trabajando en el mismo sentido y pondrán en riesgo la ejecución de la estrategia. Por ello, el objetivo debe ponerse "en blanco y negro", para que todos comprendan lo mismo. Es esencial que desde un inicio quede claro qué es lo que se espera lograr con la estrategia; el cómo lograrlo se definirá más adelante, cuando se tengan los elementos de análisis necesarios.

Una conocida metodología o grupo de criterios para asegurar el correcto desarrollo de objetivos es lo que se conoce como "objetivos SMART", siglas que forman la palabra *inteligente* en inglés, y proponen cinco principales características que debe tener todo objetivo, el cual debe ser:

a) específico (*specific*), es decir, claro, detallado y concreto;

b) medible (*measurable*), que cuente con indicadores de desempeño para su permanente evaluación y mejora;

c) alcanzable (*achievable*), que se ajuste a la realidad de la organización y su entorno;

d) relevante (*relevant*), que esté relacionado a la misión de la organización y sus resultados sean importantes, y

e) perentorio (*time-bound*), que tenga fecha límite de cumplimiento.

Es común que los términos *objetivo* y *metas* se utilicen de forma indiscriminada. No obstante, es posible diferenciarlos de acuerdo con sus efectos y tiempos. Mientras que un objetivo es el fin definitivo de la estrategia y, por ende, deberá ser de mediano o largo plazo, las metas se alcanzan en menor tiempo y se traducen en tareas específicas para cada área o etapa del proceso, como una parte del total de los trabajos para alcanzar el objetivo. En otras palabras, este arropa a las metas, de modo que incluye varias metas, las cuales, unidas, lo conforman.

En un caso de cabildeo legislativo, un ejemplo simplificado de lo anterior sería el siguiente:

■ Objetivo 1: Impulsar un cambio legal para permitir la venta de mariguana con fines recreativos.

- Meta 1.1: Conseguir uno o varios legisladores que se sumen a la causa y presenten la propuesta de reforma legal.

- Meta 1.2: Asegurar el apoyo de organizaciones de la sociedad civil y líderes de opinión.

- Meta 1.3: Impulsar un dictamen/opinión favorable de la comisión legislativa que se designe como dictaminadora.

- Meta 1.4: Asegurar la aprobación de la iniciativa en el pleno de la Cámara de Diputados o el Senado de la República.

5.7.1.2. Investigación

La información y el método con el que se procesa la estrategia son la base de su diseño y ejecución. Todo proceso de planeación se sustenta en la cantidad y calidad de información a la que se tenga acceso y cómo se procesa; con información insuficiente resulta imposible tener la visibilidad para analizar un asunto o definir una solución, y con mala información las decisiones que se toman resultan equivocadas y costosas.

Actualmente, la información disponible en internet es inmensurable. Esto representa una oportunidad de enriquecimiento de las estrategias, pero, a la vez, un reto en cuanto al método para procesar tanta información y definir su utilidad para aquellas. Aunque los avances tecnológicos ofrecen herramientas y métodos innovadores para procesar la información, el ejercicio intelectual para realizarlo no ha cambiado y el factor humano siempre será necesario en un proceso de investigación.

En sentido amplio, una investigación es la recopilación de información para responder una pregunta, confirmar una hipótesis o resolver un problema, algo que todos los humanos realizamos de forma habitual en nuestra toma de decisiones diaria.[290] La diferencia es que, en un

---

[290] Booth, 1995, p. 10.

proceso de investigación formal para decisiones complejas, se procesa, cataloga y sistematiza mucha más información con la ayuda del pensamiento crítico. Para ello existen dos métodos básicos: *a)* se realiza un análisis por medio del cual se descompone la información en partes y se ordena según su pertinencia, importancia e impacto, y *b)* se realiza una síntesis en la cual se condensa la información particular en categorías más visibles o significativas para tener una imagen global en la que se evidencie la importancia de la información y se reflejen las vinculaciones y tendencias de los datos.[291]

Para analizar y sintetizar la información es necesario definir antes qué información es la que se requiere. Para ello, primero se debe desmenuzar el asunto que se pretende cabildear en sus diferentes componentes. Un método útil para esto es el utilizado por McKinsey & Company, en el cual el asunto se divide en sus distintos elementos o temas, sin dejar ninguno fuera, de modo que sean mutuamente exclusivos y colectivamente exhaustivos (método MECE, por sus siglas en ingles: *Mutually Exclusive, Collectively Exhaustive*). Para dividir el problema en partes se puede utilizar un árbol lógico o mapa conceptual, en el que se identifiquen y categoricen los temas o variables que afectan el asunto principal. Con esto es posible analizar los datos en correlación con el problema y no de forma independiente. Conviene realizar este ejercicio por medio de una lluvia de ideas en la que participen todos los miembros del equipo, respetando las reglas básicas de esta actividad: no hay ideas tontas, toda pregunta es válida, todos deben estar conscientes de que sus ideas pueden no proceder, definir límites de tiempo (no alargar de más el ejercicio) y registrar o documentar todas las ideas. De este modo se aprovecha el conocimiento del grupo, se reúne la información, experiencias y contextos en un proceso de gestión y valor

---

[291] Schröder, 2004, p. 46.

agregado que se origina en el pensamiento individual (conocimiento sin codificar) y se consolida una vez que se comparte con otros y se documenta (conocimiento codificado).[292]

Una vez identificados los componentes del asunto, es posible definir la información y los datos de análisis de cada elemento o subtema. En este proceso de análisis y síntesis de información, es importante tener presente lo siguiente:[293]

1. Se deben priorizar las variables o factores que más afecten el asunto principal, pues en temas complejos es imposible atender y procesar todo.

2. En un mundo saturado de información es necesario procesarla inteligentemente: hay que elegir lo esencial y dejar de lado lo menos importante.

3. Se deben identificar las fuentes de información confiables y certeras para no llegar a conclusiones falsas.

4. Aunque se tenga mucha información, la intuición y el instinto humanos siempre deben respetarse, por ello es importante contar con gente con experiencia y olfato estratégico.

5. La investigación debe tener responsables y fechas de entrega para no perderse en el amplio universo de información.

6. Interpretar gran cantidad de datos requiere pensamiento crítico, lo cual implica ser selectivo con estos para después relacionarlos en una historia coherente.

7. La información debe sintetizarse de manera lógica y presentarse de la forma más concisa y clara posible.

---

[292] Rasiel, Ethan y Friga, 2001, pp. 3-17 y 75.
[293] Ibidem, pp. 42 y 85.

Un proceso de investigación bien logrado, con objetivo, metodología y sistematización sólidos, es esencial para la toma de decisiones en cualquier proyecto, público o privado. En su máxima expresión, el proceso de investigación debe convertirse en un proceso de "inteligencia", en el cual la información se transforma en conocimiento y presciencia del contexto externo e interno por medio de análisis, interpretación y síntesis. Para los expertos en la materia, la transformación de datos e información en inteligencia útil y accionable se realiza en un ciclo que en términos generales comprende las siguientes etapas:

a) definición de las necesidades y objetivos de inteligencia;

b) recolección y monitoreo continuo de fuentes de información;

c) procesamiento de la información recolectada;

d) análisis e interpretación de los datos;

e) diseminación y resguardo de la información, y

f) uso de la inteligencia desarrollada.[294]

5.7.1.3. El análisis del contexto

Además del análisis de los elementos y las variables que conforman el asunto de interés, siempre existirán factores externos que pueden afectarlo de forma indirecta. Por ello, es importante realizar un análisis del contexto como parte del proceso de planeación. En este se analizan, con el mismo método y principios de investigación expuestos, los aspectos externos a la organización que no son un componente del asunto que se ha de cabildear, pero que pueden influir indirectamente en el desarrollo y el resultado del proceso de decisión, como son las

[294] Global Intelligence Alliance, 2004.

variables del entorno político, económico, social, cultural, ambiental, tecnológico, legal, geográfico, electoral, regional e internacional, entre otros. Como resultado, se identifican en el entorno —pues siempre condicionará, en menor o mayor grado, el desempeño de la estrategia— las oportunidades y amenazas que ayudan a ser realistas en nuestras expectativas y objetivos.

Existen diferentes técnicas y herramientas para realizar un análisis de contexto; entre las más comunes está el método PESTEL, creado por Liam Fahey y V. K. Narayanan, el cual permite analizar las variables que más podrían influir en el desarrollo de la estrategia y, así, prever sus tendencias de corto, mediano y largo plazos. Estas variables son:[295]

- *Políticas.* Aspectos gubernamentales y electorales, como la conformación del sistema político, el sistema de gobierno, las políticas impositivas y de fomento, las regulaciones administrativas, la estabilidad gubernamental, la relación entre poderes, los tiempos electorales, la ideología del régimen en gobierno, etcétera.
- *Económicas.* Cuestiones macroeconómicas, como la evolución y proyección del producto interno bruto, la repartición de la riqueza, la tasa de desempleo, la inflación, las tasas de interés, el tipo de cambio, el acceso a recursos públicos y privados, el nivel de desarrollo y los ciclos económicos, entre otros.
- *Sociales.* Factores demográficos y culturales, como la movilidad social, los usos y costumbres, la historia, los grados educativos, los roles de género, los hábitos de consumo de la sociedad o la participación ciudadana.

---

[295] Martín, 2017, s. p.

- *Tecnológicas.* Avances tecnológicos, como investigaciones, inversión pública en promoción del desarrollo tecnológico, la penetración de la tecnología, el grado de obsolescencia, la brecha digital, tendencias o nuevas tecnologías.
- *Ecológicas.* Aspectos del medio ambiente y recursos naturales, como las políticas medioambientales, las organizaciones ambientalistas, el cambio climático, los riesgos naturales o la regulación energética.
- *Legales.* Temas legislativos y normativos que tenga relación directa con el proyecto, como permisos y licencias, legislación laboral, propiedad intelectual, regulación sectorial, tratados internacionales, etcétera.

En cada grupo de variables, será distinto el grado en que cada factor afecte al proyecto o la estrategia, por lo que es necesario distinguir en todos los niveles aquellos que tendrán más impacto de los menos decisivos e irrelevantes. Es importante considerar que todos los factores están vinculados y condicionan la toma de decisiones, el modo en que se relacionan los actores y las prioridades de la agenda pública, lo cual es básico en una estrategia de cabildeo.

A continuación se presenta, de forma ilustrativa, un ejemplo simplificado de un análisis de contexto ordenado en una matriz de datos para el caso de una empresa hipotética de alimentos y bebidas que enfrenta el riesgo de una regulación de etiquetado para reducir la obesidad en el país:

VARIABLES	FACTOR	DESCRIPCIÓN	IMPACTO	SENTIDO
POLÍTICA	Plan Nacional de Desarrollo (PND)	El Ejecutivo incluye en el PND una política de salud para disminuir la obesidad.	Alto	Negativo
	Titular de la Secretaría de Salud	El secretario de Salud tiene antecedentes de impulsar regulaciones estrictas contra la obesidad.	Muy alto	Negativo
	Conformación de la Comisión de Salud de la Cámara de Diputados	Los diputados integrantes de la Comisión de Salud se han mostrado reacios ante regulaciones estrictas en la materia.	Muy alto	Positivo
	Aprobación del paquete económico anual	El Presupuesto de Egresos de la Federación se presentará en pocos meses, lo cual distraerá la atención de los diputados y pospondrá la discusión del tema de obesidad.	Medio	Positivo
ECONÓMICA	Derrama económica	El sector de alimentos y bebidas genera una amplia derrama económica para el país.	Alto	Positivo
	Crisis económica internacional	Se prevé una crisis económica internacional con impacto nacional que pudiera presionar las finanzas públicas y fomentar impuestos especiales a alimentos y bebidas.	Medio	Negativo
SOCIAL	Sentimientos en redes sociales	La tendencia en redes sociales es a favor de las políticas y regulaciones para disminuir la obesidad.	Alto	Negativo
	osc de salud	Existen organizaciones de la sociedad civil muy activas e influyentes que operan en contra de la obesidad, incluso con apoyo económico internacional.	Medio	Negativo
	Demanda de productos	La demanda y el gusto por los productos de la empresa no han disminuido; el tema no está en la agenda de la mayoría de los consumidores.	Alto	Positivo
TECNOLÓGICA	Avances médicos	Existen estudios médicos avanzados que demuestran que estos alimentos y bebidas no son tan nocivos.	Medio	Positivo
	Procesamiento de alimentos	Está en estudio un nuevo medio de elaboración que reduce los contenidos calóricos sin perder calidad y sabor.	Alto	Positivo
ECOLÓGICA	Contaminación	Se ha criticado, además del contenido calórico de los productos, la contaminación que produce su tipo de envase y empaque.	Medio	Negativo

LEGAL	Amparo	Existe la posibilidad de ampararse ante un posible impuesto especial.	Alto	Positivo
	Antecedentes internacionales	Organismos internacionales se han manifestado en contra de la obesidad y a favor del derecho a la salud y una mayor calidad de vida.	Medio	Negativo

5.7.1.4. Análisis FODA

Una vez concluido el análisis del contexto, se recomienda realizar un análisis FODA (fortalezas, oportunidades, debilidades y amenazas). Es conveniente hacerlo enseguida del análisis del contexto, ya que enriquece y facilita el análisis FODA. Este último comprende dos grupos de variables externas a la organización (oportunidades y amenazas), las cuales son más difíciles de gestionar o manipular, y otros dos grupos de variables internas (fortalezas y debilidades), que dependen plenamente de las características y las capacidades de la organización:

- *Fortalezas.* Elementos internos positivos que diferencian la organización o grupo de interés y representan un beneficio o ventaja competitiva sobre los contrincantes o tomadores de decisiones.
- *Oportunidades.* Hechos y situaciones que se generan en el entorno y que pueden ser aprovechados de manera positiva para el desarrollo de la estrategia o proyecto.
- *Debilidades.* Elementos internos negativos que, debido a una deficiencia o falta de recursos y capacidades de la misma organización o grupo de interés, o como consecuencia de una fortaleza o ventaja competitiva del contrincante, representan barreras para el desarrollo de la estrategia o proyecto.
- *Amenazas.* Hechos o situaciones en el entorno que representan un riesgo para la estrategia o proyecto.

Una vez identificados estos aspectos, se pueden construir estrategias para aprovechar las fortalezas con el fin de capitalizar las oportunidades, mitigar las amenazas así como superar las debilidades y evitar las amenazas.

Asimismo, como parte del proceso de pensamiento estratégico y, sobre todo en las estrategias de cabildeo, es conveniente llevar a cabo no solo un análisis FODA propio sino también un análisis de los contrincantes o tomadores de decisiones en quienes se pretenden influir. Esta comparativa permite tomar y ejecutar mejores decisiones, contrastando los puntos débiles y fuertes de todos los involucrados.

A continuación se presenta un ejemplo genérico y abreviado de una matriz FODA empresarial:

FORTALEZAS (+)	DEBILIDADES (–)
• La estructura organizacional • Lealtad de los clientes • Exclusividad en ciertos productos • Situación financiera de la empresa	• Procesos lentos y mal definidos • Retraso en el uso de sistemas y programas de administración • Dependencia de un solo proveedor
OPORTUNIDADES (+)	**AMENAZAS (–)**
• Nuevas tecnologías para optimizar procesos • Tratados de libre comercio abren nuevas opciones de exportación • Acceso a nuevas y más estables fuentes de financiamiento	• Nuevos competidores extranjeros, con productos más baratos • Robo de talento por nuevos competidores • Posibles nuevas regulaciones y cargas impositivas por cambio de administración

5.7.1.5. La construcción de escenarios

Otra herramienta útil en la planeación estratégica es la construcción de escenarios, ejercicio prospectivo que busca conformar una radiografía posible del futuro basada en el análisis de las condiciones actuales y pasadas —internas y externas—, las tendencias, las incertidumbres, su relación —causal o interdependiente— y las posibilidades de que sucedan.[296]

---

[296] Boaventura, 2008, pp. 597-612.

La intención es prever eventuales situaciones que resulten de las acciones u omisiones a lo largo de determinado periodo. Con ello se pueden definir y diseñar diferentes alternativas de acciones estratégicas proactivas y reactivas. Las primeras son aquellas que se realizan esperando un resultado previsto, y las segundas, las que se planean previendo posibles reacciones o situaciones en un futuro próximo.

La construcción de escenarios es un ejercicio de planeación a futuro que suma los procesos de planeación y de decisión estratégica de las organizaciones. El futuro es incierto, de modo que el resultado del análisis puede no cumplirse, pero su visualización permite prevenir posibles situaciones e influir en su resultado.[297] Los escenarios se pueden construir de atrás para adelante o de adelante para atrás. Es decir, tomando como origen el momento actual e ir construyendo posibles escenarios futuros con la ayuda de un árbol lógico y el análisis de las causas y efectos de las acciones u omisiones de forma secuencial, o, de lo contrario, a partir del escenario futuro deseado, y analizar qué debería suceder y cuándo para que esa situación se vuelva realidad. En la definición de estas acciones se deben considerar sus posibilidades de influencia e intervención no solo por factores internos de la organización sino también por las variables del contexto externo.

Los escenarios prospectivos pueden ser:

1. *Deseable.* Situación ideal que se quiere alcanzar y en la cual se consigue el objetivo.
2. *No deseable.* Situación que se quiere impedir, ya que impide conseguir el objetivo.

---

[297] Godet, 1993, pp. 39-60.

3. *Probable.* Situación que tiene mayor probabilidad de volverse realidad dentro del abanico de posibles escenarios.

5.7.1.6. Análisis del ámbito y el proceso

Un ejercicio básico y de suma importancia en el cabildeo es el análisis de las características del ámbito y el proceso de decisión en el que se pretende cabildear. Este análisis incrementa o disminuye en gran medida las probabilidades de éxito del cabildeo, ya que conocer a detalle las reglas, las instituciones, los procedimientos, los tiempos, los actores, los antecedentes, la temática y otras peculiaridades del proceso de decisión que se pretende influir y el contexto en el cual se realiza permite mitigar riesgos y capitalizar oportunidades para ser más eficientes en el cabildeo. Por ejemplo, se pueden identificar los momentos más oportunos para realizar acercamientos directos a los tomadores de decisiones, activar acciones de comunicación masiva para ejercer presión indirecta, implementar recursos legales para entorpecer o acelerar el curso de algún evento, definir la instancia óptima para iniciar un proceso, identificar las etapas para participar formalmente en el proceso de decisión, reconocer los actores o tomadores de decisión preponderantes y el mejor modo de influir en ellos.

En el caso de un cabildeo legislativo, por ejemplo, además de analizar el contexto de la agenda legislativa y del Congreso, se debe conocer y estudiar el proceso legislativo establecido en la Constitución, la Ley Orgánica y los Reglamentos del Congreso de la Unión (figura 5.2). Este análisis no debe ser superfluo, sino a fondo, para identificar las ventanas de oportunidad para influir de forma más eficiente. Es decir, ¿qué sucede si el proyecto de reforma se turna a más de una comisión para que se discuta y dictamine? ¿Qué sucede en el caso de que la cámara revisora rechace el proyecto en su totalidad o solo parcialmente? ¿Qué sucede si el Poder Ejecutivo rechaza la reforma aprobada por el Poder Legislativo?

En el primer caso, al turnarse a más de una comisión, el proceso podría complicarse, pues se involucraría a más legisladores. En el segundo y tercer casos, la reforma podría ser rechazada solo parcialmente, lo cual abriría una oportunidad para salvaguardar los artículos o temas de interés; y aun rechazado por el Ejecutivo, el Legislativo puede sobreponer el veto del Ejecutivo y aprobar la reforma en sus términos originales por medio de una mayoría calificada (dos tercios de los integrantes).

Figura. 5.2. Proceso legislativo mexicano

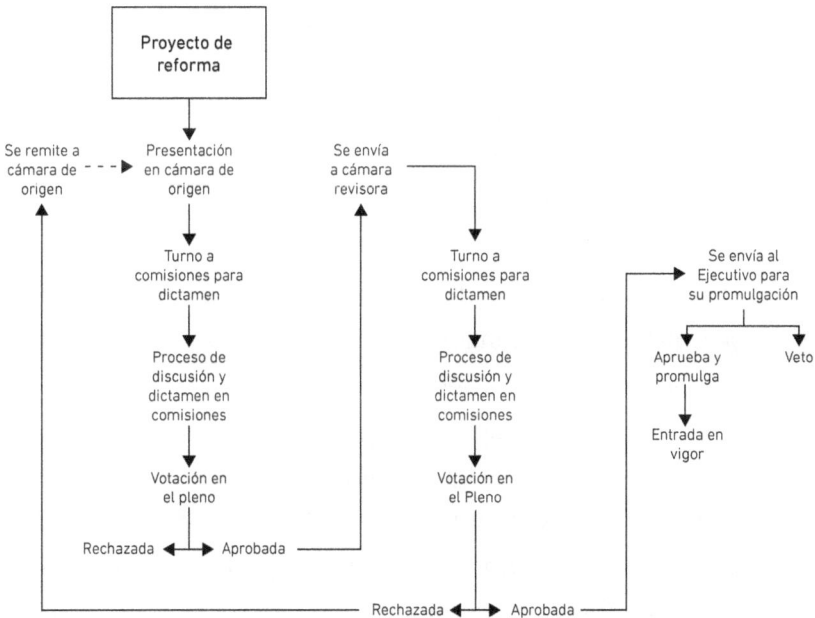

5.7.1.7. Mapa de Actores Clave

Otro elemento esencial de una estrategia de cabildeo es el Mapa de Actores Clave (MAC). Resulta indispensable conocer a fondo quiénes son los tomadores de decisiones, identificar el modo óptimo de acceder a ellos, influir en las decisiones que tomen y, en su caso, desarrollar relaciones de confianza a largo plazo para futuras oportunidades de cabildeo. Por lo mismo, el MAC se realiza por medio de una metodología que identifica, evalúa y prioriza los principales actores de acuerdo con su papel, relevancia, grado de influencia y posicionamiento respecto de los temas de interés.

El primer paso para construir un MAC es identificar a todos los actores participantes, ya sea de forma directa o indirecta, en el proceso de decisión, incluidos los tomadores de decisiones, sus equipos, otros actores afectados por el tema, etc., y a aquellos que pueden intervenir indirectamente, como actores con capacidad de influir sobre los tomadores de decisiones, grupos cuyos intereses son afectados marginalmente, instituciones que opinan pero no deciden, medios de comunicación, etc. Para ello se puede realizar un listado inicial de actores agrupados o sectorizados, de modo que se identifique el universo completo de posibles actores clave; por ejemplo:

a) *Decisores.* Aquellos que tienen voz y voto en el proceso de decisión que se pretende influir.

b) *Internos.* Aquellos que forman parte de la organización o que pueden ser controlados directamente (accionistas, empleados, socios, clientes, proveedores, etcétera).

c) *Sectoriales.* Aquellos que pertenecen al mismo sector social o económico de la organización (cámaras empresariales, competidores, sindicatos, asociaciones civiles, etcétera).

d) *Gubernamentales.* Aquellos que pertenecen a las instituciones y organismos del sector público (funcionarios, legisladores, jueces, reguladores, contralores, equipos de apoyo, etcétera).

e) *Geográficos.* Aquellos que actúan en determinado ámbito geográfico (comunitario, vecinal, estatal, regional, nacional o internacional).

f) *Medios de comunicación y redes sociales.* Aquellos que pertenecen a los instrumentos o canales de transmisión de la información (electrónicos, impresos, influenciadores, reporteros, editorialistas, lideres de opinión, editores, dueños de medios, etcétera).

Una vez identificados y priorizados los actores clave, es necesario investigar y analizar a fondo sus filias, fobias, prejuicios, alianzas, trayectoria, antecedentes, intereses, posición sobre el tema, papel en el proceso de decisión, relación y poder sobre otros actores, cercanía con la organización y cualquier otra característica personal que permita conocerlos lo suficiente para construir una relación e incrementar las posibilidades de influencia sobre sus decisiones. Entre mejor se conozca al actor, más fácil y eficiente será elegir el mejor método para entablar una comunicación con él y definir el momento, los canales y los mensajes que más pueden tener éxito.

Con esta información, conviene representar de forma gráfica el Mapa de Actores Clave. Para ello se puede utilizar un plano cartesiano (figura 5.3), según su papel en el proceso de decisión (opina, influye y decide) y su posición ante los intereses que se promueven (en contra, neutral o a favor). Este método permite priorizar a los actores y definir acciones específicas y realistas para cada uno de ellos, de forma que la implementación de la estrategia y el uso de los recursos de la organización sean eficientes. En cuanto a las acciones, por ejemplo en el caso de actores que tengan una posición en contra, el objetivo más probable sería lograr que tomen una posición neutral y el objetivo deseable, que cambien a una posición a favor; para los neutrales sería evitar que se coloquen en contra y que preferentemente tomen una posición a favor, y para aquellos a favor, consolidar su posición y blindarlos de las acciones de contrincantes.

Figura 5.3. Mapa de Actores Clave según su papel en el proceso de decisión y su posición frente a los intereses que se promueven.

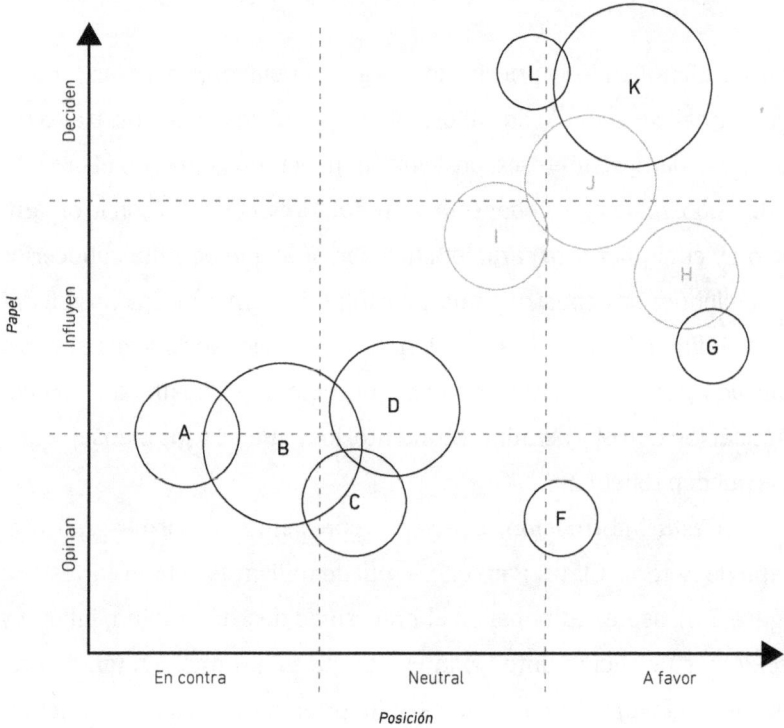

5.7.1.8. Comunicación estratégica

En un contexto tan dinámico como el actual, donde en gran medida los medios de comunicación y los líderes de opinión establecen la agenda pública, es esencial incluir en una estrategia de cabildeo acciones de relaciones públicas, mercadotecnia y comunicación estratégica para posicionar los intereses. Para ello es importante contar con las herramientas y metodologías que permitan responder a los retos que plantea un ambiente saturado de información, la cual viaja de forma vertiginosa por los medios no solo tradicionales sino también los conformados por las nuevas tecnologías de información y comunicación.

La irrupción de las redes sociales cambió la lógica de la comunicación y la mercadotecnia. Mientras que en los medios tradicionales la comunicación se da en un sentido, en las redes es de dos vías. Es decir, la dinámica deja de ser un monólogo y se convierte en un diálogo entre las organizaciones que transmiten sus mensajes y los usuarios de las redes sociales. Esta democratización de la información ha empoderado a las audiencias e impuesto nuevos retos y riesgos a las organizaciones, al tiempo que les exige más transparencia, por encontrarse bajo un escrutinio permanente en el que la participación de cualquier usuario puede afectar gravemente su reputación. Este cambio en la generación y consumo de la información ha migrado de la comunicación en un marco lógico a uno impulsivo, del orden al caos.[298] Sin embargo, también representa nuevas oportunidades, pues, al eliminar la exclusividad de transmisión y generación de información que guardaban los medios de comunicación, las redes sociales han abierto la posibilidad de que cualquier organización con menores recursos pueda ser noticia si construye y difunde inteligentemente una historia atractiva. Esas redes e internet permiten a las organizaciones comunicarse no solo con sus audiencias sino también con los medios, ya que ahora reporteros y editores basan sus contenidos en búsquedas en línea y tendencias en redes.[299]

Así, sin dejar de lado los medios tradicionales, toda estrategia debe incluir el componente de comunicación digital (sitio web, redes sociales, blogs, gestores de comunidades, etc.) para ampliar los esfuerzos de comunicación y relaciones públicas así como para robustecer las estrategias de mercadotecnia y posicionamiento de imagen. Es decir, la comunicación estratégica debe atender los dos frentes, ya que, aunque el consumo de medios en internet se ha incrementado, su crecimiento

[298] Argenti y Barnes, Courtney. 2009, p.48 y 75
[299] Meerman, 2015, pp. 22-25.

anual se ha estabilizado y los canales tradicionales aún siguen siendo muy relevantes. De acuerdo con el estudio mundial *Pronóstico de consumo de medios* (*Media Consumption Forecasts*) que Zenith realiza cada año, dicho consumo en internet móvil aumentó a una tasa promedio de 44% anual entre 2010 y 2016, impulsado por la profusión de dispositivos móviles, mejoras en la tecnología y mayor disponibilidad de contenido adaptado para dispositivos móviles. Asimismo, a pesar del rápido aumento de internet, los medios tradicionales seguirán representando cerca de 70% del consumo mundial. Particularmente, la televisión abierta seguirá siendo en el corto plazo el principal medio de comunicación masiva, con un promedio de 170 minutos de visualización al día, en comparación con los 140 minutos de consumo en internet.[300]

En ese sentido, el diseño y la implementación de la comunicación estratégica debe ser integral, con un alineamiento conceptual y una disciplina táctica en ambos componentes: el digital y el tradicional. Debe existir consistencia en los mensajes en todos los canales tanto en la nueva lógica de comunicación bidireccional como en la tradicional. Para sobresalir en un ambiente tan ruidoso y caótico como el actual, los grupos de interés y las organizaciones deben tener una comunicación y una imagen coherentes.[301] Esto permite transmitir de forma reiterada el mensaje rector, tomando en consideración que la repetición significa memorización del mensaje en las audiencias. De este modo, es importante que todos los miembros del equipo estén familiarizados con los lineamientos de comunicación, pues, si bien es indispensable definir voceros oficiales que cuenten con un buen entrenamiento de manejo de medios, todos los integrantes de la organización se convierten en voceros en sus comunidades y posibles redes sociales.

---

[300] Zenith, 2018, s. p.
[301] Argenti y Forman, 2002, p. 13.

Para ello se deberá crear un mensaje rector que incluya los elementos básicos que se quieren transmitir, lo que dará dirección, propósito y consistencia a la comunicación. Ese mensaje rector será el vehículo para conseguir el apoyo público a la causa y para influir en los tomadores de decisiones. Asimismo, es importante que los mensajes se transmitan con una narrativa atractiva que permeé en el público, esto es, que tenga una trama comprensible y toque los sentimientos de las audiencias.

Así como se realiza el MAP, se debe hacer un Mapa de Audiencias Clave, con el fin de crear, a partir del mensaje rector, mensajes específicos para cada una de estas. Por ejemplo, el estilo utilizado para comunicar una idea a un legislador o funcionario no es el mismo que para un empresario o líder comunitario. Una audiencia puede requerir un lenguaje más técnico, y otra, uno más enfocado en las emociones.

También es importante elegir el mejor canal o herramienta para comunicarse con las audiencias específicas, como pueden ser las notas de análisis, las tarjetas informativas, las presentaciones, los comunicados de prensa, las redes sociales, el sitio web, la prensa, los documentos de posición, las líneas discursivas y otras opciones que posicionen la organización como actor legitimo en su respectivo sector y como fuente de información confiable para los tomadores de decisiones.

Una comunicación eficiente exige legitimidad, credibilidad y autoridad sobre la materia, y se consigue de dos formas, que no son excluyentes, sino complementarias. Primero, es posible que, como interesado o parte afectada, la credibilidad se vea menguada. Por ello la información que se quiere transmitir debe sustentarse con datos duros, estadísticas, encuestas, estudios académicos, investigaciones periodísticas, ordenamientos jurídicos, estudios comparativos internacionales, pruebas científicas y otros documentos. De igual forma, se pueden utilizar voceros externos que sean autoridad en el tema, lo cual incrementa la credibilidad. Por esta razón muchos grupos de interés patrocinan de forma sistemática estudios académicos y *think-tanks* (institutos de investigación o centros de pensamiento) sobre sus temas. Segundo, la credibilidad aumenta según la reputación e imagen de la organización, por lo cual las organizaciones cada vez más invierten recursos en actividades de responsabilidad social empresarial (RSE), en fundaciones y en cumplimiento normativo, lo que les permite configurar un autorretrato positivo en el imaginario popular.

5.7.2. Planeación operativa

5.7.2.1. Acciones estratégicas

El primer componente de la planeación operativa es el diseño y la definición de las acciones que se realizarán para cumplir el objetivo y las metas planteadas. De acuerdo con el objetivo, las metas, el análisis de contexto, las características del asunto que se busca cabildear, el MAC y las capacidades o recursos de la organización, se lleva a cabo un proceso analítico y creativo para identificar las acciones que se requiere realizar para cumplir con la estrategia.

En este sentido, considerando el ejemplo de objetivos y metas en apartados anteriores, en específico el 5.7.1.1., a continuación se presenta un ejemplo de la forma en que se desarrollan las acciones de acuerdo con lo planeado:

- Objetivo 1: Impulsar un cambio legal para permitir la venta de mariguana con fines recreativos.
  - Meta 1.1: Conseguir uno o varios legisladores que se sumen a la causa y presenten la propuesta de reforma legal.
  - Acción 1.1.1: Mapear actores (legisladores) para identificar posibles aliados.
  - Acción 1.1.2: Desarrollar propuesta de redacción de la reforma.

- Acción 1.1.3: Definir insumos y mensajes para reuniones con posibles legisladores aliados.
- Acción 1.1.4: Gestionar reuniones con posibles legisladores aliados.
- Acción 1.1.5.: Acordar fecha de presentación con legislador aliado/promovente.

Una vez enlistadas todas las posibles acciones para conseguir cada meta, se deben elegir y priorizar de acuerdo con su pertinencia (si es que la acción contribuye al cumplimiento del objetivo y, de ser así, en qué forma –directa o indirectamente– y con qué grado de efectividad –alto, medio o bajo–) y su viabilidad (si es realizable de acuerdo con el contexto, los tiempos, los actores, las capacidades y los recursos de la organización). Con este análisis es posible valorar la probabilidad de éxito de la estrategia según el catálogo de acciones identificadas, con el fin de determinar si se cuenta con lo necesario para conseguir el objetivo o si es necesario revalorar las metas y el enfoque de la estrategia.

En general, las acciones, considerando su preparación y ejecución, se pueden catalogar como proactivas: aquellas que se planean y ejecutan de forma anticipada en búsqueda de un resultado específico; o reactivas: las que provisoriamente se planean tras el análisis de escenarios y se ejecutan en respuesta a un cambio en el contexto o a una acción de la contraparte.

Existen muchas otras formas de catalogar las acciones. Por ejemplo, según el canal y los medios que se utilizarán para implementarlas. En este caso pueden ser directas, es decir, aquellas que buscan influir de forma frontal e inmediata en los tomadores de decisiones, como, por ejemplo, encuentros informales o formales cara a cara, envíos de correos electrónicos o llamadas telefónicas, participación en audiencias públicas o privadas, invitación a eventos, foros o viajes de estudio o apoyos electorales, entre otras; o bien indirectas, esto es, aquellas acciones que buscan incidir en las actitudes del público en general o en la agenda pública para influir indirectamente a los tomadores de decisión en favor del objetivo propio, con entrevistas, ruedas y boletines de prensa, campañas de comunicación y mercadotecnia, movilizaciones de los miembros del grupo de interés y otros simpatizantes, encuestas de opinión y estudios académicos, apoyos a otros grupos de interés, y demás.

Por último, las acciones se pueden catalogar de acuerdo con el *modus operandi* y ámbito en el que se realizan, en cuyo caso pueden ser:

1. *Informativas.* Las que se utilizan para compartir con tomadores de decisión, otros actores o el público en general información valiosa para la causa.
2. *Cooperativas.* Aquellas que se realizan de forma conjunta con otros actores para influir en los tomadores de decisión u otros actores involucrados.
3. *Confrontacionales.* Se realizan en contra de los tomadores de decisión o de otros actores involucrados que se oponen a la causa, para presionarlos o debilitar su posición.
4. *Legales.* Las que se ejecutan para presionar o corregir por la vía legal las determinaciones de los tomadores de decisión u otros actores involucrados.
5. *Electorales.* Aquellas que buscan influir en el resultado de las elecciones populares para beneficiar a candidatos cercanos a la causa o al objetivo de la estrategia.
6. *Sociales.* Aquellas que se realizan en beneficio de la comunidad para obtener un prestigio o sumar su apoyo a la causa que se pretende promover.

5.7.2.2. Tácticas

Una vez definidas las acciones que se llevarán a cabo para conseguir el objetivo y se han identificado tanto los actores y tiempos del proceso de decisión que se pretende cabildear así como las características de los contextos internos y externo, es importante precisar la táctica que se ejecutará y establecer los tiempos y formas de esta, ya sean simultáneas o secuenciales. Un buen ejercicio táctico se basa en los lineamientos estratégicos y aprovecha hábilmente la situación y las condiciones del entorno.[302]

Una decisión clave es determinar qué integrante (o integrantes) del equipo será quien ponga en práctica cada paso, para lo cual es sustancial evaluar sus habilidades personales. Cuando se conocen las reglas y etapas del proceso así como las situaciones del entorno, se pueden identificar tanto oportunidades y momentos clave para influir directamente sobre los tomadores de decisiones o realizar acciones para amplificar la presión indirecta sobre los que deciden y quién será el responsable de ejecutar cada acción estratégica. En toda estrategia hay acciones técnicas y acciones operativas, por lo que en todo equipo debe haber perfiles con capacidad de análisis e investigación y perfiles con capacidades de interlocución con actores y manejo de situaciones prácticas para que se ocupen respectivamente de cada tipo de acción.

En la definición táctica se pueden considerar diferentes modelos utilizados en la filosofía militar. Las tácticas militares tienen como primer objetivo controlar al enemigo dependiendo de las características de cada batalla, como el lugar, los tiempos, la naturaleza y otras. Para ello, el estratega militar Joseph Caldwell Wylie, almirante estadounidense, sugiere dos modelos para obtener ventajas sobre el enemigo:

[302] Schröder, 2004, pp. 19-22.

1) el secuencial, el cual analiza y planifica la guerra como una cadena de sucesos en la que cada eslabón es una acción separada que depende de la anterior, y *2)* el acumulativo, en el que la guerra se observa como una conjunción de pequeñas acciones independientes y no secuenciales, que en conjunto definen el resultado.[303] En el caso del cabildeo, el planificador puede diseñar su táctica de acuerdo con los principios de cualquiera de estos dos modelos.

Una consideración táctica frecuente en el cabildeo que cabe resaltar es la posibilidad de realizarlo en coalición o coordinación, y lograr alianzas con otros grupos de interés también afectados por el proceso de decisión que se ha de cabildear, cuya posición coincide o está alineada con la propia. Aunque no existen datos cuantitativos sobre la eficiencia del cabildeo de coalición, es una práctica común alrededor del mundo, ya que muchos de los grupos de interés creen que las alianzas son efectivas debido a que fortalecen y legitiman aún más su posicionamiento.[304]

El éxito del cabildeo de coalición depende en gran parte del consenso que se logre y del tamaño de la coalición. Por ello, algunos consideran que las coaliciones pequeñas son más efectivas, puesto que son más fáciles de movilizar y alinear en torno de un objetivo consensuado. En ese sentido, mientras algunos de los beneficios de la cooperación son el acceso a mayores recursos, la confianza, el apoyo grupal y el incremento en credibilidad, al haber más intereses representados, algunas de las desventajas son el desgaste y la pérdida de recursos en el proceso de consenso así como la consecuente disminución de agilidad y dinamismo en la operación de la estrategia.[305]

---

[303] *Ibidem*, pp. 23-26.
[304] Chari, Hogan y Murphy, 2010, p. 3.
[305] Aitken-Turff y Jackson, 2006, pp. 85 y 92.

Adicionalmente, las barreras para el cabildeo de coalición pueden ser la desconfianza mutua y los incentivos para traicionar los objetivos comunes, en beneficio de los intereses individuales. Estas barreras disminuyen cuando las alianzas son de largo plazo o, incluso, permanentes, donde los integrantes tienen menos incentivos para abandonar la coalición.[306] Por último, es importante mencionar que las alianzas no necesariamente son con grupos que tengan intereses en juego, sino se pueden realizar con grupos sociales o académicos cuya visión es similar a la propia. Un ejemplo común son las alianzas con *think-tanks*, instituciones de investigación enfocadas no en la enseñanza sino en la promoción de ideas y filosofías, cuyo patrocinio muchas veces proviene de grupos de interés privados para abocarlos a defender y promover sus intereses.[307]

En México un ejemplo importante de cabildeo de coalición es el que se dio en 2010 durante el proceso legislativo de la Ley Federal de Protección de Datos Personales en Posesión de Particulares (LFPDPPP), la cual regula el derecho de protección de los datos personales y establece, entre otras cosas, las obligaciones en su tratamiento y uso por parte de toda persona física o moral de los sectores público o privado tanto a nivel federal como estatal, en el ejercicio de sus actividades. Por su alcance e impacto, la LFPDPPP afecta a todo tipo de organización, empresa o profesional que tenga trato directo con el público en general, como pueden ser bancos, aseguradoras, hospitales, escuelas, compañías de telecomunicaciones, asociaciones civiles, abogados, médicos, promotores de servicios financieros y demás. Por ello, este ordenamiento jurídico fue sujeto de mucha atención mediática y cabildeo en su proceso de dictaminación en el Congreso de la Unión. Por parte del sector pri-

---

[306] Dixit y Nalebuff, 1993, p. 95.
[307] Astié-Burgos, 2011, p. 60.

vado se involucró directamente al Consejo Coordinador Empresarial (cce), máximo órgano cúpula de la iniciativa privada en México, con el fin de posicionar los intereses generales de las empresas e influir en los legisladores participantes en el desarrollo. Al mismo tiempo, algunas cámaras industriales o sectoriales realizaron esfuerzos de cabildeo de coalición que velaban por sus intereses específicos. De ese modo, los actores privados sumaron y alinearon esfuerzos para incrementar sus posibilidades de influencia sobre los legisladores y otros funcionarios públicos participantes en el proceso de decisión.

Por el contrario, existen casos en que, por la naturaleza y el impacto de algunas reformas legislativas, se genera una división al interior de las industrias, de modo que diferentes competidores toman posiciones encontradas y, en vez de generarse un cabildeo de coalición sectorial, se genera un cabildeo confrontacional. Tal es el caso de las reformas que pueden incentivar una concentración de mercado que beneficie a actores predominantes y produzca una reacción en los competidores más pequeños para tratar de modificar la propuesta de reforma o evitar su aprobación.

Otra consideración táctica importante es el cabildeo de presencia o contacto, el cual se realiza sin necesidad de estar inmerso en un proyecto de cabildeo específico: más bien se lleva a cabo de forma permanente, con actores clave importantes para las actividades del grupo de interés. Este cabildeo busca tanto elevar el perfil del grupo de interés, o posicionarlo como un actor legitimo y fuente de información confiable en su respectivo sector, como consolidar relaciones y vínculos con actores clave que le aseguren el acceso a información privilegiada en el momento o en un posible proceso de decisión en el futuro. Realizar un cabildeo de presencia incrementa las posibilidades de éxito de futuras estrategias de cabildeo, ya que los tomadores de decisiones son más proclives a reaccionar positivamente ante grupos con los que tienen una relación permanente, y es posible detectar a tiempo posibles asuntos de interés; es más viable ejecutar estrategias en múltiples instancias, y más fácil influir en decisiones en las etapas iniciales de análisis, cuando los tomadores de decisiones aún no han tomado una posición en el asunto.[308] Por esta razón, muchos grupos de interés contratan los servicios de despachos especializados en cabildeo, cuyos equipos mantienen un contacto permanente con legisladores y funcionarios, facilitando el acceso a información oportuna y a los propios actores clave.

5.7.2.3. Recursos

Como se expuso anteriormente, uno de los factores de los que depende el éxito de una estrategia de cabildeo son los recursos y capacidades de la organización. Cuantos mayores recursos se encuentren disponibles —como la suma de medios financieros, materiales y de personal, las características de los miembros, la experiencia acumulada, la reputación adquirida, etc.—, mayor número de estrategias y tácticas se podrán desarrollar. Asimismo, mientras es más fácil poner en marcha algunas estrategias, otras pueden demandar mayor experiencia y especialización. Por ello las cualidades del grupo son de máxima relevancia para la planeación y ejecución de las estrategias. En ocasiones la organización contará con los recursos suficientes para asegurar la efectividad de la estrategia, y en otros casos requerirá la conformación de coaliciones para adquirir lo necesario a menores costos, o, con mayores costos, la contratación de equipos especializados.[309]

En el proceso de la planeación operativa se deben definir los recursos necesarios para cada acción estratégica, identificando aquellos: con los que ya se cuentan; que se pueden adquirir, y a los cuales no se

---

[308] Keffer y Hill, 1997, p. 164; Nelson y Yackee, 2012, p. 351.
[309] Medina Iborra, 2009, pp. 24-27.

tendrá acceso, lo que implicará la adecuación o suspensión de determinada acción.

Mientras que al hablar de recursos se hace referencia a todo tipo de elementos tangibles e intangibles necesarios para resolver una necesidad, sin duda alguna en el caso del cabildeo el más importante es el humano. Comúnmente, con base en la noción errónea de que el cabildeo es exclusivo de los grandes poderes económicos y fácticos, se cree que lo son los recursos financieros. No obstante, contar con un equipo multidisciplinario, experimentado, comprometido y coordinado bajo un liderazgo visionario y fuerte hace posible a cualquier grupo de interés, sin importar su tamaño, realizar estrategias de cabildeo de forma eficiente.

5.7.2.4. Programa de trabajo

Al concluir la definición de las acciones estratégicas, las tácticas y los recursos humanos, financieros, institucionales, etc., se debe conjuntar todo en un plan de acción o programa de trabajo. Esta herramienta de carácter operativo tiene como objetivo dirigir, coordinar, alinear y supervisar la implementación de la estrategia, y servir como un mapa o ruta donde se reflejen los pasos, los responsables, los recursos y los tiempos de cada acción. Una vez integrado el programa de trabajo, se socializa con todos los integrantes del equipo para seguir los pasos y cumplir en tiempo y forma las acciones que a cada quien correspondan. Esto permite mantener una disciplina táctica coordinada y alineada hacia el objetivo final, para cumplir la estrategia con la mayor eficiencia posible.

Las características específicas o el método utilizado para construir un programa de trabajo pueden variar según las políticas de cada organización, pero en general incluyen los siguientes componentes:

1. *Acción estratégica.* Se enuncian todas las acciones estratégicas que comprende la estrategia y que son necesarias para alcanzar el objetivo.

2. *Meta.* Se relacionan las acciones estratégicas con las metas que se pretende alcanzar en torno del cumplimiento del objetivo.

3. *Tareas.* Se desdobla o fracciona cada acción estratégica en los pasos o tareas que se deben realizar para completar la acción.

4. *Responsables.* Se designa, por cada acción y tarea, un responsable que coordine a otros participantes involucrados y entregue un informe periódico al resto del equipo.

5. *Tiempos.* Se fijan las fechas de inicio y de conclusión para cada tarea y acción estratégica.

6. *Recursos.* Se detallan los recursos necesarios para cumplir con cada acción y tarea.

Para cumplir con su propósito de tener una visión general de la estrategia y mantener control de su avance en cada momento, se recomienda representar el programa de trabajo de forma gráfica. Existen diversas herramientas para hacerlo. Una de las más sencillas y comunes es el diagrama de Gantt, que no es más que una matriz en la cual se ubican, en el eje vertical, las tareas por realizar desde el inicio hasta final de la estrategia, y en el eje horizontal, los tiempos de realización de cada una (figura 5.4).

Figura 5.4. Ejemplo de diagrama de Gantt

ACCIÓN / TAREA	META	RESPONSABLE	FECHA DE INICIO	FECHA DE CONCLUSIÓN	RECURSOS	
1. Elaborar diagrama de Gantt	Contar con una herramienta de seguimiento	Director general de cabildeo	2 de enero	12 de marzo	Equipo humano y *software*	
1.1. Incluir las acciones y tareas en el diagrama	Detallar las acciones de la estrategia	Gerente de cabildeo A	2 de enero	5 de febrero	Equipo humano y *software*	
1.2. Especificar tiempos a cada acción y tarea	Programar fechas de inicio y conclusión para seguimiento	Gerentes de cabildeo A y B	5 de febrero	28 de febrero	Equipo humano y *software*	
1.3. Designar responsables de cada acción y tarea	Tener responsables de ejecutar y reportar cada acción	Director general de cabildeo	5 de febrero	6 de marzo	Equipo humano y *software*	
1.4. Presentar el diagrama a todo el equipo	Socializar el diagrama con todos los integrantes para mantener disciplina táctica	Director general de cabildeo	12 de marzo	12 de marzo	Equipo humano y *software*	
2. Coordinar implementación del programa de trabajo	Asegurar la ejecución eficiente de la estrategia	Director general de cabildeo	16 de marzo	30 de marzo	Equipo humano y *software*	

	ENERO				FEBRERO				MARZO			
	SEM. 1	SEM. 2	SEM. 3	SEM. 4	SEM. 5	SEM. 6	SEM. 7	SEM. 8	SEM. 9	SEM. 10	SEM. 11	SEM. 12
	2									12		
	2				5							
					5			28				
					5				6			
										12		
											16	30

5.7.3. Implementación

5.7.3.1. Ejecución inteligente

El éxito de una estrategia de cabildeo depende principalmente de su ejecución. No importa la profundidad del análisis y la planeación: sin una buena implementación, todo puede quedar en ideas estériles. Toda estrategia debe vencer el reto de llevar las ideas a la acción, de migrar del sustantivo al verbo sin perderse en el camino. La mayoría de los líderes empresariales y públicos coinciden con el inversionista John Doerr, quien afirma: "Las ideas son fáciles; la ejecución lo es todo".[310] Para ello es necesario realizar una ejecución inteligente, con disciplina táctica, agilidad, olfato estratégico y un equipo con liderazgo y capacidades óptimas.

La disciplina táctica, base de la ejecución inteligente, requiere orden y control en la implementación del programa de trabajo. Esto significa apegarse al plan de forma consistente y que cada miembro del equipo cumpla con sus respectivas metas. Esa disciplina no es doctrina, ni mucho menos es automática, sino que es voluntaria y reflexiva, con base en métodos, rigor y el compromiso de los integrantes de la organización. En la guerra y en los deportes se ha demostrado que la disciplina táctica permite a grupos o equipos débiles vencer aun hasta el más fuerte de los adversarios, pero para ello se requiere un equipo capaz, un liderazgo legítimo, fuerte y visionario que mantenga orden y control también en la ejecución de la estrategia.

Otro elemento de la disciplina táctica es la capacidad de análisis y adaptación a los cambios internos o externos. Se debe ser ágil y flexible para recalibrar la estrategia en caso de que sea necesario reaccionar a

[310] Doerr, 2018, p. 6.

los imprevistos, pero respetando los objetivos y metas acordados. En un contexto que cambia permanente y vertiginosamente, es necesario el rigor constante del análisis para identificar afectaciones que exijan activar acciones estratégicas preventivas o ajustar acciones proactivas.

Sin importar la capacidad operativa que se tenga para ejecutar una estrategia, el olfato estratégico o intuición de algunas personas para hacer realidad una acción planeada es otro elemento importante de la ejecución inteligente. Por ejemplo, preparar una reunión con un actor es fundamental: para ello se debe proyectar o concebir la mejor forma de presentarse así como a la organización y sus voceros; exponer el tema en el lenguaje y con los mensajes clave adecuados según el perfil del actor; sugerir una solución de forma clara y concisa; construir una relación de confianza con él; no desperdiciar su tiempo y diseñar un mecanismo de acuerdos y compromisos con la contraparte.

5.7.3.2. Neblinas

En el proceso de implementación de toda estrategia surgirán obstáculos, también llamados neblinas, que complicarán la ejecución de las acciones y, por ende, el cumplimiento de metas y objetivos. Esas neblinas pueden ser de dos tipos: *1)* deficiencias o debilidades internas, o *2)* amenazas o imprevistos externos. En ambos casos se deberá contar con la capacidad para identificar el problema, ubicar sus causas y desarrollar una solución en el menor tiempo posible. Es decir, se requiere un equipo competente y lo suficientemente creativo para superar las neblinas.

Aunque sería complicado enunciar las neblinas externas, pues varían ampliamente según la naturaleza y el contexto de cada estrategia, sí es posible agrupar las neblinas internas genéricas de cualquier estrategia. Kaplan y Norton han identificado cuatro principales barreras a las que se enfrentan los directivos y equipos en la ejecución de una estrategia.

La primera neblina es la falta de consenso, entendimiento y transparencia en el significado de la misión, visión y objetivos de las organizaciones y sus estrategias. En este caso, generalmente los directivos y las organizaciones no logran comunicar su misión, visión y acciones estratégicas de forma clara y factible a sus equipos, lo que provoca una fragmentación y el posible subejercicio de recursos y equipos. Una razón para ello podría ser que los directivos o sus equipos siguen agendas individuales y grupales diferentes.[311] Para evitar esas situaciones es importante poner todo por escrito con claridad y precisión desde la etapa de planeación conceptual. Otra herramienta son los talleres de planeación en los que participa todo el equipo para establecer los canales de comunicación interna que han de transmitir y recordar permanentemente los objetivos.

La segunda neblina es la falta de vinculación entre el contenido estratégico (misión, visión y objetivos) y el proceso estratégico (metas específicas), la cual surge cuando los objetivos de largo plazo de la estrategia no se traducen en metas de corto y mediano plazos para las diferentes áreas, equipos e individuos. En ese caso, la visión y la preocupación de los equipos y sus integrantes puede ser cortoplacista, al enfocarse en cumplir metas que no necesariamente tienen un impacto real en torno del objetivo final de la estrategia.[312] Para evitarlo es importante, como se señaló anteriormente, definir las acciones, metas, tiempos y responsables, y plasmarlo en un programa de trabajo que asegure la vinculación entre la planeación conceptual y la ejecución, articuladas por una planeación operativa.

La tercera neblina es la falta de coherencia entre la planeación estratégica y la asignación de recursos. En ese caso, es posible que en la

---

[311] Silva, 2000, pp. 3-4.
[312] *Ibidem*, p. 5.

etapa de planeación no se llevara a cabo un mecanismo minucioso para identificar, diseñar y priorizar las acciones estratégicas, lo que suele dar pie a deficiencias en la asignación de los recursos necesarios para el cumplimiento de las metas y la ejecución eficiente de las acciones. Por ello es de suma importancia cuidar todo detalle en los procesos de planeación conceptual y operativa.[313]

La última barrera es la falta de retroalimentación sobre la implementación y resultados de la estrategia, o, dicho de otro modo, la falta de interacción —necesaria para verificar la correcta ejecución de las acciones planeadas y analizar sus resultados—[314] entre los participantes del equipo o los estratos de la organización.

5.7.4. Seguimiento y evaluación

En toda estrategia de cabildeo es esencial dar seguimiento y observar de cerca los procesos y cambios, ya que esto permite transformar la información disponible para anticiparse a problemas, mitigar riesgos, detectar oportunidades y capitalizar fortalezas. Para ello se debe diseñar e implementar un sistema de monitoreo permanente de los avances del proyecto de interés, incluidas todas las instancias, niveles, actores y acciones, lo que ayudará a optimizar los recursos en el procesamiento de información y definir posturas ante un escenario tan dinámico como el actual.

Hoy en día, gracias al fácil acceso a la información por medios electrónicos y a las políticas de gobierno abierto y transparente, se facilitan el seguimiento y monitoreo de los procesos y posiciones de los actores involucrados y su entrono. El monitoreo de fuentes de información bási-

---

[313] *Idem.*
[314] Silva, 2000, p. 6.

cas, como las redes sociales y los medios de comunicación, hace posible realizar auditorías de prensa periódicas por medio de la recopilación, clasificación y sistematización de la información.

Por otro lado, las fuentes de información públicas no son suficientes en una estrategia de cabildeo. Debido a las características particulares de cada proceso de decisión, es preciso, de forma presencial, dar seguimiento cercano y oportuno al proceso; es decir, interactuar con los tomadores de decisiones y sus equipos para obtener información directa y puntual —que en ocasiones no se detalla en la prensa—, pero, sobre todo, aprovechar toda oportunidad de intercambio con los actores para influir en ellos. Por ejemplo, es común que los grupos de interés tengan representantes o un equipo de cabilderos *in situ* en los palacios legislativos, cuya función es darle seguimiento sistemático al calendario de actividades legislativas con la finalidad de advertir a su grupo cuando surja algún proyecto legislativo que le ataña directamente. Para ello cuentan con los medios de difusión del Poder Legislativo, pero, principalmente, buscan acceder a los espacios de discusión legislativa, como reuniones de comisiones legislativas o sesiones del pleno.[315]

De la misma forma, toda estrategia debe incluir un mecanismo de evaluación que mida la efectividad de cada acción, el desempeño del equipo y los avances del plan de trabajo. En el caso del cabildeo, esto resulta complicado e incierto, ya que depende de factores internos y externos, y la mayoría de las veces solo se puede medir el resultado final, sin tener certeza sobre el grado de impacto de cada una de las acciones.[316] Asimismo, el objetivo del cabildeo puede ser intangible o

---

[315] Dávila y Caballero, 2005, p. 30.
[316] Aitken-Turff y Jackson, 2006, p. 87.

el asunto no ser de suma cero. También hay casos en los que, aunque no se cumpla por completo el objetivo, puede haber una ganancia parcial, al conseguir el único escenario viable conforme a las condiciones externas. Con estos factores en cuenta, entre otros, generar mecanismos de evaluación puede ser un reto mayor, pero resulta indispensable crear una medición de éxito para el objetivo final así como indicadores cuantitativos y cualitativos para la mayor cantidad posible de acciones. Al cumplirse una meta u objetivo, los indicadores miden los avances que se tuvieron y los resultados clave esperados. Estos últimos pueden servir de puntos de referencia o elementos de monitoreo sobre cómo se logra el objetivo, y deben ser específicos, temporales, realistas, verificables y medibles.[317]

La importancia de tener indicadores para cada acción reside en que la eficiencia y colaboración entre los miembros de un equipo se incrementan cuando pueden enfocar sus esfuerzos en contribuciones medibles y de corto plazo. Asimismo, cuando se trata de medir solo la totalidad, es común que se pierda enfoque y se dispersen los esfuerzos, al carecer de un punto de referencia de corto plazo. Contar con metas e indicadores claros y concisos mejora la comunicación y transparencia entre equipos, fomenta la agilidad para readaptarse a cambios en el contexto, mejora el proceso de decisión, focaliza los esfuerzos en lo que realmente importa y optimiza el uso de recursos y pensamiento hacia lo que es posible y viable.[318]

Existen diferentes procesos y principios para crear indicadores de desempeño, no uno estandarizado, y, en el caso de estos, es recomendable considerar una serie de pasos o requisitos básicos, como:

---

[317] Doerr, 2018, p. 7.
[318] Niven y Lamorte, 2016, pp. 4-6 y 25.

a) establecer referentes de medición (qué se va a medir);

b) establecer las áreas de desempeño relevantes que se han de medir;

c) formular el indicador para medir la meta y describir la fórmula de cálculo (porcentajes, tasas de variación, índices, etcétera);

d) validar los indicadores aplicando criterios técnicos de evaluación (relevante, medible, confiable, etcétera);

e) establecer el mecanismo para recopilar los datos que se han de medir;

f) establecer las metas o el valor deseado del indicador y la periodicidad de medición;

g) definir la fuente de los datos;

h) establecer supuestos (posibles variaciones o factores ajenos a la organización);

i) establecer tanto referentes comparativos como juicios para la evaluación; y

j) comunicar e informar al equipo el desempeño alcanzado. [319]

En cuanto a la clasificación de indicadores de desempeño, los criterios son muy variados; diferentes autores establecen tipologías enfocadas en diversas categorías y dimensiones de evaluación. Una simplificación es identificar indicadores que muestran información de los resultados desde el punto de vista de la actuación del equipo en la ejecución de las acciones y generación de productos de la estrategia (insumos o *inputs*, procesos o actividades, productos o *outputs* y resultados finales o *outcomes*), y también aquellos enfocados en el desempeño de dichas acciones en las dimensiones de eficiencia, eficacia, calidad y economía. Mientras la primera clasificación se refiere a los instrumentos de medición

---

[319] Armijo, 2009, pp. 85-104.

de las principales variables asociadas al cumplimiento de los objetivos (cuántos insumos se utilizaron, cuántos productos se entregaron y cuáles son los efectos finales logrados, etc.), la segunda se asocia con la medición una vez finalizada la acción (en qué medida se cumplieron las metas, cuál es el nivel de efectividad de los productos y acciones, cuál fue el costo o el uso de recursos, etcétera).[320]

5.8. EL CABILDEO EN LA ORGANIZACIÓN

La institucionalización y crecimiento acelerado del cabildeo en las últimas décadas ha fomentado un aumento en la creación de áreas y posiciones designadas para planear y realizar este tipo de actividades al interior de las organizaciones públicas, privadas y sociales. Este fenómeno ha sido aún más común en las grandes corporaciones privadas, cuyos intereses son constantemente amenazados por nuevas regulaciones; de ahí que se vean en la necesidad —y conveniencia— de crear departamentos de cabildeo para influir en los procesos de decisiones públicas.[321]

Aunque los nombres de estas áreas varían según cada organización (asuntos públicos, relaciones institucionales, asuntos corporativos, relaciones públicas, cabildeo, enlace legislativo, relaciones gubernamentales, asuntos regulatorios, etc.), en esencia sus funciones son las mismas: están dedicadas a diseñar e implementar estrategias para establecer relaciones y ejercer influencia sobre asuntos regulatorios y de la agenda pública para salvaguardar sus intereses e impulsar sus objetivos. No obstante, uno de los retos a los que se enfrentan las organizaciones es definir la jerarquización, el tamaño y la ubicación de

---

[320] *Ibidem*, pp. 62-84.
[321] Argenti y Barnes, 2009, p. 211.

estas áreas al interior de la estructura organizacional. Para hacer frente a ello, es importante considerar sus funciones y necesidades, además de los recursos disponibles y la importancia que impliquen los procesos públicos en las actividades de la organización.

El área de cabildeo puede realizar diferentes funciones, como, por ejemplo, monitorear el contexto público para identificar amenazas y oportunidades; proveer de información valiosa y útil a los procesos de decisión y de negocio de la organización; mantener contacto y construir relaciones solidas con actores clave externos; representar a la organización en organismos sectoriales y públicos, y planear y ejecutar estrategias de cabildeo en coordinación con el resto de la organización y con aliados externos. Para cumplir con estas funciones, las áreas de cabildeo pueden requerir contar con suficientes recursos humanos y materiales, internos y externos; mantener contacto permanente y relaciones transversales con el resto de las áreas y unidades de negocio de la organización, y estar permanentemente informados e involucrados en los procesos de decisión estratégicos de la organización. Por ello es recomendable que estas áreas estén dirigidas por personas con un perfil experimentado y de alto mando que le reporten directamente a la cabeza de la organización y que, al interior de esta, agrupen a los departamentos encargados de las actividades relacionadas con el cabildeo, como jurídico, de comunicación, de relaciones públicas o institucionales, de planeación estratégica, etcétera.

Un reto al que se enfrentan las organizaciones es, precisamente, encontrar los perfiles adecuados para dirigir y conformar las áreas de cabildeo. En primer lugar, el líder del área debe tener la gradación suficiente para mantener una interlocución con los altos ejecutivos y poder realizar eficientemente sus funciones de coordinación de diversos proyectos —que en ocasiones exigen el involucramiento de otras áreas—, impulsar y comunicar las decisiones y requerimientos al interior de la organización para evitar barreras burocráticas que puedan poner en riesgo las estrategias de cabildeo, ser una voz legítima para acordar objetivos, alertar sobre amenazas y oportunidades, y sensibilizar a la organización sobre limitaciones internas o externas para que no se generen falsas expectativas sobre los resultados esperados del cabildeo. Una vez designado el líder del área, este debe definir su estructura conforme a las posibilidades presupuestales y encontrar al personal adecuado para cumplir con su mandato. Normalmente, los equipos de cabildeo cuentan con un equipo multidisciplinario, que pueda atender los temas desde diferentes perspectivas y especializaciones, como politólogos, economistas, abogados, comunicólogos, sociólogos, etcétera.

En general, los perfiles de los equipos de las áreas de cabildeo deben cumplir con algunas cualidades esenciales. Deben tener, primero, un conocimiento profundo de los mecanismos y las estructuras de poder, y de los núcleos de decisión que afectan los intereses de la organización; segundo, excelentes habilidades de interacción personal, pues de ellos depende que se establezcan relaciones de confianza e interlocución legítima para posicionar los intereses de la organización, y tercero, competencias técnicas y ser capaces de analizar, sintetizar y comunicar eficientemente los temas de interés para proteger los intereses de la organización así como los respectivos procesos y marcos regulatorios.[322]

Finalmente, debido a la visibilidad externa que tienen estas áreas y las implicaciones que representa mantener relaciones de interlocución con actores públicos, es importante que los cabilderos se desenvuelvan siempre de forma ética, respeten, y promuevan valores y principios de integridad y cumplimiento normativo; por ejemplo:[323]

---

[322] Moisés M., 2001. pp. 50-51.
[323] Para ahondar en el tema véase Berg, 2012.

1. *Honestidad.* Ser honestos consigo mismos, al interior de la organización y con los actores externos. No deben manipular información en beneficio propio.

2. *Integridad.* Evitar conflictos de interés y actuar siempre de forma ética, con absoluto respeto a la ley, a los principios y a los valores básicos.

3. *Respeto.* Respetar las instituciones, los interlocutores, las contrapartes, los compañeros de trabajo y cualquier actor con el que se tenga interacción, sin importar su papel o jerarquía.

4. *Transparencia.* No ocultar o manipular información que pueda dañar a propios y ajenos así como ser siempre claros en las intenciones y relaciones con cualquier actor.

5. *Compromiso.* Realizar siempre las actividades y cumplir con las responsabilidades en tiempo y forma, con el mayor esfuerzo y dedicación posibles.

6. *Confidencialidad.* Respetar los acuerdos de confidencialidad y secrecía de la información o temas de relevancia.

5.9. CONCLUSIONES

El cabildeo se ha adaptado durante su evolución a las circunstancias históricas, sociales, políticas, legales y tecnológicas de cada momento, se ha profesionalizado e institucionalizado como una actividad legítima y útil para las democracias y los grupos de interés. En especial, hoy por hoy las técnicas del cabildeo se han beneficiado de internet, el correo electrónico, la telefonía celular, la mensajería en línea, las redes sociales y otras plataformas que facilitan la comunicación y cambian el modo en que los seres humanos se relacionan, lo que ha generado nuevas oportunidades para la participación ciudadana.

Además de los beneficios que aporta para la gobernanza y la gobernabilidad democrática de las sociedades modernas desde una nueva lógica en las relaciones Estado-sociedad, el cabildeo ha demostrado ser una actividad útil para grupos de interés; por ello es común en las organizaciones sociales, las empresas privadas, las agrupaciones sectoriales, las instituciones de gobierno y otros grupos.

Los motivos para cabildear son diversos: incluyen desde la protección de los intereses de un grupo ante consecuencias resultantes de decisiones públicas o la capitalización de oportunidades en la agenda pública, hasta construir apoyo público o mejorar la reputación del grupo. Asimismo, es frecuente que en el proceso de decisión los grupos de interés se den cuenta de que desistir de actuar para capitalizar una oportunidad o mitigar una amenaza que afecte los intereses de un grupo puede ser más costoso que invertir recursos en cabildeo para tratar de influir en el proceso de decisión.

En cuanto al éxito o eficiencia del cabildeo, son muchas las variables que influyen en una estrategia: el tipo de sistema político, la instancia o proceso de decisión que se cabildeará y las características de este, la naturaleza del tema, los actores involucrados, los tiempos y procedimientos, las cualidades del grupo de interés, entre otras. Sin embargo, los grupos no basan su decisión únicamente en sus probabilidades de éxito, y cabildean no solo para evitar una decisión que afecte sus intereses sino también para construir relaciones con los tomadores de decisiones con el fin de prevenir futuras amenazas y riesgos.

Indudablemente, contar con una buena estrategia incrementa las posibilidades de éxito. Existen múltiples definiciones de estrategia, pero, en general, podemos decir que esta es un plan de acción para conseguir un objetivo, el cual se funda en procesos de pensamiento y análisis, y se ejecuta conforme las capacidades y recursos de la organización, y las condiciones del contexto externo. Esto no debe confundirse con la táctica, la cual es un instrumento de la anterior. Es decir, la táctica es cómo se ejecuta la estrategia. Ambas están unidas en una interdependencia permanente y se basan en el pensamiento estratégico, el cual es el proceso mental por el que se resuelven problemas, se visualiza el futuro y se toman decisiones a la luz del análisis de distintas situaciones y sus posibles desenlaces y de la reflexión sobre las diferentes variables que afectan un problema, valorando las múltiples opciones disponibles y concibiendo una ruta para llegar a la meta.

En las décadas recientes se han desarrollado múltiples modelos de planeación estratégica, que generalmente consideran diferentes fases del proceso: diseño, ejecución y evaluación. La lógica habida detrás de estas fases y su coordinación son el principal factor de éxito. En el caso específico del cabildeo, si se considera su naturaleza y relación directa con los procesos político-sociales y la agenda pública, el éxito de estas estrategias depende también de factores internos y externos, procesales y operacionales, como el contexto en el cual se lleva a cabo el proceso de decisión o el asunto que se pretende cabildear, sus características específicas, y las capacidades y recursos del grupo de interés que actúa como sujeto activo.

El modelo de estrategia de cabildeo se basa, como muchas otras, en el principio de etapas secuenciales, todas ellas con sus respectivos componentes y en un marco de pensamiento estratégico. La primera etapa es la planeación, la cual se puede dividir en dos fases: la planificación conceptual, enfocada en visualizar la misión, los objetivos y las metas, y la planificación operativa, orientada a estructurar y programar la implementación, gestión, seguimiento y evaluación de la estrategia. La segunda etapa es la ejecución, donde se implementa la estrategia por medio de las actividades planeadas y programadas en la planificación operativa. De forma paralela a la ejecución, se lleva a cabo un proceso permanente de seguimiento y evaluación de la ejecución y sus resultados, con el fin de que se pueda ser ágil y flexible para recalibrar la estrategia conforme a los cambios internos o externos que pudieran surgir.

El aumento en la práctica del cabildeo ha propiciado que en las organizaciones públicas, privadas y sociales se creen áreas y cargos responsables de planear y cabildear. Un reto para esas organizaciones es definir tanto la gradación, el tamaño y la ubicación de estas áreas al interior de su estructura como los recursos y perfiles necesarios para que dichas áreas cumplan con su mandato.

Aunque en este estudio se ha propuesto un modelo, no existe ni existirá una fórmula mágica para planear e implementar una estrategia de cabildeo, pues cada grupo de interés cuenta con sus propias metodologías, principios y políticas. La actividad seguirá evolucionando y las mejores prácticas se irán adaptando a los cambios sociales, políticos y tecnológicos. Por ello es importante que el análisis y práctica de esta actividad de participación ciudadana tan importante para el desarrollo democrático de las sociedades continúe enriqueciéndose de futuros estudios y de profesionales que promuevan la actividad con principios éticos, humanos y liberales.

Epílogo

Partiendo de las valiosas aportaciones de *¡Influye! El arte y la estrategia del cabildeo*, de Xavier Arias Herrero, al estudio del cabildeo, cabe reflexionar hacia dónde debe avanzar este para consolidarse como una herramienta útil en la relación Estado-sociedad que mejore y dé mayor transparencia al proceso de toma de decisiones públicas. Para ello, el reto principal será seguir avanzando en cinco frentes: la regulación y la autorregulación del cabildeo, la profesionalización, la transparencia, la autonomía de los poderes y la consolidación de aquel como un mecanismo de control del poder político.

Ante el avance de las economías de libre mercado y la reducción mundial de los aparatos estatales, hemos observado una crítica cada vez más aguda a la influencia del dinero en las decisiones públicas, lo que ha desprestigiado al cabildeo, que enfrenta crecientes presiones para una sobrerregulación. En México todo indica que tendremos que aprender a vivir en un entorno más hostil en términos de la centralización del poder, y a luchar por encontrar el punto de equilibrio entre el mercado y el Estado para evitar la oscuridad en el proceso de toma de decisiones. Parto de la idea de que "sin libertad no hay mercado y sin mercado no hay cabildeo".

En la búsqueda de este equilibrio, el cabildeo como actividad profesional debe tener las siguientes normas generales de comportamiento: el respeto a la ley; no caer en conflicto de intereses; respetar la confidencialidad de la información del cliente; garantizar la transparencia sobre las causas que se representan y acerca de a quién se representa, y evitar la distorsión de la información. Lejos de tratar de obstaculizar el cabildeo, en esta dirección deben orientarse los esfuerzos para regularlo. El objetivo de una regulación seria no debe ser eliminar una actividad útil para la vida democrática de nuestro país, sino lograr un balance que transparente su ejercicio y promueva su desarrollo, con reglas claras para impedir que el poder del dinero prevalezca sobre la utilidad de la información.

Si bien la actividad del cabildero ha de obtener resultados específicos favorables a su cliente, lo cual presupone el pago por servicios profesionales, su labor debe ejecutarse utilizando la información como un instrumento y no como un fin. Lo anterior implica un comportamiento basado en principios éticos. En ese sentido debe ir la autorregulación. Es necesario crear una institución que certifique las características que deben reunir aquellos que se dediquen al cabildeo.

Para no caer en conflicto de intereses, debe impedirse que los propios funcionarios públicos en activo sean socios de despachos de cabildeo o tengan intereses en alguno de ellos. De igual forma, deben establecerse reglas claras sobre cuándo un funcionario público podrá ejercer labores de cabildeo una vez que haya dejado su cargo o escaño. Lo anterior, sin llegar a extremos que coarten las garantías esenciales de los ciudadanos. También será necesario crear medidas de control para aquellos despachos de cabildeo que ofrezcan sus servicios a gobiernos extranjeros, como comunicar qué gobierno es el contratante, el o los temas que se vayan a cabildear en su nombre y el monto de los honorarios que pretendan cobrar por sus servicios.

La utilidad del cabildeo reside en su capacidad de acercar, de forma transparente, información técnica especializada a funcionarios públicos en el proceso de construcción de leyes, reglamentos, normas o políticas. El creciente grado de especialización, el avance científico y tecnológico, la diversidad de las áreas de negocio, entre otros aspectos, hacen necesario y útil que los funcionarios consulten, escuchen y atiendan a los cabilderos, ya que la información que estos ponen a su disposición puede ayudar a que sus decisiones, regulaciones y leyes consideren todos los alcances y efectos posibles y sean más eficientes.

En coincidencia con el autor de *¡Influye! El arte y la estrategia del cabildeo* en cuanto a que no existe fórmula mágica para el cabildeo, debe apuntarse que, para que este sea serio, profesional y eficiente, es necesario entender: que en el México del siglo xxi el poder es más difuso, aunque ahora tienda a concentrarse; que todos los miembros del Congreso tienen poder; que se requiere información contundente y argumentos sólidos y convincentes para tomar decisiones; que el pensamiento estratégico es fundamental; que cada asunto tiene sus oponentes y aliados, y que los medios de comunicación y las redes sociales juegan un papel fundamental en la creación de entornos favorables a diferentes causas. En fin, es necesario entender que, para profesionalizar el cabildeo e incidir eficazmente en las decisiones públicas, se requiere construir coaliciones, informar con veracidad a los líderes de opinión y a los medios, acercarse a los funcionarios y sus equipos, y crear entornos favorables a los intereses de sus clientes.

El nuevo balance de poderes requiere un Poder Legislativo realmente autónomo, que se consolide como un factor real de poder para apuntalar la gobernabilidad que demanda la democracia moderna. Se ha avanzado mucho, pero el sistema de pesos y contrapesos podrá consolidarse solo en la medida en que el Congreso reduzca su dependencia técnica del Poder Ejecutivo. Es necesario construir un órgano de apoyo técnico profesional apartidista que apoye la tarea legislativa y blinde la autonomía de los poderes: de no crearse, seguiremos viendo que el grueso de la labor de cabildeo en el Congreso estará orientado a detener malas iniciativas, más que a promover buenas leyes.

Finalmente, el cabildeo debe convertirse en un mecanismo de control del poder político. Es decir, el gobierno debe estar obligado por ley a atender las opiniones de los afectados por las decisiones públicas; a escuchar a los distintos grupos de interés y sus argumentos a favor o en contra de una acción de gobierno específica.

La importancia de los grupos de interés en el proceso gubernamental reside en que estos tienen consigo el conocimiento de los expertos y de los técnicos: ni la burocracia ministerial mejor preparada puede conocer los detalles técnicos necesarios para regular los complejos fenómenos de una sociedad tecnológica. Pero, además, este acercamiento permite que los grupos de interés participen en la construcción de políticas públicas evitando extremos perniciosos en la regulación que afecten la competencia.

El cabildeo no sustituye las funciones de representación ni las facultades legislativas o regulatorias de los funcionarios públicos ni se superpone a ellas, sino las complementa y refuerza, al proporcionar información adicional para sus análisis. El cabildeo debe hacer posible la transparencia en la relación entre los funcionarios públicos y los grupos de interés que operan legítimamente en el sistema.

Si el cabildeo logra avanzar en estos frentes, podrá consolidarse como uno de los instrumentos de interlocución más eficientes entre la sociedad y el gobierno, como uno de los pilares de la nueva gobernabilidad democrática en nuestro país. Libros como este, que abordan con profundidad científica y agudeza analítica el estudio del cabildeo, contribuyen de manera importante a este propósito.

Javier Medina Medina

Presidente fundador de la Asociación Nacional

de Profesionales del Cabildeo (Procab)

Bibliografía

a) Libros, artículos académicos y medios de comunicación

Aguilar Villanueva, Luis F. *Gobierno y administración pública*. México. Fondo de Cultura Económica/Consejo Nacional para la Cultura y las Artes, 2013.

Ainsworth, Scott. "Regulating Lobbyists and Interest Group Influence", *The Journal of Politics*, 55, 1 (febrero de 1993), pp. 41-56.

Aitken-Turff, F. y N. Jackson. "A mixed motive approach to lobbying: Applying Game Theory to Analyze the Impact of Cooperation and Conflict on Perceived Lobbying Success", *Journal of Public Affairs*, 6, 2 (2006), pp. 84-101.

Alba Vega, Carlos. "Los empresarios y la democracia en México". Foro Internacional, 46 (enero-marzo, 2006), pp. 122-149.

Álvarez Ledesma, Mario I. *Introducción al Derecho*. México, McGraw-Hill, 2014.

American BAR Association (section of administrative law and regulatory practice task force on federal lobbying laws), "Lobbying Law in the

Spotlight: Challenges and Proposed Improvements", *Administrative Law Review*, 00018368 (verano de 2011), 63, 3.

Argenti, Paul y Courtney Barnes. *Digital Strategies for Powerful Corporate Communications*. Nueva York, McGraw-Hill, 2009.

Argenti, Paul y Janis Forman. *The Power of Corporate Communication: Crafting the Voice and Image of your Business*. Nueva York, Mc-Graw-Hill, 2002.

Armijo, Marianela. *Manual de planificación estratégica e indicadores de desempeño en el sector público*. ILPES/CEPAL, Santiago de Chile, 2009.

Astié-Burgos, Walter. *Lobby y democracia: lo positivo y lo negativo del cabildeo*. México, Siglo XXI Editores, 2011.

Astudillo, César. "La racionalización del cabildeo", *El Universal* (16 de octubre de 2013).

Ayala Anguiano, Armando. *Cómo conquisté a los aztecas*. México, Debolsillo, 2006.

Azuara Pérez, Leandro. *Sociología*. México, Porrúa, 2007.

Bach, David y Gregory C. Unruh. "Business-Government Relations in a Global Economy: Broadening the Conceptual Map", IE Working Paper, WP04, 2004. http://ideas.repec.org/p/emp/wpaper/wp04-37.html

Baskerville, Rachel. "A Game Theory Approach to Research on Lobbying Activities in Accounting Regulation: Benefits and Issues". Victoria, Centre for Accounting, Governance and Taxation Research, Victoria University of Wellington, 2007. www.wgtn.ac.nz/sacl/centres-and-institutes/cagtr/working-papers/WP42.pdf

Bengtsson, Maria y Sören Kock. "Coopetition in Business Networks-To Cooperate and Compete Simultaneously", *Industrial Marketing Management*, 29, 5 (septiembre, 2000), pp. 411-426.

Berg, Kati Tusinski, "The Ethics of Lobbying: Testing an Ethical Framework for Advocacy in Public Relations". *College of Communication Faculty Research and Publications*, 2012.

Berlín Valenzuela, Francisco. *Derecho parlamentario*. México, Fondo de Cultura Económica, 2006.

Boaventura, J. M. G. y A. A. Fischmann. "Is Your Vision Consistent?", *Futures*, 40 (7), (2008), pp. 597-612. www.ingenieria.unam.mx/ sistemas/PDF/Avisos/Seminarios/Seminario%20III/2%20Cons truccion_Escenarios.pdf

Bonilla, Carlos. "¿Es posible el cabildeo en México?", *Razón y Palabra* (septiembre de 2002). www.razonypalabra.org.mx

Booth, Wayne. *The Craft of Research*. Chicago, University of Chicago Press, 1995.

Brelàz, Gabriela de y Mário Aquino Alves. "Deliberative Democracy and Advocacy: Lessons from a Comparative Perspective". *Canadian Journal of Administrative Sciences*, 28, 2 (junio de 2011), pp. 202-216.

Brinig, Margaret F., Randall G. Holcombe y Linda Schwartzstein. "The Regulation of Lobbyists", *Public Choice*, 77, 2 (1993), pp. 377-384.

Camp, Roderic Ai. *Politics in Mexico: The Democratic Transformation*. Nueva York, Oxford University Press, 2003.

Campillo, Beatriz, *Los dilemas del cabildeo en México*. México, Alternativas y Capacidades. www.alternativasociales.org/esp/index.php

Campos, Nauro F. y Francesco Giovannoni. "Lobbying, Corruption and Political Influence", *Public Choice*, 131, 1/2 (abril de 2007), pp. 1-21.

Cárdenas Gracia, Jaime. *Poderes fácticos e incompatibilidades parlamentarias*. México, Instituto de Investigaciones Jurídicas-Universidad Nacional Autónoma de México, 2006.

Casar, María Amparo. "Quince años de gobiernos sin mayoría en el Congreso mexicano", *Política y Gobierno*, XX, 2 (2° semestre de 2013).

Cervantes Gómez, Juan Carlos. *Derecho parlamentario: organización y funcionamiento del Congreso*. México, Comité del Centro de Estudios de Derecho e Investigaciones Parlamentarias-Cámara de Diputados, 2012.

Chand, Vikram K. *Mexico's Political Awakening*. Notre Dame, Notre Dame University Press, 2001.

Chari Raj, John Hogan y Gary Murphy. *Regulating Lobbying: A Global Comparison*. Manchester, Manchester University Press, 2010.

Cleary, Matthew R. "Electoral Competition, Participation, and Government Responsiveness in Mexico", *Journal of Political Science*, 51, 2 (abril de 2007), pp. 283-299.

Cocirta, Alexandru. *Regulating Lobbying: Lessons to be Learned*. Varsovia, Institute of Public Affairs, 2007.

Comisión Europea. *Green Paper on the European Transparency Initiative*. 2006. ec.europa.eu/transparency/eti/docs/gp_en.pdf

Concheiro, Luciano. "La prisa de nuestros tiempos", *Nexos*, México (noviembre de 2016). www.nexos.com.mx/?p=30037

Consulta Mitofsky. "Ranking Mitofsky en México: Confianza en instituciones 2019", 2019.

Damião da Silva, Eduardo. "Implementación estratégica y control estratégico: un análisis integrado". XXIV ENANPAD, 2000, Florianópolis. Anales del XXIV ENANPAD, 2000.

Dávila Estefan, David y Lila Caballero Sosa. *El sistema de comisiones, el cabildeo legislativo y la participación ciudadana en el Congreso mexicano*. México, Fundar Centro de Análisis e Investigación, 2005.

Denning, Stephen. *The Age of Agile: How Smart Companies Are Transforming the Way Work Gets Done*. Nueva York, AMACOM, 2018.

Diccionario de la lengua española, 23ª ed., versión 23.3 en línea, Real Academia Española. https://dle.rae.es

Diccionario universal de términos parlamentarios. México, Miguel Ángel Porrúa, 1998.

Dixit, Avinash K. y Barry J. Nalebuff. *Thinking Strategically: The Competitive Edge in Business, Politics, and Everyday Life*. Nueva York, W. W. Norton & Company, 1993.

Doerr, John. *Measure What Matters: How Google, Bono, and the Gates Foundation Rock the World with* okrs. Nueva York, Portfolio/Penguin, 2018.

Dos Santos, Luiz Alberto. "Lobby Regulation, Transparency and Democratic Governance In Latin America". www.oecd.org/gov/ethics/lobbying.htm

Dworak, Fernando. *Cabildeo.* México, Instituto Belisario Domínguez-Senado de la República (Cuadernos de Trabajo, 1), 2011.

———, "¿Servirán de algo las reformas en torno al cabildeo?", *Sin embargo,* México (octubre de 2013). https://www.sinembargo.mx/16-10-2013/3018261

Dwoskin, Elizabeth. "A Brief History of Lobbying", *Bloomberg Businessweek.* 7 de junio de 2012. www.bloomberg.com/news/articles/2012-06-07/a-brief-history-of-lobbying

Ehrman, Roberto. "El cabildeo en México: teoría y práctica", en *Estrategia y práctica parlamentaria en un congreso plural.* México, Instituto Belisario Domínguez-Senado de la República, 2011.

Favela Gavia, Margarita. "Cambios en el sistema político y en la protesta social en México, 1946-2000: interacción entre instituciones y acción social", *Estudios Sociológicos,* 23, 68 (mayo-agosto de 2005), pp. 535-559.

Ferrer Silva, Liliana. "Cabildeo en Estados Unidos: retos y oportunidades en México", *Revista Mexicana de Política Exterior,* imred, núm. 84, México (2008).

Gabel, Terrance G. y Clifford D. Scott. "Toward a Public Policy and Marketing Understanding of Lobbying and its Role in the Development of Public Policy in the United States", *Journal of Public Policy & Marketing,* 30, 1 (Spring, 2011), pp. 89-95.

Galaviz, Efrén Elías. "El cabildeo como mecanismo de participación social", en *Sistema representativo y democracia semidirecta.* México,

Instituto de Investigaciones Jurídicas-Universidad Nacional Autónoma de México, 2002.

————, *El cabildeo legislativo y su regulación*. México, Instituto de Investigaciones Jurídicas-Universidad Nacional Autónoma de México, 2006.

Gamboa Montejano, Claudia. *Cabildeo, marco teórico conceptual, estudio y análisis de derecho comparado en diversos países del mundo*. México, Centro de Documentación, Información y Análisis-Cámara de Diputados, enero de 2006.

Ganado Guevara, Teresa L. "La regulación del cabildeo en México". *Pluralidad y Consenso*, Instituto Belisario Domínguez-Senado de la República. Año 3, núm. 15 (diciembre de 2011), México.

Gates, Leslie C. "Theorizing Business Power in the Semiperiphery: Mexico 1970-2000", *Theory and Society*, 38, 1 (enero de 2009), pp. 57-95.

Global Intelligence Alliance. "Introduction to Competitive Intelligence", GIA White Paper. 2004. www.m-brain.com/wp-content/uploads/2015/04/10894.pdf

Godet, Michel. *De la anticipación a la acción: manual de prospectiva y estrategia*. Barcelona, Marcombo, 1993.

Gómez Valle, José de Jesús. "El cabildeo al Poder Legislativo en México: origen y evolución", *Espiral*, XIV (2008).

Gómez Valle, José. *El cabildeo de los grupos de presión a la Cámara de Diputados en México durante la LVIII Legislatura (2000-2003)*. México, Instituto Electoral del Estado de Jalisco, 2006.

González Chávez, Jorge y Mayeli Miranda Aldama. *El cabildeo*. México, Servicios de Investigación y Análisis, Dirección General de Bibliotecas-Cámara de Diputados, diciembre de 2005.

González Sánchez, Ignacio. *Lobbying y cabildeo*. México, Sistemas de Información Contable y Cómputo, 2008.

Grove, Andrew S. *High Output Management*. Nueva York, Vintage Books, 2015.

Grunig, James y Todd Hunt. *Dirección de Relaciones Públicas*. Ediciones Gestión, Barcelona, 2000.

Harstad, Bard y Svensson Jakob. "Bribes, Lobbying, and Development", *American Political Science Review*, 105, 1, American Political Science Association y Cambridge University Press (febrero de 2011).

Heredia Sánchez, Édgar. "Cabildeo/lobbying. Nuevos instrumentos de gobernanza democrática." *Casa del Tiempo*, México, Universidad Autónoma Metropolitana, (2004).

Hunter, Kennith G., Laura Ann Wilson y Gregory G. Brunk. "Societal Complexity and Interest-Group Lobbying in the American States", *The Journal of Politics* 53, 2 (1991), pp. 488-503.

Jordan, Stuart V. y Adam Meirowitz. "Lobbying and Discretion". *Economic Theory*, 49 (2012), pp. 683-702. https://doi.org/10.1007/s00199-011-0634-6

Keffer, Jone M. y Roland Paul Hill. "An Ethical Approach to Lobbying Activities of Businesses in the United States", *Journal of Business Ethics*, 16, 12/13 (1997), pp. 1371-1379.

Klüver, Heike. "The Contextual Nature of Lobbying: Explaining Lobbying Success in the European Union", *European Union Politics*, SAGE *Journals*, 12 (2011), pp. 483-506.

Larios Francia, Patricia. "Una mirada al concepto del proceso estratégico". Lima, Consorcio de Universidades, 2016. www.researchgate.net/publication/302344089_Una_mirada_al_concepto_del_Proceso_Estrategico

Lerdo de Tejada, Sebastián y Luis Antonio Godina. *El lobbying en México*. México, Porrúa, 2004.

Lowery, David. "Why Do Organized Interests Lobby? A Multi-Goal, Multi-Context Theory of Lobbying", *Polity*, 39, 1 (enero de 2007), The University of Chicago Press Journals, pp. 29-54.

Madison, James, John Jay y Alexander Hamilton. *El federalista*. México, Fondo de Cultura Económica, 2006.

Mahoney, Christine. "Lobbying Success in the United States and the European Union", *Journal of Public Policy*, 27, 1, Interest Group Influence on Policymaking in Europe and the United States (enero-abril de 2007), pp. 35-56.

Martín, Juan. "Estudia tu entorno con un PEST-EL". CEREM International Business School. 2017. www.cerem.mx/blog/estudia-tu-entorno-con-un-pest-el

Martínez Corres, Luis Dantón. "Compliance 3.0, los expertos que se suman a los consejos de administración", *Forbes* (México) (30 de julio de 2018). www.forbes.com.mx/compliance-3-0-los-expertos-que-se-suman-a-los-consejos-de-administracion

Mascott Sánchez, María de los Ángeles. *La regulación del cabildeo en Estados Unidos y las propuestas legislativas en México*. México, Centro de Estudios Sociales y de Opinión Pública-Cámara de Diputados, 2007.

Medina Iborra, Iván. "¿Cómo medir la influencia de los grupos de interés? (Propuestas desde el pluralismo, el elitismo y el nuevo institucionalismo)". Institut de Ciències Polítiques i Socials, Working Papers, núm. 279, Universitat Autònoma de Barcelona, 2009.

Medina Medina, Javier "Los retos del cabildeo", *Enfoque*, suplemento de *Reforma* (31 de agosto de 2003), México.

Meerman Scott, David. *The New Rules of Marketing and PR: How to Use Social Media, Online Video, Mobile Applications, Blogs, News Releases, and Viral Marketing to Reach Buyers Directly*, 5ª ed. Hoboken, John Wiley & Sons. 2015.

Mella, Marcelo. *Elementos de ciencia política: conceptos, actores y procesos*, vol. 1, Santiago de Chile, Universidad de Santiago de Chile/RIL Editores, 2012.

Meyer, Lorenzo. "El *lobby* que viene", *Reforma* (10 de noviembre de 2005).

Michel, Víctor Hugo. "IP renegociará el TLCAN con 'dream team'", *El Financiero* (17 de julio de 2017). www.elfinanciero.com.mx/economia/ip-renegociara-el-tlcan-con-dream-team.html

Mintzberg, Henry, James Brian Quinn y John Voyer. *El proceso estratégico: conceptos, contextos y caos.* México, Pearson Educación, 1997.

Moisés M., Carolina. *El cabildeo y su incidencia en la democracia participativa.* Bogotá, Facultad de Ciencias Jurídicas-Pontificia Universidad Javeriana, 2001.

Mora Donatto, Cecilia. *Cambio político y legitimidad funcional.* México, Porrúa, 2006.

———, "Sobre la posible inconstitucionalidad de los reglamentos de la Cámara de Diputados y del Senado de la República recientemente aprobados", *Boletín Mexicano de Derecho Comparado,* 131 (2011).

———, *Teoría de la legislación y técnica legislativa.* México, Porrúa, 2012.

Munier, Paula. *Plot Perfect: How to Build Unforgettable Stories Scene by Scene.* Writer's Digest Books, 2014.

Nelson, David y Susan Webb Yackee. "Lobbying Coalitions and Government Policy Change: An Analysis of Federal Agency Rulemaking", *The Journal of Politics* 74, 2 (abril de 2012), The University of Chicago Press Journals, pp. 339-353.

Newmark, Adam J. "Measuring State Legislative Lobbying Regulation, 1990-2003". *State Politics & Policy Quarterly,* 5, 2 (2005), SAGE Journals, pp. 182-191.

Niven, Paul y Ben Lamorte. *Objectives and Key Results: Driving Focus, Alignment, and Engagement with OKRS.* Hoboken, Wiley, 2016.

Norris, Pippa. "La participacion ciudadana: México desde una perspectiva comparativa", en *Deconstruyendo la ciudadanía: avances y retos en el desarrollo de la cultura democrática en México.* México, Instituto Federal Electoral, 2002.

Opheim, Cynthia. "Explaining the Differences in State Lobby Regulation", *The Western Political Quarterly,* 44, 2 (junio de 1991), pp. 405-421.

Organización para la Cooperación y el Desarrollo Económicos. "Progress Report on Implementing the OECD Principles for Transparency and Integrity in Lobbying" (Highlights). 2014.

Ortiz Arana, Fernando. *El procedimiento legislativo federal mexicano*. México, Porrúa, 2010.

Ozymy, Joshua. "Assessing the Impact of Legislative Lobbying Regulations on Interest Group Influence in U.S. State Legislatures". *State Politics & Policy Quarterly*, 10, 4 (2010), SAGE Journals, pp. 397-420.

Pérez de los Reyes, Marco Antonio. *Historia del derecho mexicano*. México, Oxford, 2008.

Petrillo, Pier Luigi. "Formas de gobierno y grupos de presión: las nuevas formas de la democracia representativa. Perfiles de derecho publico comparado", conferencia en el XI Congreso Iberoamericano de Derecho Constitucional, Tucumán (Argentina), 17-19 de septiembre de 2013.

Portales, Julio. "Análisis semiótico-histórico del término *lobby*", en *Transición democrática y protección a los derechos humanos*, Fascículo 1: "Alternancia política o transición democrática". México, Comisión Nacional de los Derechos Humanos, 2004.

Rasiel, Ethan y Paul Friga. *The McKinsey Mind: Understanding and Implementing the Problem-Solving Tools and Management Techniques of the World's Top Strategic Consulting Firm*. McGraw-Hill, Londres, 2001.

Ramos, Rolando. "Se mantiene la baja confianza en las instituciones", *El Economista* (1 de febrero de 2018). www.eleconomista.com.mx/politica/Se-mantiene-la-baja-confianza-en-las-instituciones-20180201-0145.html

Real Dato, José. "Visiones sobre el papel de los actores no gubernamentales en las políticas públicas". Universidad de Granada Comunicación; VII Congreso del CLAD Lisboa, octubre de 2002.

Reveles Vázquez, Francisco (coord.). *El nuevo sistema político mexicano: los poderes de la Unión*. México, Universidad Nacional Autónoma de México/Gernika, 2006.

Robert Kaplan y David Norton. *The Execution Premium: integrando la estrategia y las operaciones para lograr ventajas competitivas*. Barcelona, Deusto, 2008.

Roemer, Andrés. *Introducción al análisis económico del derecho*. México, Fondo de Cultura Económica, 2008.

Rosal y Hermosillo, Alfonso del. *Apuntes sobre la transición en el Poder Legislativo mexicano*. México, Porrúa, 2008.

Rubio Núñez, Rafael. "Los ciudadanos ¿protagonistas de la globalización?", en Gonzalo A. Ramírez Cleves (coord.). *El derecho en el contexto de la globalización*. Bogotá, Universidad Externado de Colombia, 2007.

Ruiz Chávez, Octavio. "¿Cabildeo legislativo o práctica legislativa?" México, Centro de Estudios Sociales y de Opinión Pública-Cámara de Diputados, Reporte 12, mayo de 2008.

Sánchez Mier, Luis. "Grupos de interés y reforma comercial en México". *El Trimestre Económico*, 73, 290 (2) (abril-junio de 2006), pp. 337-361.

Schröder, Peter. *Estrategias políticas*. México, Fundación Friedrich Naumann/Organización de los Estados Americanos, México. 2004.

Shirk, David A. *Mexico's New Politics: The PAN and Democratic Change*. Boulder, Colorado, L. Rienner, 2005.

Silva-Herzog Márquez, Jesús. "Desde el fondo de la tumba". *Nexos* (abril de 2019), México.

Thomson, Stuart y John Steve. *Public Affairs in Practice: A Practical Guide to Lobbying*. Londres, Kogan Page, 2007.

Tocqueville, Alexis de. *La democracia en América*. Madrid, Ediciones Orbis, 1969.

Unión Europea. Registro de Transparencia. 2018. http://ec.europa.eu/transparencyregister/public/homePage.do

Vázquez Valencia, Luis Daniel. "La democracia deliberativa y la confrontación entre poderes fácticos en una decisión gubernamental: modificación al artículo 77 de la Ley de Propiedad Industrial", *Revista Mexicana de Ciencias Políticas y Sociales*, LII, 210 (2010). Universidad Nacional Autónoma de México, pp. 105-131.

Walker, Edward T. "Privatizing Participation: Civic Change and the Organizational Dynamics of Grassroots Lobbying Firms". *American Sociological Review*, 74, 1 (febrero de 2009), pp. 83-105.

Witker Velázquez, Jorge y Rogelio Larios Velasco. *Metodología jurídica*. México, McGraw-Hill, 2002

Xifra, Jordi. *El lobbying: cómo influir eficazmente en las decisiones de las instituciones públicas*. Barcelona, Gestión 2000, 1998.

Zenith Media. Media Consumption Forecasts. www.zenithmedia. com/26-of-media-consumption-will-be-mobile-in-2019

Zetter, Lionel. *Lobbying: The Art of Political Persuasion*. Hampshire, Harriman House, 2008.

b) Ordenamientos jurídicos

Constitución Política de los Estados Unidos Mexicanos

Código Civil Federal

Código Federal de Instituciones y Procedimientos Electorales

Código Penal Federal

Ley de Adquisiciones, Arrendamientos y Servicios del Sector Público

Ley de Cámaras Empresariales y sus Confederaciones

Ley Federal de Competencia

Ley Federal de Procedimiento Administrativo

Ley Federal de Responsabilidades Administrativas de los Servidores Públicos

Ley Federal de Responsabilidades de los Servidores Públicos

Ley Federal sobre Metrología y Normalización

Ley General de Instituciones y Procedimientos Electorales

Ley General del Sistema Nacional Anticorrupción

Ley Orgánica del Congreso General de los Estados Unidos Mexicanos

Reglamento de la Cámara de Diputados

Reglamento del Senado de la República

Reglamento para el Gobierno Interior del Congreso General de los Estados Unidos Mexicanos

c) Sitios web

cce.org.mx

conago.org.mx

ec.europa.eu

lobbycanada.gc.ca

lobbyfacts.eu

oecd.com

opensecrets.org

procab.mx

sil.gobernacion.gob.mx

www.ingramcontent.com/pod-product-compliance
Lightning Source LLC
Chambersburg PA
CBHW021759190326
41518CB00007B/371